高校职普融通创新发展教育研究

赵险峰 等 著

中国财经出版传媒集团

经济科学出版社
Economic Science Press

图书在版编目（CIP）数据

高校职普融通创新发展教育研究/赵险峰等著 . -- 北京：经济科学出版社，2022.7
ISBN 978 - 7 - 5218 - 3869 - 5

Ⅰ. ①高…　Ⅱ. ①赵…　Ⅲ. ①高等学校 - 职业教育 - 教育研究 - 中国　Ⅳ. ①G718. 5

中国版本图书馆 CIP 数据核字（2022）第 128219 号

责任编辑：刘怡斐
责任校对：王苗苗
责任印制：张佳裕

高校职普融通创新发展教育研究
赵险峰　等著
经济科学出版社出版、发行　新华书店经销
社址：北京市海淀区阜成路甲 28 号　邮编：100142
编辑部电话：010 - 88191348　发行部电话：010 - 88191522
网址：www. esp. com. cn
电子邮箱：esp@ esp. com. cn
天猫网店：经济科学出版社旗舰店
网址：http://jjkxcbs. tmall. com
固安华明印业有限公司印装
710 × 1000　16 开　14.5 印张　300000 字
2022 年 9 月第 1 版　2022 年 9 月第 1 次印刷
ISBN 978 - 7 - 5218 - 3869 - 5　定价：72.00 元
（图书出现印装问题，本社负责调换。电话：010 - 88191510）
（版权所有　侵权必究　打击盗版　举报热线：010 - 88191661
QQ：2242791300　营销中心电话：010 - 88191537
电子邮箱：dbts@ esp. com. cn）

前　　言

我国进入新时代以来，高度重视教育事业的发展，相继制定、实施了《国家职业教育改革实施方案》《中国教育现代化 2035》《职业教育提质培优行动计划（2020～2023 年）》和《国民经济和社会发展第十四个五年规划和 2035 年远景目标纲要》，先后召开了"全国教育大会""职业教育大会"等重要会议来规划教育事业的发展，并提出了一系列的教育改革创新的发展要求，强调深入实施科教兴国战略、人才强国战略、创新驱动发展战略，提高高等教育质量，造就更多国际一流的战略科技人才、科技领军人才和创新团队，加强创新型、应用型、技能型人才的培养。

2022 年 4 月 20 日，全国人民代表大会常务委员会表决通过了新修订的《中华人民共和国职业教育法》，并于 2022 年 5 月 1 日起施行，其中的第十五条明文规定，高等职业学校教育由专科、本科及以上教育层次的高等职业学校和普通高等学校实施，为高等职业教育"保驾护航"，大力推动了我国高等教育事业的高质量发展，使我国的教育事业进入了科学发展的"春天"。

国家把职业教育摆在教育改革创新与经济社会发展更加突出的位置，大力推动职普融通并明确地指出，要根据产业需要和行业特点，适度扩大专业学位硕士、博士培养规模，推动各地发展以职业需求为导向、以实践能力培养为重点、以产学研用结合为途径的专业学位研究生培养模式。培养更多国家需要的高素质的技术技能人才、能工巧匠、大国工匠以及高层次复合型人才，为全面建设社会主义现代化国家、实现中华民族伟大复兴的"中国梦"提供有力的人才保障。

高校教育面临新的使命与责任和机遇与挑战。高等学校要抓住机遇，迎接挑战，趁势而上，攀登发展，更好地服务国家、社会和人民。燕山大学始建于 1920 年，原是机械工业部直属的重点高校——哈尔滨工业大学富拉尔基分校；1960 年，开始独立办学，定名东北重型机械学院；1985～1997 年，学校南迁至秦皇岛后，更名为"燕山大学"，现为河北省、教育部、工业和信息化部、国家国防科技工业局四方共建的全国重点大学，河北省重点支持建设国家一流大学和世界一流学科高校。

燕山大学于 2019 年的第四次党代会上就已提出和强调全面落实"立德树人"的根本任务，以服务国家的重大战略和地方经济社会发展为己任，凝心聚力，改革创新，自强实干，争创一流，打好学校内涵式发展的"主动战"，为跻身世界一流学科建设的高校行列，开启特色鲜明、国内一流、世界知名研究型大学的建设踏上新的征程，为实现中华民族伟大复兴的"中国梦"而不懈奋斗。

人才培养是一项艰巨的事业，把学生培养成才是一个复杂的系统工程，需要从整体上把握和做好相关的具体事宜，为此，我们专门组织人力进行研究，确定了"高校职普融通创新发展教育"的研究主题。一方面，从国家教育发展强调要求的要点立题，注重国家的战略急需——探究高校"职普融通"，培养高质量的高端人才；另一方面，从学校教育改革创新发展破题，注重实效性，紧密联系燕山大学的实际，探索高质量发展，努力做好高端人才培养工作。促进燕山大学"双一流"与"特色鲜明、国内一流、世界知名研究型大学"建设的事业发展，更好地为国计民生服务。

按照国家的高质量人才培养的教育要求，从大学教育的视角，以"高校职普融通"为切入点，围绕高质量、高层次的高端人才培养，研究相关的职普融通的机制和体系、基本课程、职业资质、职前状况、职后表现、实验教学基础、线上线下教学、文化影响、教师教学效益，以及近年来我国高等教育研究要点等方面，探讨做好高质量、高层次的高端人才培养的教育问题。明晰职普融通的内涵要义及其机制，阐述高质量、高层次的高端人才培养等基本要点，提出树立职普融通培养高端人才的新教育观念、健全职普融通人才的培养体系等看法和主张，助力高校职普融通教育事业的发展，为国计民生事业有所作为和贡献，提升教育的质量和效益。

《高校职普融通创新发展教育研究》是新的研究成果，不足之处，欢迎批评、指正。

燕山大学党委书记

2022 年 5 月 1 日

目　　录

第1章 高校职普融通大力培养高端人才[①]

高校即高等学校或称高等院校，是教育行业中培养高级人才的职能组织，为国计民生培养、输送各行业需要的人才，对国民经济与社会发展起了关键作用，培养好国民经济与社会发展所需要的高级人才，是高校义不容辞的责任与义务。特别是重点高校，应用实际行动贯彻国家要求，[②] 落实职普融通，深化教育改革创新，提升教育质量，大力培养高端人才，这正是我们研究探索与努力实践的事业。

1.1 高校教育划分与职普融通要义

我国高等院校规模庞大，存在多种组织形式、教育形式、教育内容、教学方式等，其中，职业教育与普通教育是两种基本教育形式或教育类型，要深入认识，明晰职普融通的要义，探索职普融通的机制，促进融通发展，提升教育能力，提高人才培养质量，培养高端人才。

1.1.1 高校教育划分及其规模

高等学校是指大学、独立设置的学院和高等专科学校，其中包括高等职业学校和成人高等教育学校。[③] 从教育部发布的《全国教育事业发展统计公报》的统计口径区分，层次上可分为本科及以上的高校、专科院校，其中，高校包括普通

---

① 本章由赵险峰：博士，研究员，燕山大学党委书记；著。

② 2020 年 9 月，教育部等国家九部委发布的《职业教育提质培优行动计划 2020～2023 年》要求，坚持职业教育与普通教育不同类型、同等重要的战略定位，加快相互融通；根据产业需要和行业特点，适度扩大专业学位硕士、博士培养规模，推动各地发展以职业需求为导向、以实践能力培养为重点、以产学研用结合为途径的专业学位研究生培养模式。2021 年 4 月，习近平同志对职业教育工作做出重要指示又强调要求，推动职普融通，培养更多大国工匠等人才。

③ 资料来源：《中华人民共和国高等教育法（2018 修订)》，第六十八条。

本科及以上高校、高等职业院校、成人本科高校、网络本科高校，专科院校包括高职专科院校、成人专科高校、网络专科高校。

通常还会从所属关系与主导学科等角度划分。从所属关系上，分为中央部属高校、省属高校、市属高校和私立高校；从主导学科上，分为理工院校、农林院校、医药院校、政法院校、财经院校、贸易院校、旅游院校、语言院校、艺术院校、体育院校、军事院校、民族院校与综合院校等；从国家重点支持发展上，还分为"211"高校、"985"高校与"双一流"高校。

我国高等院校经过多年的发展，已经形成了庞大的规模。至 2020 年，据教育部的高校及其招生、在校（学）、毕业学生的统计资料，[①] 我国有普通高校2738 所，其中，本科院校为 1270 所，含本科层次职业学校 21 所，高职专科院校1468 所；成人高等学校 265 所；研究生培养机构 827 个，其中，普通高等学校 594个，科研机构 233 个。不含分校学生，普通高校校均学生规模为 11982 人，其中，本科院校 15749 人，高职专科院校 8723 人（见表 1－1）。博士研究生、硕士研究生、普通本专科、成人本专科、网络本专科不同层次方面的学生，招生、在校（学）与毕业学生人数，依次为 1719.77 万人、5223.59 万人、1389.28 万人，源源不断地为国民经济与社会发展培养、输送高级人才，保障人才需求，推动社会发展。

表 1－1　　　　　　　　招生、在校（学）和毕业学生人数　　　　　　　　单位：万人

项目	招生人数	在校（学）人数	毕业人数
博士研究生	11.60	46.65	6.62
硕士研究生	99.05	267.30	66.25
普通本专科	967.45	3285.29	797.20
成人本专科	363.76	777.29	246.96
网络本专科	277.91	846.45	272.25
合计	1719.77	5223.59	1389.28

资料来源：中华人民共和国教育部网站发布的《2020 年全国教育事业发展统计公报》数据及计算。

1.1.2　高校职普区分与职普融通要义

职普就是指职业教育与普通教育，在高等院校中，职业教育与普通教育是客

---

① 资料来源：《2020 年全国教育事业发展统计公报》，中华人民共和国教育部网站。

观存在的教育形式，同等重要，并有其特定的区分与融通的要义。

（1）高校职普区分。职普区分就是指职业教育与普通教育的区分，它们是特征不同的两个方面的教育，具有不同的教育特性，普通教育主要是培养人们共同需要的普通知识和素质能力，高校中的普通教育内容包括思政、外语、计算机等"公共课"的高等普通科技文化教育，主要是适应人们社会公共生活的需要。

高校中的职业教育就是人们通常说的专业教育，是对人们就业的职业活动需要进行的知识、技能和行为规范等的专门教育，是职业性教育，这与冠名的大中专职业院校的专业教育无本质区别，都是为各行各业培养、输送职业劳动者，内容分为种植、养殖、畜牧、纺织、建筑、采矿、冶金、化工、医疗、音乐、体育、教育、管理等三百六十行的专业教育，适应经济与社会各行各业的发展需要。

（2）高校职普融通要义。高校职普融通是指高校的职业教育与普通教育两者关系的良好状态的一种表达。从过去多年的高校教育实践来讲，一直存在两个方面的不足，一方面是高层次普通高校的职业教育观念缺乏，专业教育普通化，学生动手能力差；另一方面是高校的思想政治教育、优秀传统文化等高等普通教育弱化，甚至于用"通识"教育取代"公共课"的普通教育，学生公德、公益等素养弱化。我国进入新时代以来，国家高度重视，强调"立德树人""扎根中国大地办教育"，职业教育与普通教育同等重要，这些不良现象正在转变。高校中的职业教育与普通教育两者融合发展，才能培养出国民经济与社会生活需要所全面要求的高质量人才。

高校职普融通要义是指高校中职业教育与普通教育这两种教育内容的融通之义，要点有三个。①两者兼容并举，互相补充。无论是冠名的职业高校，还是冠名的普通高校，职业教育与普通教育并存，同等重要，完整育人。②课程联通，相互结合。在职业教育与普通教育施教过程中，两类课程协调安排，合理配置，精致教学，造就高质量人才。③融合发展，实践优化。从机制原理①上说，高校职普融通机制就是高校职业教育与普通教育互相联系、融合发展促进人才培养的关系及其方式。

高校职普融通价值就在于充分利用高等教育资源，优化教育结构，纯化教育有机构成，提高教育质量，大力培养高质量的高端人才，促进国民经济和社会发展、进步。

---

　　①　一般地说，机制是指有机体的构造、功能和相互关系，泛指组织机构要素之间的作用关系及其方式。

1.2 深入理解认识高校职普融通培养高端人才的国家要求

我国一直高度重视人才培养工作，明确要求教育必须为社会主义建设服务，社会主义建设必须依靠教育。发展和发挥高校教育培养人才的作用。不同时期有不同的要求。要深入理解国家的新时代、新发展阶段人才培养要求，深入认识其连续性和必然性。

1.2.1 改革开放初期的国家要求

1985 年，我国改革开放发展初期就明确指出，我国的国力强弱，经济发展后劲的大小，越来越取决于劳动者的素质，取决于知识分子的数量和质量，教育搞上去了，人才资源的巨大优势是任何国家比不了的，提高我国的科学技术水平，培养出数以亿计的各级各类人才。① 接着具体强调要求，社会主义现代化建设的宏伟任务，必须极大地提高全党对教育工作的认识，面向现代化、面向世界、面向未来，为 20 世纪 90 年代至 21 世纪初我国经济和社会的发展，大规模地准备新的能够坚持社会主义方向的各级各类合格人才。提出了发展普通高等教育与高等职业教育，协调发展，强调"高等学校担负着培养高级专门人才和发展科学技术文化的重大任务"，培养高质量的专门人才。②

当时我国改革开放不久，国家工作的重点转到了经济建设上来，经济方兴未艾，万象更新，百业待兴，亟待大量的各行各业的各种人才，开创社会主义现代化建设的新局面，要求教育改革创新发展，大量培养造就人才。一要造就数以亿计的工业、农业、商业等各行各业有文化、懂技术、业务熟练的劳动者；二要造就数以千万计的具有现代科学技术和经营管理知识，具有开拓能力的厂长、经理、工程师、农艺师、经济师、会计师、统计师等工作人员；三要造就数以千万计的能够适应现代科技文化发展要求的教育、科学、医务、理论、文化、新闻、法律、外事、军事、党政等工作者。

明确强调要求，大力发展普通高等教育与高等职业教育，大力培养造就人才。一方面，强调社会主义现代化建设需要高级的科学技术专家，高等学校担负

① 邓小平.把教育工作认真抓起来（全国教育工作会议上的讲话）[A].邓小平.邓小平文选（第3卷）[M].北京：人民出版社，1993.

② 资料来源：中共中央关于教育体制改革的决定，1985.

着培养高级专门人才和发展科学技术文化的重大任务，培养造就高级人才；另一方面，强调职业技术教育是当前整个教育事业最薄弱的环节，要大力发展职业技术教育，在发展中等职业技术教育的同时，积极发展高等职业技术院校，力争职业技术教育有一个大的发展。改变专科、本科比例不合理的状况，着重加快高等专科教育的发展。明确提出了"逐步建立起一个从初级到高级、行业配套、结构合理又能与普通教育相互沟通的职业技术教育体系"。

提出当时我国高等教育发展的战略目标是：到 21 世纪末，建成科类齐全，层次、比例合理的体系，高级专门人才的培养基本上立足于国内，总规模达到与我国经济实力相当的水平。经过几十年的发展，这个目标已经实现，我国已经拥有世界上规模最大的高等教育体系。同时，面向全面建设社会主义现代化国家，向第二个百年奋斗目标进军的新征程，对高等教育提出了更高的要求，高等教育要不断地提升发展，适应国家的人才培养新要求。

1.2.2　新时代国家对高等教育发展的要求

新时代以来，人类生活面临环境、战乱、疫情等一系列难题困扰，世界局势错综复杂，国民经济与社会发展面临诸多的不确定因素，富民强国的持续发展不是安安稳稳的，而是充满了许多艰难险阻，需要更多高级人才应对保障。国家高度重视，提出人才培养的要求（见表 1-2）。

表 1-2　　　　　　　　新时代国家对高等教育发展的要求

要目	内容要求
《中华人民共和国职业教育法》（2022 年 4 月修订）	高等职业学校教育由专科、本科及以上教育层次的高等职业学校和普通高等学校实施
《习近平在中央人才工作会议上的讲话》（2021 年 9 月）[①]	要大力培养使用战略科学家，有意识地发现和培养更多具有战略科学家潜质的高层次复合型人才。 要培养造就大批哲学家、社会科学家、文学艺术家等各方面人才
《习近平对职业教育工作做出重要指示》（2021 年 4 月）[②]	稳步发展职业本科教育，建设一批高水平职业院校和专业，推动职普融通，增强职业教育适应性，加快构建现代职业教育体系，培养更多高素质技术技能人才、能工巧匠、大国工匠
《本科层次职业教育专业设置管理办法（试行）》（2021 年 1 月）	本科层次职业教育专业设置应体现职业教育类型特点，坚持高层次技术技能人才培养定位，进行系统设计，促进中等职业教育、专科层次职业教育、本科层次职业教育纵向贯通、有机衔接，促进职普融通

续表

要目	内容要求
《职业教育提质培优行动计划2020~2023年》（2020年9月）	坚持职业教育与普通教育不同类型、同等重要的战略定位，加快构建纵向贯通、横向融通的中国特色现代职业教育体系，职业教育与普通教育规模大体相当、相互融通。 根据产业需要和行业特点，适度扩大专业学位硕士、博士培养规模，推动各地发展以职业需求为导向、以实践能力培养为重点、以产学研用结合为途径的专业学位研究生培养模式
习近平考察张掖市山丹培黎学校时对职业教育的重要谈话（2019年8月）③	我国经济要靠实体经济作支撑，这就需要大量专业技术人才，需要大批大国工匠，职业教育大有可为，三百六十行，行行出状元
《中国教育现代化2035》（2019年2月）	提升一流人才培养与创新能力。加强创新人才特别是拔尖创新人才的培养，加大应用型、复合型、技术技能型人才培养比重。 加强高等学校创新体系建设，建设一批国际一流的国家科技创新基地，加强应用基础研究，全面提升高等学校原始创新能力
《国家职业教育改革实施方案》（2019年1月）	职业教育与普通教育是两种不同教育类型，具有同等重要地位
《中华人民共和国高等教育法（2018年修订）》	高等教育必须贯彻国家的教育方针，为社会主义现代化建设服务、为人民服务，与生产劳动和社会实践相结合，使受教育者成为德、智、体、美等方面全面发展的社会主义建设者和接班人。 高等教育的任务是培养具有社会责任感、创新精神和实践能力的高级专门人才，发展科学技术文化，促进社会主义现代化建设

资料来源：①习近平在2021年9月27日的中央人才工作会议上的讲话［EB/OL］. 中国政府网，2021-9-28。②我国职业教育大会2021年4月12日至13日在京召开，习近平对职业教育工作作出的重要指示［EB/OL］. 中国政府网，2021-4-13。③2019年8月20日下午，习近平考察山丹培黎学校的谈话［EB/OL］. 中国网，2019-8-23。

　　由表1-2可知，新时代国家高度重视职业教育，特别是发展高等职业教育要继往开来，创新发展我国职业教育事业，主要体现在以下五点：一是职业教育与普通教育相提并论；二是大力发展本科及以上高等职业教育；三是提出构建纵向贯通、横向融通的中国特色现代职业教育体系；四是强调要求培养更多的高素质技能人才、能工巧匠、大国工匠与科学家等各方面的高端人才；五是从法律上规定和要求，高等职业学校教育由专科、本科及以上教育层次的高等职业学校和普通高等学校实施。

　　显然，从我国改革开放初期到现在的新时代的新发展阶段，国家关于职业教育的发展要求一脉相承，紧紧地围绕着国民经济与社会发展的人才需求，与时俱进，创新发展，是逐步健全、提升、协调和完善发展的过程，具有连续性和必然性，赋予高校教育事业发展新的使命与责任。特别是高校职普融通，大力培养高端人才，适应国民经济与社会发展对高级人才的需求，使命光荣，义不容辞。

1.3　大力培养高端人才的要点

国家需求的高端人才培养造就，各个学科、专业高端人才的特点不同，教育培养内容多样，存在差异，高端人才培养是复杂的系统工程，这里主要结合燕山大学教育事业的实际，从整体上的几个要点进行探究。

1.3.1　培养目标

这里讲的高端人才是指我国国民经济与社会发展需求的高层人才，包括三百六十行的各行各业中具有高级职称、职务或公认的成功人士，如高级工程师、大国工匠、教授、科学家、企业家、艺术家、高级管理者等，是经过职业实践检验证明的对社会发展做出了一定贡献的优秀人士。

高端人才是人力资源中的重要组成部分，与一般人力资源有不同的特征，他们重德施德、勤于学习思考、善于钻研探索、勇于担当作为、执着发明创造或创新图强，自觉为人民服务，对国计民生的事业发展具有一定的探索、引领或推动的作用，培养高端人才是新时代的新发展阶段国家发展要求的"呼唤"。

燕山大学是我国的一所重点大学，培养高端人才势在必行。燕山大学出身名门，是由哈尔滨工业大学的机械系独立建院发展起来的。1960 年，独立办学，定名为东北重型机械学院，成为原机械工业部直属高校。1978 年，被确定为国家重点高等院校，现是河北省人民政府、教育部、工业和信息化部、国家国防科技工业局多方共建的我国重点大学，并确定了建设"特色鲜明、国内一流、世界知名的研究型大学"的发展目标，培养国计民生需求的高端人才是学校教育实践的必然追求。

燕山大学具有良好的基础和条件，现已形成以工学为主，综合文学、理学、经济学、管理学、法学、艺术学等 8 个学科门类共同发展的格局，其中，工程学、材料科学、化学、计算机科学 4 个学科进入基本科学指标数据库（ESI）排名的全球前 1%。在我国第四轮学科评估中，8 个学科获得 B 类以上的评估结果，其中，机械工程为 A 类，在我国排名前 10%，材料科学与工程为 B＋类，在我国排名前 20%。根据燕山大学的专业划分与发展基础，可以大体确定划分高端人才培养目标（见表 1 - 3）。

表 1 - 3　　　　　　　　　　　燕山大学高端人才培养划分

人才类型	专业	培养目标
工程人才	机械、材料、化学、计算机等	高端工程人才
管理人才	旅游管理、工商管理、会计	高层管理人才
经济人才	数量经济、金融经济	高层经济人才
……	……	……

　　资料来源：笔者整理。

在划分高端人才培养目标中，A 类学科专业已经进入国家一级高层教育方阵，B + 学科专业已经接近国家一级教育方阵，学科进入 ESI 排名全球前 1% 的专业教育已有很强的学科基础，人才培养目标可以确定为高端工程人才；B 类学科专业正在快速地发展，乘势而上，指日可待，可以确定为高层专业人才，先进入国家一级高层教育方阵，逐步努力进入高端层位。概括地说，就是把学生培养成为综合素质能力强的复合型、创新性的高级人才。

1.3.2　培养原则

培养高级人才主要遵循以下三个原则。

（1）科学原则。教育事业是一个非常复杂的系统工程，教与学存在着复杂的关系与科学要求，如学生成长与成才的关系和规律的科学性、学生学习与教育方式的关系和规律的科学性等，要认清关系，遵循规律，因势利导，培养学生成才。

（2）职普融通原则。高校的专业教育直接为社会培养、输送人才，既要做好专业的职业性教育，使受教育者具有职业道德、职业知识与职业综合素质能力，又要做好培养学生能够适应、融入社会共同工作、生活需要的技能和心理准备，前者是职业教育，后者是普通教育，两者有机构成，互补融通，全面培养高质量人才。

（3）效益原则。教育是关系国计民生最重要的行业，决定整个国民经济与社会发展进步，多年来国家一直强调国民经济与社会发展的质量效益，[①] 教育是个

---

　　① 如《中共中央关于制定国民经济和社会发展第十四个五年规划和二〇三五年远景目标的建议》在必须遵循的原则中强调要求，经济发展取得新成效，在质量效益明显提升的基础上实现经济持续健康发展。

基本方面，高校教育要大力培养高端人才，讲求提高教育效益，为国计民生做出更大的贡献。

1.3.3　专业立点

专业立点是人才培养的学科定位，决定人才培养类型与发展方向，主要取决于人才需求与教育资源条件。三百六十行的人才需求是专业教育存在的基本前提，是专业教育事业的立点。教育资源条件是关于专业教育状况的决定和影响因素，细分为教育师资、教育设施和教育资金等，决定专业教育的特色、规模、水准、层位和声誉，其中，师资是教育的主要决定因素，设施主要影响教育的质量与效率，资金主要决定专业教育的办学条件，影响专业教育事业的发展。在人才需求既定的情况下，高校专业教育发展提升的支柱立点有以下三个。

（1）增强教育师资。主要是提升教师创造或创新能力，加强专业学科的科学研究，构筑专业学科的立点，形成特色，独树一帜，有自己的高端领地，提高层位、影响力和声誉。

（2）争取较多的教育资金。用以改善办学条件，既要增加项目资助等争取政府资金支持，又要面向社会扩大科研服务、联合培养人才和高端研究、加强校友间的情感融通，争取大企业的支持等，大量融入教育资金，创造更有利的教育条件。

（3）加强教育管理。我国高等教育事业面临新的发展机遇，要突破传统教育观念，围绕提高教育质量，培养高端人才，提高教育效益，在高质量高层位师资的培养、引进和任用上，要打破常规，开创高校教育事业发展的新局面。

1.3.4　课程构成

这里讲的课程构成是指高校的职业教育与普通教育的具体学科专业的课程构成，分为以下两个方面：一方面，职业性教育方面课程。主要是针对社会各行业的人才需求开设的专业课，包括专业基础课、专业主干课、专业方向课与专业选修课。另一方面，普通性教育方面课程。在我国恢复高考后的较长时间里，高校的普通教育主要有公共必修课与公共选修课教育，公共必修课包括"两课"与外语、体育等，"两课"即是马克思主义理论课和思想政治教育课，基本课程主要有马克思主义哲学原理、马克思主义政治经济学原理、毛泽东思想概论、邓小平理论、当代世界经济与政治、思想道德修养与法律基础。近年来讲的"思政课"就是过去的"两课"，现调整为马克思主义基本原理概论、毛泽东思想和中国特色社会主义理论体系概论、中国近现代史纲要、思想道德修养与法律基础、形势与政策。公共选修课有经济、社会、管理等一系列的选修课。

在两个方面的课程教育上，职普融通已形成格局，尚需完善精化。公共课的普通教育方面，需要增加中外经典文化和公共科技文化课程；专业课的职业教育方面，需要精化理论与方法，提升应用实践课程，提高课程的质量和效益。

1.3.5　教育人员

这里的教育人员是指从事关于学生成长、成才的培养教育工作的高校教工，包括教师、教务人员、辅导员、管理人员，以及餐饮、住宿、医疗和安保人员等员工，这是学校的全体教职人员。学校是培养人才的专门职能组织，人人都以既定的职业身份在为学生成才服务。教师是教学人员，教务人员是教学组织实施人员，辅导员是学生管理人员，管理人员是教育管控人员，餐饮、住宿、医疗、安保人员主要是保障学生生活和安全的职能人员，都是为学生完成学业，做好服务工作。

提升教育质量要从全体教职员工提高素质能力和高质量工作做起，特别是要以特定的职业人身份，为学生做好职业榜样，影响学生，促进成才。其中，管理人员与教师是最主要的教育人员，管理人员要明教知理，做好教育设计、安排和管控，开发和利用好教育资源；教师要学习提高自己的教育综合素质能力，因材施教，做好课前课后、线上线下、校内校外的教与学的接合，全方位施教是学校最基本的教育工作。

1.3.6　培养方式

培养方式是教育培养人才的方法、形式，培养方式主要是人才培养要求决定的。国家在人才培养的要求中，也提出了培养人才方式的要求。

（1）国家人才培养要求。国家早在改革开放初期就明确提出，所有各类专业人才，都应该有理想、有道德、有文化、有纪律，热爱社会主义祖国和社会主义事业，具有为国家富强和人民富裕而艰苦奋斗的献身精神，都应该不断地追求新知，具有实事求是、独立思考、勇于创造的科学精神。[①] 其中，内容要点可概括为三个方面，一是基本思想文化素质要求，包括要有理想、道德、文化、纪律、爱国、敬业；二是国计民生作为，包括强国、富民、奋斗；三是发展追求能力要

[①]　资料来源：《中共中央关于教育体制改革的决定》（1985）。

求，包括踏实、思考、求是、新知、创造、科学。这三个方面的要求比较具体，也比较全面，是比较高的要求。

到 21 世纪初期，国家进一步要求，重点培养人的学习能力、实践能力，着力提高人的创新能力；围绕创新能力建设，根据各类人才的特点，改革教育培训的机制、内容和方法，加大教育培训力度；坚持学习与实践相结合、培养与使用相结合，促进人才在实践中不断地增长知识，提升能力。这里强调指出，要着重培养人的学习能力和实践能力，着力提高人的创新能力，围绕创新能力建设，突出学生的学习和实践的培养作用，要求进行培养方法等教育改革。[1]

在国家中长期人才发展规划中强调要求，适应国家和社会发展需要，遵循教育规律和人才成长规律，深化教育教学改革，创新教育教学方法，探索多种培养方式，形成各类人才辈出、拔尖创新人才不断地涌现的局面；注重学思结合，倡导启发式、探究式、讨论式、参与式教学，帮助学生学会学习；激发学生的好奇心，培养学生的兴趣爱好，营造独立思考、自由探索、勇于创新的良好环境；加强人才资源能力建设，创新人才培养模式，注重思想道德建设，突出创新精神和创新能力培养。[2] 这里直接、深入地指出了做好人才培养要遵循的规律，强调改革创新教育方式，以及一系列的具体的教育方式等。

在新时代发布的《中国教育现代化 2035》中，又突出强调要求创新人才培养方式，推行启发式、探究式、参与式、合作式等教学方式，[3] 培养学生创新精神与实践能力。这是要求在教育探索实践的基础上，明确强调推行的教育方式。

（2）切实贯彻国家要求。以上国家的要求是在国民经济与社会发展过程中，根据国计民生事业需要，不断地从实践中总结出来的。对于高校教育来说，培养关系国计民生的三百六十行中各项事业所需要的专业人才，适应国民经济与社会发展进步的要求是高校教育的立点和出发点，要深入认识国家要求，切实地贯彻实施。

多年来，高校也一直按照国家的要求，不断地探索，在人才培养的教育实践中采用新的方式、方法，如讨论课、情景模拟实践、项目教学、小班课等，不断地改进、创新教育方式方法。但是，在很大的程度上，传统式的教师课堂讲授仍然是主要的教授方式，高素质能力不是老师讲出来的，而是学生练出来的，学校人才培养还需深入实践。

古人云，"授人以鱼不如授人以渔"，讲的是给人鱼，不如教人捕鱼的技能

---

① 资料来源：中共中央国务院，《关于进一步加强人才工作的决定》（2003）。
② 资料来源：《国家中长期人才发展规划纲要（2010～2020）》（2010）。
③ 资料来源：《中国教育现代化 2035》（2019）。

或本领，类推到教育"鱼"是知识，后者是本领。当然，知识要讲，本领要掌握，掌握技能显得更重要，不能做，知就黯然失色，不能做本本英雄。

要深入地学习、领会国家对教育方式的要求，探索、实施国家要求的有效路径。从实践上看，关键是要使学生主动实践学习，利用好学校的教育资源与社会条件，主动契合国家的要求，如燕山大学环化学院 12 级学生罗文超，[①] 在校学习期间，自觉、主动地实践学习，促进自己成才；并在天津卫视的"非你莫属"职场招聘节目中成功应聘，受聘于上海一家企业高层就职，月薪 10000 元，突破自己预期的月薪 8000 元，这是个全面培养人才的典型案例。

学生的实践学习是成才的基本路径，实践教育是促进学生成才的主要培养方式。要着重做好以下三个方面：一是先要教育学生心智成熟，合理管控自己，转变学习观念，变被动学习为自觉主动学习，自己行动起来，积极实践学习；二是教师要注重学习引入、重点讲解和答疑解惑，指导学生学习，使学生会学习；三是学生要积极融入启发式、探究式、参与式、合作式等方式的教学实践中，并安排好课外实践自修，主动增强德、智、体、美、劳的综合素质，培养创新精神与实践能力。

1.3.7　人才培养评价

人才培养评价是对人才培养状况进行评定，评价对象是学生，评价的要点是学生学习成才状况，可分为学期人才培养评价、学年人才培养评价等，目的是了解掌握学生学习成才的状况，认清影响因素，把握关键致因，不断地调整、优化人才培养的方式，提高人才培养的质量，促进和保障学生成才。

评价学生学习成才的状况，先要明确用什么评价。要用体现或反映学生学习成才状况的指标评价，按照国家的教育方针、高等教育的任务、思想文化素质等要求为依据，确定学生学习成才的评价标准（见表 1 - 4）。

表 1 - 4　　　　　　　学生成才评价指标依据要点

主要依据	内容要点
国家的教育方针	教育成为德、智、体、美、劳全面发展的社会主义建设者和接班人
高等教育的任务	培养具有社会责任感、创新精神和实践能力的高级专门人才

① 见［罗文超］非你莫属 160704 - 综艺 - 高清完整正版视频在线观看 - 优酷。2016 年毕业的燕山大学环化学院校友罗文超，在校学习期间，自觉主动参与多种实践，全面培养造就成才，在我国高端职场应聘就业。

续表

主要依据	内容要点
基本思想文化素质	有理想、道德、文化、纪律、爱国、敬业，社会主义核心价值观①
基本能力	学习能力、实践能力、创新能力等
国计民生事业追求	强国、富民、求是、新知、创造、奋斗等

注：①分三个方面，一是国家而言的是富强、民主、文明、和谐；二是社会而言的是自由、平等、公正、法治；三是公民个人而言的是爱国、敬业、诚信、友善。

资料来源：笔者整理。

要深入理解国家要求的内容要点，合理考虑评价指标的依据。①国家教育方针的内容要点，德在于公心至尚，施惠于人；智在于开智，增加增强认知；体在于强健体魄，强体增能；美在于美好审美，美好思想行为；劳在于劳作实践，掌握职业本领。②主要人才的目标是具有社会责任感、创新精神和实践能力的高级专门人才。③具有理想、道德、文化、纪律、爱国、敬业、诚信、友善等基本思想文化素质。④具有学习能力、实践能力、创新能力等综合能力。⑤能够为强国、富民、求是、新知、创造、奋斗、科学等国计民生事业追求。总之，能够服务好国家、社会和人民，这是学生成才的基本素质、能力标准。在此基础上，具体确定人才培养评价指标，切实有效地实施评价。

要做到切实有效进行人才培养评价，要用学生的学习业绩评价，也就是用体现或反映学生学习成才的具体事实评定。主要有以下两个方面：一方面是立德树人，立德是德的培养目标要求，其实质是遵守道德，素养成德，有德性。德的培养过程必然通过德绩的积累而成为自然，结果即是立德，从而达到立德树人的目标，因此，德的评价主要看德绩，德绩体现在人与人关系中的为人表现，利益于人或施惠于人，如帮助同学打水、支持和协助老师教改、公共场所礼让长者和妇婴与献血等，这样一贯性的人就是有德之人，即已立德；另一方面是综合能力，主要是学习能力、实践能力和创新能力。学习能力主要体现在按要求主动地了解、认识等学习的效能；实践能力主要体现在自觉、主动地实践掌握技能等的效能；创新能力主要体现在自觉、主动地探索、发现的效能。

要对人才培养评价作合理的分析，利用好人才培养评价结果。通过对人才培养评价作合理的分析，认识人才培养评价中的暴露出的人才培养不足之处及其原因，总结经验，找出差距，调整改进教育工作，不断地提升人才培养质量。

1.4　促进培养高端人才的保障措施

培养高端人才就要积极地改革、创新，调动一切积极的因素，利用好各种教育资源，创造良好的教育条件和环境，努力做好高端人才培养工作。

1.4.1　树立职普融通培养高端人才新教育观念

要从人才培养的客观实际出发，切实认清职业教育与普通教育这两种类型的教育及其互补性，转变传统的教育观念。多少年来，我国一直把职业中学、技术学校、中专、大专和职业高校冠名的职业院校的人才培养教育视为职业教育，其实冠名普通高校的专业教育与职业院校的专业教育本质上是一样的（见图1-1），都是以专业人才培养立校，专门培养行业部门需要的专门人才，简称"专才"，差异在于教育程度的高低层级不同，专业人才同质异层。培养的人才无不是关系国计民生的各行业需要。他们横向比较只有行业特性的专业资质差异，纵向比较只有层级高低的不同，从这个意义上讲，所有专业教育院校都是职业人才培养教育院校，当然，也都还要对学生进行公共性的普通教育，全面培养人才。

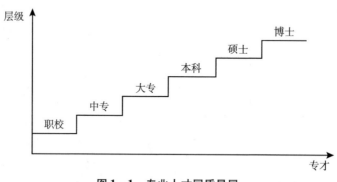

图1-1　专业人才同质异层

资料来源：笔者整理。

事实上，高校中的职业教育与普通教育已经有了良好的融合基础。从教育实际上讲，本科生教育已经形成了职普并存相容的基本格局，专业课的职业性教育与公共课的普通性教育并存通行。研究生教育方面已经融通施教，学研与专研的融通培养。① 学硕与专硕、学博与专博，已经融通，教学实施兼容通行。考试、授课、学位论文开题、研究写作、答辩和毕业的程序是一样的，无本质区别，只有程度差异。学研要求高一些，学术性强一些；专研要求低一些，应用性强一些。

因此，要正视专业人才培养教育的这种客观实际，树立职普融通培养高端人才教育新观念，按照客观实际的要求，职普有机构成、融通增效，努力培养高端人才。

1.4.2　创新健全职普融通人才培养体系

这里讲的职普融通人才培养体系是指职普融通高质量人才培养教育系统，包含教育内容、教材、教学、考核等要点。经过多年来的改革开放，我国教育事业空前发展，高校职普教育已经相容并存，但还不够完善，按照国家的高质量人才培养要求，还需要创新、健全职普融通人才培养体系，并注意以下五个要点。

（1）提高师资层次。要培养高端人才，必有高师为之，高师必是为人师表、诲人不倦，事业心和责任感强，要加强教师的培训、提升，积极引入有发明、创造或创新能力强的学术带头人，其中，包括来源于企业、有丰富的实践经验的人才。

（2）健全职普教育内容。补齐短板，普通教育的公共课方面，要在保证"思政课"的同时，增加中外经典文化课程、公共科技课程等；职业教育的专业课方面，增加职业基础课程、精化理论与方法课程、提升应用实践课程。

（3）更新教材。从便于自修的角度，更新精化教材内容，精化理论与方法，与理论、方法内容的来源联系起来，增加经典事例，激发学生的学习可读性、感染性、积极性和能动性，有利于学生自修。

（4）指导教学。原北京大学任彦申教授指出，教师的职责不仅在于"教"，更重要的是在于指导学生"学"；学生追求的目标不仅在于"学会"，更重要的在于"会学"。② 采取教师指导的学生探究实践的教学方式，增强学生的认知能力和主动探索的观念，促进创造、创新人才的培养。

（5）考核人才培养效益。人才培养效益是人才培养教育活动的成果，主要是

---

① 研究生人才培养，分学术型与专业型两种类型的人才培养，简称为学研与专研，分为学硕与专硕、学博与专博，学研注重培养研究理论型人才，专研注重培养应用操作型人才，两种人才培养通行并举，同轨实施。

② 任彦申. 科教兴国战略与高校教育的改革和发展［A］. 邓小平理论专题讲座［M］. 北京：北京大学出版社，1998.

学生成才的成果。学生是教育事业得以存在的根本，教师是为学生服务的，是否做好了教学工作？最终体现在了学生成才的成果，要考核学生成才的成果，包括学生的学业成效与毕业后工作的成效，学业成效是学生的学业成果，毕业后的工作成效是学生入职后为社会带来的多方面的成果。

1.4.3 改革创新人才培养的教育管理

要紧紧围绕做好人才培养的教与学对应统一这个核心内容，改革完善人才培养的教育管理，促进实现"双一流"的高校建设与"特色鲜明、国内一流、世界知名的研究型大学"建设发展目标实现。

（1）大力造就高素质、创新能力强的高水平师资队伍。教师水平决定人才培养的学科专业水平，无论是专业课的职业教育，还是公共课的普通教育，都是通过教师的具体教学组织实施完成的，包括课前准备、课上教学、课后辅导、成绩评定等教育活动，其中，教师的创新引领不仅是高质量教学与培养高端人才的根本保障，也是提升高校学术地位与更好地服务社会的基本路径。

大力造就高素质、创新能力强的高水平师资队伍极为重要和迫切。国家强调要求，加强高等学校创新体系建设，建设一批国际一流的国家科技创新基地，加强应用基础研究，全面提升高等学校原始创新能力，提高高等学校哲学社会科学研究水平，加强中国特色新型智库建设。[①] 要抓住面临的有利发展机遇，针对高校的基本情况和需求采取有力措施。首先，大力度引进高素质、创新能力强的高水平师资，为其施展才能创造有利的条件和环境，促进其成就事业。其次，鼓励研究基础扎实、坚持不懈、目标明确、实施可行、成效可期、前景广阔的教师励志作为，给予优惠政策，发展成就事业。

优先、大力支持发明与创新程度大的项目实施。通过方便工作、提职晋升、奖励优待等方式激发教师努力作为，营造人人都有机会成为学校事业发展的增效点，人人都有机会做出较大贡献的干事业氛围。

（2）增强帮助学生成熟、成才的职责。学生处于成长的学习过程中，有些不良现象源于学生的心智不成熟，自我管控约束差，任性甚至盲从，这些问题都成为其成才的障碍。要帮助学生排除成才障碍，促进其成熟、成才。

要采取有效的措施引导学生健康成长，积极向上，学会为人处事。教师与辅导员等有关职能人员要积极作为，做好引导和管控，增强帮助学生成熟、成才的

---

① 资料来源：《中国教育现代化 2035》（2019）。

职责。坚持以学生为本,充分调动学生的积极性、主动性和创造性,激发学生自立、自强,通过班级、宿舍、项目组、社团等形式把学生组织起来,任命或选举优秀的学生担任班长、舍长、项目组长、社团负责人等,形成风清气正的班集体、舍集体、项目组、社团等学习组织,在具体的组织学习生活中学习为人处事、立德做人、诚信友善、分工合作、沟通协调、团结互助、共同进步、走向成熟,处理好师生之间、同学之间等各方面的关系,健康成长,培养良好的班级文化、宿舍文化、项目文化、社团文化等,促进学生成熟与自立成才。

（3）美化校园环境。燕山大学坐落在美丽的秦皇岛,位于北戴河区与海港区的接壤地带,背靠燕山,面向大海,紧临金梦海湾的黄金海岸,拥有优越的地理环境。美丽的校园环境可以净化人心、陶冶情操,是人才培养的美好乐园。

①改善校园环境卫生。建立实施环保制度,保持清洁卫生。一要改善家属区环境卫生,整治污染源,和谐美化家属区;二要清理教学区环境卫生,清理清洁校园边角,禁止学生饲养和遗弃宠物。

②发展校园多样化主题文化。在继续发展校园经典文化园区的基础上,开发广泛的学习文化园地,如外语广角、职场精技、普教大道、文化兴趣、生活美学、时尚领地等,建设更加美好的校园。

第2章 高校高质量人才培养机制与职普融通的高等教育观①

随着中央全面深化改革工作的不断地推进，最近几年，教育改革的措施密集落实。从 2015 年开始，中央和教育部等相关部门推出了一系列的高等教育重大改革文件，最近公布了《深化新时代教育评价改革总体方案》和《"双一流"建设成效评价办法（试行）》。但是，由于教育科学发展的滞后性，实践过程难免存在不少缺陷。北京大学教授陈平原说："一路走来基本上都是对于先前政策的调整与否定。这样不断地急转弯，非常伤人。"② 当前，我国改革开放发展进入了一个新时代，习近平高质量发展思想成为各个社会领域的重要指导思想，其中强调了要坚持系统观念。教育要高质量发展，应成为坚持系统观念的示范领域。笔者在参加一个钱学森思想研究项目的过程中，③ 系统地学习了钱学森的一些科技思想，逐渐体会到，只有用钱学森的系统工程方法论才能洞见教育改革目标，找到科学、有效的高质量发展实践路线，建立高质量人才培养机制；钱学森的大成智慧教育思想为大学教育改革提供了重要的参考模式，启示了高质量人才的培养方式。这里首先阐述了钱学森系统方法论，讨论其对大学改革的指导意义，提出了教育改革总体设计概念；其次，基于钱学森科学技术体系学思想，讨论建立大学改革的基础理论体系问题；最后，基于钱学森的大成智慧教育思想对我国大学的制度改革提出了建议。

2.1 建立中国高等教育改革系统工程的机制体系

1978 年，钱学森领导开启了我国系统工程研究和应用发展的"时代大潮"，

---

① 本章由刘新建：博士，燕山大学经济管理学院教授，中国投入产出学会常务理事，中国数量经济学会投入产出与大数据研究会副会长；著。

② 陈平原. 中国大学的独立与自信 [J]. 探索与争鸣，2014（9）.

③ 课题名称：钱学森知识体系基础研究；课题来源：军事科学信息研究中心；课题编号：19 – ZLXD – 11 – 32 – 2 – 100 – 1 – 1.

系统工程概念深入到领导干部和专家们的日常语言中。钱学森把创建系统科学与工程知识体系和科学技术体系学作为晚年的主要工作内容，并认为是其一生最重要的工作。教育改革是一项复杂的系统工程，应用钱学森的系统工程方法论是应有之义。

2.1.1　钱学森系统方法论要义

系统工程作为一门对人工系统（包括硬系统和软系统及软硬综合系统）规划、分析、设计、制造、检验、使用和改进的组织管理方法体系，其核心思想是：以系统观为指导，组织有序，系统寻优，统分一体。[①]

所谓系统观就是遵循一般系统发展的一般规律和特殊系统发展的特殊规律。一般系统的一般规律形成系统学的知识体系，核心是整体观、联系观和动态观。[②]整体观就是从维护或发展大系统的整体秩序出发；联系观就是要考虑系统的各个部分之间的相互联系，注意牵一发而动全身的事情；动态观就是运动的观点和发展的观点，注意事物的变化特征，不为一时之利而损害长远利益。特殊系统的特殊规律就是每一类和每一个具体事物区别于他事物的专有规律。这些观点实际上就是辩证法思想在组织管理活动中的反映。对于教育系统工程，特殊规律就是教育的一般规律和具体教育事物的具体规律。

所谓组织有序就是从设想到使用的一切系统建设活动都需要在严密的组织管理下有计划地进行。钱学森特别强调管理中的民主集中制，他认为，"民主集中制是社会思维学、群体思维学的规律。"[③] 计划可以在科学论证的前提下修改，但不能没有计划。计划的制定也要遵循系统规律和系统工程原则。

所谓系统寻优包含两层含义。首先，每一项系统工程的目标系统（指计划建造的系统）都是有目的和目标的，一切系统工程活动即组织管理活动都应在系统目的和目标的指引下进行。为此，目的和目标本身的正确和合理性是首要的前提条件。我国长期教育改革中出现的失误许多就是目的、目标（包括一般教育目的）不清或者不正确。其次，在目的、目标明确并保证实现的情况下，系统工程

① 这个核心观点表述是本书作者的概括，具体详细的内容参见：钱学森，许国志，王寿云. 组织管理的技术——系统工程 [A]. 顾吉环，李明，涂元季. 钱学森文集（卷二）[M]. 北京：国防工业出版社，2012；许国志. 系统科学 [M]. 上海：上海科学教育出版社，2000.

② 钱学森. 系统工程与系统科学的体系 [A]. 顾吉环，李明，涂元季. 钱学森文集（卷五）[M]. 北京：国防工业出版社，2012.

③ 钱学森. 1994 年 2 月 28 日致张育铭 [A]. 涂元季，李明，顾吉环. 钱学森书信（8）[M]. 北京：国防工业出版社，2007.

活动应实现某些指标的最优性，如成本最小、收益最大、节约资源。

所谓统分一体就是统一要求和分体利益要综合考虑，整体目标和子系统目标要协调考虑，在思维方法上就是把整体论和还原论结合起来。① 在教育改革中，各个地区、各个类别、各个阶段的教育既要有国家的统一标准，也必须给予一定的灵活性，充分考虑各类群体的利益需求。

教育系统在我国这样的大国，是开放的复杂性系统。做好开放复杂性系统的组织管理必须有科学的方法体系。钱学森根据大型科技与国防工程实践经验、基本系统科学原理和社会主义社会管理的需要，提出"从定性到定量综合集成研讨厅体系"方法论②和总体设计部组织形式。③ 方法论的基本特点是人机结合、众智集成、民主集中。

人机结合就是聪明的人类大脑与运算和数据处理能力强大的电脑的有机结合，既能处理分析庞大的数据和进行复杂模型计算，又具有价值判断和灵感思维的高级智慧。

众智集成就是要发挥各类专业人员和各种相关人员的才能和意见，使在统一的体系中聚合起来，形成决策依据信息。

民主集中是组织原则，即在决策形成的前期要充分发扬民主，听取各方意见，在决策时要有人总负责，决定要有权威性，决策后既要有执行力，也要及时考虑反馈信息。④

2.1.2　钱学森系统方法论对高等教育改革的指导意义

我国的不少教育改革，如减轻学生负担的课程体系改革和培养方案改革（包

---

① 钱学森. 软科学是定性与定量相结合的系统科学［A］. 顾吉环，李明，涂元季. 钱学森文集（卷五）［M］. 北京：国防工业出版社，2012.

② 钱学森，于景元，戴汝为. 一个科学新领域——开放的复杂巨系统及其方法论［J］. 自然杂志，1990，13（1）. 钱学森. 关于大成智慧的谈话［A］. 顾吉环，李明，涂元季. 钱学森文集（卷六）［M］. 北京：国防工业出版社，2012.

③ 钱学森. 社会主义建设的总体设计部——党和国家的咨询服务工作单位［J］. 中国人民大学学报，1988（2）.

④ 在1995年2月17日致赵红州的信中，钱学森说："现代科学技术工作也要实行民主集中制：在集中指导下的民主和民主基础上的集中。10万元的项目要这么干，10亿元的项目也要这么干。"相关论述还见：1994年12月21日致国家科委高技术计划联合办公室、1995年3月22日致朱光亚、1996年2月22日致张玉台等书信和《关于科学技术及方法论问题》［顾吉环，李明，涂元季. 钱学森文集（卷六）［M］. 北京：国防工业出版社，2012］、《党的民主集中制问题》［顾吉环，李明，涂元季. 钱学森文集（卷六）［M］. 北京：国防工业出版社，2012］。其中书信内容见：涂元季，李明，顾吉环. 钱学森书信（8）（9）［M］. 北京：国防工业出版社，2007。

括大学的通识教育思维），虽然表面上反映了社会上的舆论和民意，还有专家、学者的呼吁，但是，决策方案的制定未必科学、合理，导致问题没有有效地解决，并可能使教育质量下降。这里的根本原因就是方案的形成程序没很好地遵循系统工程的方法论，以致意见的搜集、整理和措施的提出缺乏全面的系统性。

用钱学森的系统工程方法论指导高等教育改革，首先需要建立改革的总体设计部。现在，我国总体设计部的首脑机构已经有了，包括中央全面深化改革委员会和中央教育工作领导小组，这是顶层决策机构。作为国家级教育系统工程综合集成研讨厅体系，在首脑机构之下，应有一个教育系统研究设计部门，其职责是分析教育系统的总体结构及其演变趋势，提出总体结构的维护和变革方案，并制定各个结构部分的目的和目标。总体结构包括教育的分层结构和分类结构以及管理体系结构。并且应针对各级各类教育分别设置一个总体设计分部，负责领导各级各类教育的体系结构与体制机制改革，要制定各类教育标准。总体设计部与教育部的关系是设计决策与具体执行管理的关系。在综合集成研讨厅体系下，首脑机构、设计机构、执行机构就组成了中国教育改革的机制体系。

在大学内部，也应该形成决策机构、设计机构和执行机构组成的治理体系。决策机构由学校党委会和校长办公会议组成，设计机构可在目前许多高校都有的类似高等教育发展中心的基础上组建，执行机构就是目前的各类职能部门。设计机构除了校级组织外，应在各专业、各学科和各辅助部门设置专门的研究岗位，可以由教师兼任，使得设计方案建立在深入的理论成果的基础上。一切重要决策方案都在综合集成研讨厅体系的运作下形成。学校各种制度应该定期检讨，有人进行常态化研究。

2.2　完善中国高等教育科学学科体系

在当代，要想做好组织管理工作，单靠经验的管理方法是不行的，必须有科学理论为指导。高等教育改革的方案和实践应在科学有效的教育理论指导下进行。大学改革与高等教育改革是两个层次。高等教育改革涉及整个体系，包括各种教育的关系和结构，如高考制度改革（包括招录制度、考试制度、管理体制）、各级教育关系（专科教育、本科教育、硕士生教育、博士生教育）、学校分类体系、专业与学科分类体系，等等。大学改革是大学内部体系改革，是一种机构单位改革。大学改革要在高等教育改革和全面教育改革方案的约束指导下进行。

2.2.1　完善我国高等教育理论基础的意义

目前，对高等教育的批评主要是对大学的批评，但是，有些改革不是大学自身可以主导的。比如，关于大学毕业生的就业体制，社会上不断地有对就业率造假的批评，教育部也数次发文遏制，但是，如果不改变对大学的评价机制，将就业率要求以更合理的方式置于大学管理绩效评价中，那么，这种造假问题就很难有根本改变。① 前些年，在大学教学评估中的造假风气也是由于评价机制设计不合理造成的。这些不合理的评价（评价也是一种管理方式）发生的根本原因就是没有贯彻系统工程的思想，对影响全局的评价与管理目的认识不清或不正确，管理思维方式错位，本质上是理论基础不清。

关于大学改革的各种讨论和政策可以概括为三个领域：后勤保障、人才培养和学术发展。后勤保障领域的改革目前基本稳定了下来，争论较少。人才培养体制和学术发展体制则反反复复，定不下来。人们都诟病现在的教育质量和学术评价，但就是跳不出旧的轨道。究其原因，是宏观管理存在问题，不能清晰地确定：哪些应是学校的自治职责？哪些应是国家的行政职责？归根结底，还是对大学发展的规律特别是大学教育目的和目标不甚清晰。

2.2.2　关于高等教育理论的学科体系

钱学森认为，一门科学的知识体系包括四个层次，从低到高依次是工程技术、技术科学、基础科学和学科哲学（钱学森称为桥梁学科）。② 将此思想应用到高等教育科学，则依次应当是高等教育技术、高等教育管理学、高等教育学和高等教育哲学。

对于大学内部活动，高等教育技术包括大学管理技术和教育方法与技术。大学管理技术包括大学教学管理技术、大学科学技术研发管理技术、大学财务管理技术、大学后勤管理技术、大学基建管理技术、大学政治思想管理技术等方面。大学

---

① 评价方法和评价效果关系是评价研究要解决的基本矛盾，不是简单的指标对应关系，涉及评价的各种要素，参见：齐经民，刘新建. 职业经济解析——国计民生基本问题研究 [M]. 北京：经济科学出版社，2018.

② 钱学森 1977 年提出建立科学技术体系学的必要性（钱学森. 现代科学技术 [N]. 人民日报，1977 年 12 月 9 日），1982 年全面阐述包括自然科学、社会科学、数学科学、系统科学、思维科学和人体科学六大部门的纵向结构和从工程技术到辩证唯物主义的横向结构的现代科学技术体系结构 [钱学森. 现代科学的结构——再论科学技术体系学 [J]. 哲学研究，1982，（3）]，1996 年将建筑科学纳入并形成包括11 个科学技术部门的现代科学技术体系图 [钱学森. 哲学·建筑·民主——钱学森会见鲍世行、顾孟潮、吴小亚时讲的一些意见. 华中建筑，1996，14 (3)].

教育方法与技术包括大学德育方法、大学各类学科教学法、教学技术（包括各种多媒体应用技术、教育数字技术）等。各种教育技术本身是确定的和发展的，但是，具体实践中，选择应当是灵活的、多样化的，遵循教育系统工程的一系列原则。

高等教育管理学是对教育技术的科学理论和思想支撑，也是发展新的教育技术的科学基础，属于技术科学。另外，作为高等教育科学的内容，大学教学论也是其技术科学的一个分支，它提供了教学技术的理论支撑。

高等教育学是教育学的分支学科，是高等教育管理学的基础理论知识体系。高等教育学既包括高等教育作为社会子系统的宏观内容，也包括大学作为一个社会机构的微观内容。高等教育学关于大学微观主体的内容构成大学学，是高等教育学的子学科。作为基础理论学科，高等教育学和大学学是关于高等教育发展和大学发展的基本规律的知识体系，这种规律既可从社会与教育系统学中进行逻辑演绎，也可来自对历史的总结概括。

高等教育哲学作为哲学的一个分支，其回答的问题具有高度的基础性，比如高等教育为什么存在即目的性问题、高等教育与社会其他系统的相互关系问题、高等教育的社会属性问题、高等教育的生产性和消费性属性（经济属性）问题，等等。大学办学哲学是高等教育哲学的子学科，它不仅要回答一般大学的存在性问题，还包括对具体一所大学的存在性问题做出一般性概括。每一所大学都应该回答自己的存在性问题。

根据钱学森的观点，哲学的最高层次是辩证唯物主义，是对人类全部认识知识的最高概括；社会科学作为一个大科学门类，从各门社会科学到辩证唯物论的过渡即其哲学桥梁的最高层次是历史唯物主义。教育科学作为一门社会科学，历史唯物主义基本原则无疑是它的上层指导思想和基本发展观点。高等教育哲学和大学办学哲学必然受历史唯物主义原理的制约。

2.2.3　提高高等教育理论的科学水平和中国特色

在高等教育理论体系中，大学理论的发展是最薄弱的。解决大学改革即大学的管理问题，大学发展规律是最基础的专业指导理论，而清晰、正确的大学办学哲学思想是理论的根基，正确认识大学教育目的是重要前提。到目前为止，除了从一般管理学中照猫画虎地形成的教育管理学，没有发现有成熟的大学学，大学办学哲学论述更是稀有。由于基础理论的不成熟，教育管理学的科学性就存疑。钱学森在 1986 年曾说："我不赞成这样一种意见，把现在的教育学说得那么科学"，"其实，现在这些科学还不像牛顿三定律那么清楚，所以，把教育建立在这个基础上恐怕很困难。因此，我认为，应该采用客观的、半经验半理论的方法，有点理论的指导，但更多的还要靠经验。"① 教育科学现在的情况有所改善，但如果说已达到相当高的科学水平，恐怕还没有信心。

西方发达国家的大学已经办了几百年，即使很难说他们有科学的大学学理论，但是，他们的经验沉淀则是极其深厚。因为社会制度、体制的变迁，我国的大学教育办学体系和实践方式也数次变迁，专业理论和经验都没有成型体系，多借他山之石，经历了美欧体制—苏联体制—美国体制的曲折历程。但是，很显然，中国的文化基因和社会制度与西方资本主义国家有天壤之别，照搬总是难免削足适履、东施效颦。

没有科学的教育理论就不会有科学的教育实践。基于以上认识，建议国家组织专家力量，加速建设中国特色大学学、大学管理学和大学办学哲学等学科。为了提高效率和广采众智，并考虑我国的大国特性，对每门学科都组建几个组同时进行。经过反复讨论，逐条讨论，形成具有较大的公认性的学科理论体系。有了这些专业理论的支撑，再制定改革方案，并形成具有中国特色的大学管理方法论。

无论是理论建设还是改革方案，都应把基本原则与具体方式、方法区分开，搞好统一性与多样性的辩证关系，允许不同地区、不同类型学校的差异性的存在。基本原则是必须统一的，比如政治理论教育和国史教育必须有较统一的思想原则和基本教学资料，其他部分则可以百花齐放，通过学术交流在科学的基础上实现形式与内容的辩证统一。

2.3　大成智慧教育体系

在大学改革中，学制和教育内容改革是比较核心的部分，确立这方面的指导理论也是最关键的。钱学森的大成智慧教育思想对此具有重要意义，提供了高质量人才培养方式的指导思想。

2.3.1　钱学森的大成智慧教育思想的基本内容

钱学森在 1992 年提出了建立大成智慧工程的想法，② 其目标是在复杂系统实

---

① 钱学森. 谈教育改革 [C]. 顾吉环，李明，涂元季. 钱学森文集（卷四）[M]. 北京：国防工业出版社，2012.

② 见：1992 年 8 月 27 日致王寿云、1992 年 10 月 10 日致钱学敏、1992 年 10 月 19 日致戴汝为，载：涂元季，李明，顾吉环. 钱学森书信（7）[M]. 北京：国防工业出版社，2007.

践中"利用我们的现代科学技术体系的思想，综合古今中外，上万亿个人类头脑的智慧"，是对从定性到定量的综合集成研讨厅体系概念的深化。在大成智慧工程思想的基础上形成了大成智慧学。大成智慧学的基本观点是：以辩证唯物论为指导，利用现代信息技术和网络、人—机结合以人为主的方式，迅速、有效地集古今中外有关的经验、信息、知识、智慧之大成，总体设计，群策群力，科学而创造性地去解决各种复杂性问题。具体到个人就是要陶冶高尚的品德和情操，德智体美全面发展，各个学科知识全面发展，尽快获得才智与创新能力，能提出解决困难复杂问题的科学方案。① 钱学森的大成智慧教育思想是在其大成智慧学思想基础上生发出来的认识体系，是其系统思想的延伸和应用。钱学森提出了大成智慧硕士的标准和培养路径，② 即大成智慧硕士要：（1）熟悉科学技术的体系，熟悉马克思主义哲学。（2）理、工、文、艺结合，有智慧。（3）熟悉信息网络，善于用电子计算机处理知识。培养路径大致是以下三段教育：（1）8 年一贯制的初级教育，4～12 岁是打基础。（2）接下来的五年（高中加大学），12～17 岁是完成大成智慧的学习。（3）后 1 年是"实习"，学成一个行业的专家，写出毕业论文。钱学森说："这样的大成智慧硕士，可以进入任何一项工作，如不在行，弄一个星期就可以成为行家。以后如工作需要，改行也毫无困难。"

2.3.2　基于钱学森的大成智慧教育思想的中国高等教育改革思路

钱学森说，他的教育改革是一个"大胆设想"，③ 但他是非常严肃、认真的，并称这是新一次的"文艺复兴"。可以认为，钱学森深刻地认识到我国教育上的一些弊端，提出了"钱学森之问"。大成智慧教育思想概括起来包括两点：一是要培养具有全面修养和拥有全面知识的创新人才；二是要缩短学制。在专业教育方面，我国大学的改革经历了曲折的过程。在 20 世纪 50 年代的改革中，学习苏联体制，也为了快速地适应我国社会主义建设的人才需求，由原来的综合大学分裂，建立了大批专门学院，教学内容范围比较狭窄，模式偏于精深。在 70 年代末的改革中基本延续了原来的体制。但随着与西方特别是美国教育交流的深入，加强通识教育的要求逐渐强烈，尤其是随着我国高等教育的大众化普及化阶段的到来，大学教育总学时和专业课教学的学时逐渐压缩，选修课增多。这虽然带来

① 钱学敏. 钱学森对教育事业的设想——实行大成智慧教育培养全面发展的新人［J］. 西安交通大学学报（社会科学版），2005（3）.

②③　钱学森. 1993 年 10 月 7 日致钱学敏（二）［A］. 涂元季，李明，顾吉环. 钱学森书信（7）［M］.北京：国防工业出版社，2007.

了学生知识面的扩展，但是，专业深度降低，教学质量受到广泛质疑，"钱学森之问"引起广泛的讨论。大成智慧教育改革应该是钱学森对"钱学森之问"的一种回答。钱学森提出的教育改革不是某个教育阶段的改革，而是从幼儿到研究生的整体教育制度的改革。

对于钱学森的教育思想，不能简单地认为是空想而毫不理会，应该认真地开展教育研究，通过理论和试验做出科学的判断。钱学森对办世界高水平大学曾经提出三个条件，[①] 一是要有钱；二是要开放，学校有自主权；三是"请客卿"即引进人才。可以说，这三个条件，我国现在基本都具备了，学校自主权虽欠缺一点，但也有了巨大的进步，因此，现在的关键是如何做的问题，需要切实、有效、科学的办学理念。

钱学森在 1989 年曾提出建党百年时实现大成智慧教育的发展目标，[②] 并估计实现这样的教育目标"每年教育经费占国民生产总值的 8.4%"。2019 年，我国教育经费总额刚过 5 万亿元，占当年国内生产总值的 5.1%，这个比例既没有达到钱学森设想的目标，也没有达到发达国家的水平，发达国家在 7% 左右。[③] 目前，我国的教育经费是不足和无效使用并存，为此，国家最近对一些顶层高校的财政预算经费做了缩减。[④] 要给足和用好教育经费，必须应用系统工程思想进行系统性分析，搞清楚：哪些方面做得较差、钱没花好？哪些地方做得不足、应该增加经费？做这些也都需要正确、科学的高等教育学和大学学理论做指导。

在教育观念的革新方面，钱学森提出两点：[⑤] 一是要把国家全部青年培养成硕士和硕士以上的毕业生，这一点的含义是清晰的，虽然目前实现起来还有点困难；二是要打破学科分隔，创新院系学科设置，培养具有全面知识和素质的创新性人才。对于全面性和创新性人才，钱学森提出六个方面的素质要求：（1）掌握马克思主义哲学的方法论和世界观。（2）了解世界历史和地理的环球视野。（3）具有基本的科学技术知识。（4）具有一定水平的文学艺术修养。（5）具有懂得一定军事科学知识的竞争思维。（6）基于一定卫生和体育知识强身健体。[⑥]

我国的教育改革——从基础教育到高等教育——应该在原则统一的基础上允

① 钱学森. 现代科学技术 [N]. 人民日报, 1977 - 12 - 9.

②⑤⑥ 钱学森. 要为 21 世纪社会主义中国设计我们的教育事业 [C]. 顾吉环, 李明, 涂元季. 钱学森文集（卷六）[M]. 北京：国防工业出版社, 2012.

③ 王亚男, 元静, 胡咏梅. "十四五"期间优化教育经费投入结构研究 [J]. 教育经济评论, 2020, 5 (5).

④ 75 所高校公布 2020 年部门预算, 北大清华等 5 校经费缩减超两成 [EB/OL]. 经贸网, http://www.iewzx.com/zixun/jiaoyu/2020/0713/53142.html [2021 - 9 - 25].

许百花齐放、百家争鸣，有规模地开展体制、学制和机制改革试验，在马克思主义教育哲学指导下和试验实践的过程中，形成中国特色社会主义高等教育理论体系。在改革中，统一性与多样性是一对矛盾，我国的教育改革在这种矛盾中时有反复。在这方面可以向医学新药和新技术的创新机制学习，一种病可以有多种药，如对新型冠状病毒性肺炎可以有多种技术路线的疫苗。在大学教学改革中，有培养方案的统一性与多样性的矛盾，有教材的统一性与多样性的矛盾，有教学管理标准的统一性与多样性的矛盾。对这些矛盾，必须予以正视和深入研究，掌握原则的层次性，高层次统一，低层次灵活。比如政治原则是最高的层次，[①] 这个必须高度统一。基本培养目标也是比较高层次的原则，需要基本的统一，但应分门别类。在一些具体内容的选择上，在具体实施方法的选择上，则应该允许多样性。特别是对于专业课，应该允许专业教师自主决定教材的选用，这是大学作为学术创新系统的特征要求。即使是社会科学类教材，在不违背政治原则的条件下，也应允许多样化。前些年，西方特别是美国社会科学类教材的引进使用有些过分，为了评职称需要，教师自编教材过滥，这些都不符合中国特色社会主义人才培养目标的要求，但不能因此禁止教授们使用自编教材。现在，社会科学类学科的科学化水平大都比较低，需要广大的大学教师发挥创新能力进行学科建设。通过编写教材不断地完善内容体系、不断地补充断裂知识点是提高社会科学类学科科学化水平的重要途径。每一位优秀的大学教授都应有自成体系的教学脚本。

　　钱学森的大成智慧教育方案不仅能快出人才、出好人才，而且可以解决我国劳动力资源正在走向短缺的困境。我国过去实施过九年制义务教育的学制，现在有了比较好的学前教育，因此，可以考虑恢复基本的九年学制。对不能升入大学者再加一年职业教育，这样可以实现十年义务教育，使基础教育时长缩短两年；如果再向欧盟学习，使本科教育缩短一年，那么，普及化的高等教育人才培养就可以缩短时长 3 年。我国大学现在每年招生近 1000 万人，通过缩短学制，可以为我国在总量上增加约 3000 万名新生劳动力。这样的学制比钱学森的设想稍微折衷一点，大多数人 19～21 岁完成硕士学位（钱学森设想是 18 岁），继续深造者 22～24 岁完成博士学位。大成智慧教育方案与延长退休政策相结合，可以保证未来百年内我国可以继续享有人口红利，并把人口红利变成人才红利。

---

　　① 在社会舆论中，存在要政治不干预教育的观点，这是极其错误的思想。美国政府这几年的做法已经给我们敲响了警钟，现台湾当局"去中国化"的历史教育也是深刻的反面教材。实际上，问题不在于教育中要不要政治，而在于要什么样的政治，为什么样的政治立场服务。教育本就是意识形态传播的重要领域，学校教育的目的就是塑造人的思想体系，简而言之就是给学生洗脑。因此，要政治不干预教育是不可能的。一切教育都必须接受政府的监督和指导。

2.4 职普融通的高等教育观

关注到两件事情。第一件是原来的独立学院陆续被转制为职业技术大学,有些转设事项引起了在校学生的强烈反对;① 第二件是 2021 年 6 月 7 日《中华人民共和国职业教育法》的修订稿首次提请全国人大常委会审议,在媒体上引起了热议,同年 12 月,又公布了二次审议稿。这里认为,目前职业教育的一些困境是基础认识问题。对于职业教育这件事,应先从理论上搞清楚其概念和定位,这样立法和制定政策才不失位。

2.4.1 关于职业教育的基本理论观点

除了一些业余爱好的培训教育,所有教育和培训的目的都是为了培养从事一定职业的劳动者,是为了不断地提高劳动者的素质。劳动者的素质可以分为德、智、体、美四个方面。

(1) 德行:德为行先。社会的人在社会中生活,其行为需要遵循一定的规范才能立足于社会,有利于社会,这方面的教育贯穿于所有的教育活动和过程。在我国,基础教育的德育以塑造公民的基本品行素质为主要使命,职业教育以职业伦理教育为主要内容,二者结合起来把学生培养成中国社会主义事业的优秀接班人。

(2) 智能:包括文化知识和技术知识、思维能力与技术能力。因为随着科学技术和生产力的发展,对劳动者的知识与技能要求越来越高,所以,从入学到成为一个合格及高水平的劳动者所需的教育与培训时间逐渐加长,人们的平均受教育年限就需要加长。有语云:现在是知识爆炸的时代,这为教育提出了严肃的改革课题,需要重新审视一些教育科学理论。

(3) 体质:即身体素质。劳动者需要健康的体魄,保持健康的体魄需要一定的健身知识和技能,体育成为教育的必然内容。在发达的社会中,身体锻炼是所有人都应做好的自我修养活动,人们既有闲暇又有条件。但是,青少年时期是关键的时期,既要养成锻炼的良好习惯,也要学会一定的体育运动技能,这就是教育的任务。体育与美修相辅相成。

---

① 熊丙奇. 学生、家长反对独立学院转设职业技术大学,折射出什么 [EB/OL]. https://xw. qq. com/amphtml/20210610A0C1TX00. 2021 – 11 – 23.

（4）美修：即审美修养。审美教育是培养现代社会人教育的重要内容。美包括品德之美和形式之美。社会的人要懂得鉴别和欣赏符合人类进步价值观的美才能更幸福地生活，才能促进社会的和谐进步。鉴别、欣赏和创造美的能力素质需要一定的美的教育来培养。美修不仅是音乐和美术，体育和生活都是美修的内容。高尚的审美观是需要教育的。

在上述素质论中没有单独列出"劳（动）"。劳动其实是综合素质的应用和体现。劳动教育以简单劳动为基本内容，以社会中最广大的工人、农民的劳动方式为参照，是中国特色社会主义核心价值观教育的最有效的途径，是职业伦理教育的基础训练方式。

名不正则言不顺，需要给职业教育一个比较严谨、合理的定义。职业教育有广义与狭义之分。在广义上，所有的教育都是职业教育，都是为了培训社会需要的劳动者；在狭义上，只有以劳动技能的获得与提高为主要目标的教育属于职业教育。职业教育成为一个人们社会交流中广泛使用的专业术语，是与普通教育相对的。专门的以职业劳动技能为主要内容的教育机构只有短期的培训机构，这才是狭义的职业教育，任何学历教育都是德、智、体、美的综合教育，属于普通教育，也属于广义的职业教育。

目前在我国，普通的中小学教育又称基础教育，其基本教育目标是为高一级学校输送有良好的知识与技能基础的学生，使得学生具有进行高级学习的基本素养，因此，职业技能不是基础教育的主要内容。在我国还存在着不少的中等专业教育学校，其主要目标是为不能升入高级普通中学的学生进入社会从事职业劳动提供文化知识和专门劳动技能的教育（在 20 世纪 80 年代也是普通高中毕业生的一个分流方向），职业技能是其主要教育内容。在我国，学生数量庞大的一类高等教育机构是专科高等学校，其现在每年的招生人数超过本科。专科学校的学生有些是文化知识基础比较差，胜任不了本科教育的要求，有些是没有接受更长时间教育的意愿，希望更早进入社会获得收入或实现自己的兴趣。高中生向专科教育分流的另外一个原因是本科教育资源有限。

中等专业学校和专科学校教育更接近狭义的职业教育，因为它们的总体学制短，为了尽快适应毕业后从业的需要，职业技能培训时间占的比例大，在 1/3 到 1/2。硕士研究生教育与此两类教育相类，但其又承担着为博士培养输送学生的任务，其职业技能教育的路径，一是直接通过实践、实习获得，二是学位论文课题研究，因此，现在扩大专业学位研究生的招生规模在情理之中。从主体学生毕业后的流向看，中等专业教育、专科教育、本科教育和研究生教育都是职业教育，都必须为毕业生进入社会从事一定的职业工作做好准备，其差别是职业类别和岗位种类的不同。

在我国的高等教育中存在事实上的学校分类等级。为了集中国家资源办高水平大学，我国在历史上实行了重点大学制度，后来发展出"211""985"和"双一流"等高校的分类，还出现了一本、二本等的分类。这些分类造成了事实上的就业与升学歧视和社会身份歧视，就连军队都规定二本毕业义务兵可以直接转军官，而三本和专科毕业生除非立功获奖只能转士官。专门的职业技术大学类别的设立也必然会造成学生身份的社会歧视。虽然这种歧视从效率的角度看有某种合理性，但从社会公平的角度看是不合理的，是制度造成的社会歧视，会产生外部不经济的效果。如果不能逐渐消除这种歧视，高考录取制度改革的效果也会被削弱。

综合以上关于职业教育的基本认识，可以认为，把现代高等教育建设成为职普融通的综合素质教育是合理的改革方向，加强职业技能训练是所有高等学校都应该做到的教育内容改革。钱学森的大成智慧教育思想实质上就是职普融通的教育体系建设思想。

2.4.2　完善职普融通教育体系

为了全面、合理地规划我国的职业教育，彻底实现职普融通，降低不利的社会歧视结果，提出以下三个方面的改革建议。

（1）除了短期培训机构，取消专门的职业教育学校分类。所有的高等学校都是某种类型的职业教育学校。除了少数以给研究生教育输送高水平学生为主的大学，如中国科学院大学和中国社会科学院大学，① 其他大学都应加强职业素质教育，满足就业要求。可以考虑在大学的前三年以基础知识和基本技能学习为主，第四年专门用于职业实践、实习。专科学校的最后一年（二年制专科为最后半年）也应如此。不同的专业可以采取不同的实践、实习方式。大学生的职业待遇应从实习开始，国家给予补贴（在三年制本科下，第四年的实践实习计算工龄，拿实习工资）。现在的"职业技术大学"名称可以改为"技术大学"或"科技大学"，叫"××职业技术学院"的可以去掉前面的"职业技术"，直接叫"××学院"。

（2）大学实行分级管理模式。全部大学分为全国性大学和地方大学。全国性大学由教育部或中央部委直属，军校除外，目前有116所。应取消部委与地方共建大学模式，重新确定部属院校与地方的关系。地方大学由地方完全负责，教育

---

① 其实这样学校的本科教育也是职业素质教育，内容是以科技研究职业需求为主的素质。

部只负责督导（监督和指导）和宏观管理。全面取消重点性质的称号，不再有"双一流""211""985"或其他示范性称号。对于落后地区的大学，中央给予特别的财务支持和指导。除了科学技术研究经费按项目和国家级实验室拨款，中央对于全国性大学的经费一律平等。这种平等也是对学生和教师的平等。国家鼓励大学通过各种方式从社会上募集经费。

（3）全社会合作加强大学生的实践教育。我国大学毕业生的实践、实习近年来有了明显的改善，各个学校积极建立实习基地，但是与教育和社会发展的要求还不相适应，大学的实习安排和管理还存在很大困难，实习质量难以保证。最根本的问题是大学生的实习缺乏法律、制度支撑。大学生专业实习是大学和社会的结合部，目前完全由大学操办，企业等社会机构缺乏积极性。应建立专门的法规，或在相关的教育法规如《中华人民共和国职业教育法》中，对大学生实习的相关事项的责、权、利给出明确规定。在目前的《中华人民共和国职业教育法》修订草稿中仅仅提"鼓励"，要求太弱，应规定符合条件的企业、国家机关、事业单位每年必须接收一定数量的大学生作为实习生，国家给予确定数额的补贴或税收减免。让有关机构、单位找大学要实习生，而不是大学求其安排实习生。

2.5　结　束　语

教育现代化是国家总体现代化的组成部分，且更具有长期战略性，所以，应有超前的思维做好战略谋划。教育体制改革作为百年大计，作为复杂的系统工程实践，既要遵循科学的方法论，应用从定性到定量的综合集成研讨厅体系，又必须有科学的教育科学理论做基础。

应调整重建教育分类体系。由《中华人民共和国职业教育法（征求意见稿）》可知，我国现在的教育体系是由基础教育（含普通初中等学校）、学历职业教育、普通高等教育和职业培训组成，可以看作基础教育、职业教育和普通高等教育三部分，三者之间相对独立。根据职普融通教育思想设计教育体系改革，除纯粹职业培训外，我国的学历教育体系应由两部分组成：基础教育和职业教育。在高中基础教育尚未全面普及的情况下，保留中等职业教育；未来（应该很快），十年制基础教育全面普及，职业教育都是高等教育，高等教育都是职业教育。学历职业教育分三级：专科、本科和研究生，都是以毕业生就业为目标，既有文化知识、美体修养和职业伦理的素质教育，还要为就业准备好基础专业技能。专科教育可以实施按岗位需求和校企合作定制招生培养。

应全面建立各级各类教育标准体系。我国已经制定了中小学课程标准,① 但是，没有更基础的教育标准，更没有高等教育标准。教育标准是基于青少年心智发展规律和社会经济发展需要提出的对教育的基本要求。教育作为一种现代社会的规范实践活动，应该像其他活动一样建立一系列标准，但是，这个标准工作应该是很有难度的，所以，七十余年或四十余年来都没有系统建立起来。当前的教育改革正在深入进行，如果没有标准，难免会走弯路。建立教育标准的重要前提是有比较完备的教育学理论和教育管理理论，而这方面现在还有缺陷。

应建立服务于改革的教育理论和教育实验研究的长效机制。关于改革有一句名言：“改革永远在路上。”教育是百年大计，尤其不能出现颠覆性错误。有效地应用钱学森系统思想和大成智慧教育思想可以解决改革的科学方法论问题，但面对教育理论和教育管理理论的不完善现状还需要从长计议。在目前教育科学基础理论还不完善、实践又不容停步的情况下，应在辩证唯物主义和历史唯物主义的原则指导下，发挥“从战争中学习战争”和“干中学”的精神，开展多方探索、实践，逐步建立起中国特色社会主义的教育理论和技术体系，形成适应高质量发展的高级人才培养机制和培养方式。在基本原则确定的前提下，应该允许多条腿走路，允许多路径发展。改革应充分考虑中国是个占世界 1/5 人口的大国、区域发展不平衡这个特殊国情，既要全国一盘棋，又要百花齐放多样性发展。科技兴国、教育兴国是中华民族伟大复兴的基础工程，必须搞好。

---

① 　义务教育课程标准已于 2011 年颁布，2022 年又重新进行了修订。普通高中课程标准于 2017 年正式颁布，2020 年做了修订。

第3章 基于职业经济学课程的职普融通教育探究[①]

职普融通是更有效地利用职业教育与普通教育的资源进行人才培养的一种方式，要通过一系列课程的具体教育平台实施和实现。职业经济学是笔者研究和开设的一门职业公共基础课，[②] 与职业教育和普通教育密切相关，这里主要从职业经济学课程的视角对职普融通的教育做一探究。

3.1 职普融通的教育研究现状

先明确"职普融通"与"普职融通"这两个密切相关概念的区分，两者存在差异。"普职融通"由来已久，主要是指中等学校的普通教育与职业教育的两者融通，对高中等阶段学生进行职业技能培养等，为不能升学的学生毕业就业做好准备。[③]"职普融通"是我国改革开放后教育的新发展，[④] 主要是指高等院校的职业教育与普通教育的两者融通，不仅加强了职业技能培养等，还提升了职业教育层位，上升到本科及以上的高度。[⑤] 职普融通作为改善教育方式、提高教育质量、培养专业人才的教育焦点，国内外都比较关注和做了一些研究，分为国内与

---

① 本章由齐经民：燕山大学教授，职业经济研究中心负责人，中华职业教育社社员，中国就业促进研究专业委员会常务理事；著。

② 齐经民. 开辟一门新学科——职业经济学，甘肃人事.1991，（8）：15－17；建立社会主义职业经济学［J］.中国劳动报（理论版）［N］.1991－8－27；新课设置——职业经济学介绍［J］.教育与职业，1994（2）：33.

③ 肖凤翔，贾旻. 我国现代职业教育体系视域下的职普融通研究［J］.职教论坛，2015（1）：31－36.

④ 中共中央关于教育体制改革的决定（一九八五年五月二十七日）［Z］.中国教育新闻网，2016－11－9.

⑤ 教育部等九部门. 职业教育提质培优行动计划（2020—2023年）［Z］.中国教育新闻网，2020－9－29.

国外两个方面给予简介。

3.1.1　国内的职普融通的教育研究现状

进入新时代以来，我国的教育改革创新不断地深入，强调职普融通，解决职业教育与普通教育存在的"短板"问题。国内关于职普融通的研究主要集中在以下两个方面。

（1）关于高等院校的职业教育与普通教育的职普融通问题。张桂春、卢丽华的研究指出，职业教育与普通教育在各自的形成与发展过程中都存在某种缺陷或短板，特别是二者之间的分离直接导致了其培养对象发展的不完整性；她们认为，职普融通本质上在于重塑各类学校教育的培养目标，构建适应现代社会发展需要的学校公民教育体系，选择有利于公民素质培养的教育内容、教育方式，加强学生技能培养，以便消除职普两种不同类型教育的缺陷和弊端，保证学生成长为具有公民知识和技能的"全面发展的人"。①

张晓玲、罗秋兰的研究指出，职业教育与普通教育的不同轨道发展已经严重阻碍了自身发展以及经济和社会的发展。职业教育招生难，高等教育就业难；经济发展对技术、技能型人才的综合素质要求日益提高，对应用型本科的需求成为发展重点。职业教育与普通教育相互沟通是一条必然之路。提出探究责任机制、信息沟通机制、课程衔接机制、数据共享平台的"职普融通"的相关机制。②

卢晓中的研究指出，"职普融通"是完善现代教育体系、真正搭建人才成长"立交桥"的关键一着；是培养全面发展的高素质技术技能人才、实现育人与育才有机统一的重要一环；是提升职业教育地位、从深层次破解和纠正歧视职业教育的根本所在。构建与普通教育既相对分离，又相互融通，层类交错、有机统一的现代职业高等教育体系框架是建设高质量职业高等教育体系的重要方向。③

（2）关于中等学校的职业教育与普通教育的职普融通问题。肖加平的研究指出，普通教育与职业技术教育的融合不是机械性的拼凑，而是应该形成"你中有我，我中有你，相互促进，共同发展"的局面。其最终目的是让学生在经过职业技术和普通教育的共同塑造下，认识自我，发现自我，最终找到属于自己的发展道路。"普职融通"课程体系设计要做到承前启后，与职业和学术平行关联；科

---

① 张桂春，卢丽华. 职普融通的教育理念与实践：基于公民素质培养的视角 [J]. 教育科学，2014（10）：22 - 26.

② 张晓玲，罗秋兰. "职普融通"的理论机制探究 [J]. 成人教育，2017（11）：65 - 68.

③ 卢晓中. 基于"职普融通"的现代职业教育体系构建 [J]. 河北师范大学学报，2022（1）：6 - 14.

学的课程设计扭转职业技术教育的传统观念，做到以职促普，以普推职，以普职的科学结合推动学生的多元发展。课程体系将由"职业技术课程"和"基础文化课程"两大主干构成。其中，职业技术课程分为"生涯规划指导""职业探索""技能导向课程"和"毕业衔接课程"四大模块，基础文化课程分为"普通高中基础文化课程"和"专业倾向的文化课程"两大模块，通过初级阶段的信息收集和身份定位，经过专业学习，以"一专多能"实现学生的多元发展。①

曹威、陈向阳的研究指出，普职融通已成为当前教育政策关注的重点和研究的热点。以中国知网期刊数据库中，关于"普职融通"相关文献作为研究对象，借助 CiteSpace 软件，对 1992～2019 年国内普职融通领域的中文核心期刊文献进行系统分析，并绘制知识图谱。结果显示，国内普职融通的研究整体呈现"低潮—高峰—回落—回温"的发展态势，研究主题聚焦在宏观背景、模式、国际比较、体系等方面，未来可以在研究主体、研究方法、研究视角和研究主题等方面加以改进。②

以上研究表明，高等院校的职普融通研究明确地针对存在的"短板"问题，指出职普融通是全面培养人才的"必由之路"，提出了建立相关职普融通的机制和教育体系等。中等学校的普职融通研究强调课程建设与能力培养，实现深度融合，达到"一专多能"和"多元发展"的目的。比较来看，高等院校的职普融通研究宏观性更强一些，中等学校的普职融通研究更具体、深入一些。高等院校的职普融通研究还有待于深入到课程教育等具体问题上来，全面提升人才的培养质量。

3.1.2　国外的职普融通的教育研究现状

国外的研究主要集中在发达国家，英国与德国比较典型。胡茂波、朱梦玫、伍海泉的研究指出，英国高等学校职普教育的融通并非是简单的同化过程，关键是搭建两者之间的"桥梁"，主要包含以下两个方面：一是建立职普衔接的资格证书框架，从制度上实现普通教育证书和职业教育证书等值；二是在保留高等职业教育机构办学特色的前提下，改善教学质量，发展学位制度，完善法律政策，提高社会地位，促进高等职普教育内在逻辑上的协同互补。并指出解析其发展背

---

① 肖加平. 科学导向与定向培养：论普职融通课程体系的设计 [J]. 当代教育科学，2014（24）：16 – 19.

② 曹威，陈向阳. 基于 CiteSpace 的国内普职融通 研究热点与趋势分析 [J]. 职业技术教育，2020（15）：43 – 48.

景和改革经验，对完善中国高等教育的结构，建立现代职业教育体系具有重要的借鉴意义。①

　　孙进、郭荣梅的研究指出，德国的职业教育与学术教育的融通是指两个教育系统之间存在着相互转换和衔接的通道，或它们在课程、教学和资格证书等教育要素上得到结合或融合。德国曾长期存在职业教育与学术教育相隔离的问题，但经过数十年的改革，已探索出三种主要的融通模式：一是双向贯通，指职业教育与学术教育之间存在着转换与衔接的通道；二是交叉结合，指将职业教育与学术教育的教学要素进行结合；三是趋同融合，指开发、整合职业教育与学术教育的跨领域课程，这代表着融通发展的最新趋向。德国职业教育与学术教育的融通具有形式多和程度深的特征。② 这里的"学术教育"就是"普通教育"。

　　由以上研究可知，英国与德国的职普融通已经深入到课程、教学和资格证书等基本的教育要素与法规、政策等方方面面，形成了稳定的职普融通的通道、构架与体系，值得我国借鉴。

3.2　基于职业经济学课程的职普融通教学实践

　　职业经济学是一门理论与应用相结合的综合性经济学科，它是以合理地讲求提高和实现职业效益为核心的职业经济活动的基本过程、要点、关系和秩序等的内容体系，具体为职业认识、职业资本、职业配置、职业劳动、职业保障、职业经营、职业效益评价、职业收益与消费、职业发展与职业文化等。是面向大、中专学生等后备从业者亟待推广和发展的一门职业公共基础课。通过在兰州大学的选修课教学与在燕山大学的必修课教学的教学实践，对职普融通的教育作了初步的探索。

3.2.1　职业经济学课程的教学内容要点与教学实践效果

　　职业经济学是一门深植中国大地的"土生土长"的经济学学科，有特定的核心内容，以职业经济学课程的方式进行了教学实践，为职普融通的教育探索奠定

　　① 胡茂波，朱梦玫，伍海泉. 英国高等教育普职融通运行机制及启示 [J]. 高教探索，2015（12）：61－65，68.
　　② 孙进，郭荣梅. 双向贯通交叉结合趋同融合——德国职业教育与学术教育融通的三种模式 [J]. 中国高教研究，2022（2）：76－82.

了良好的基础。

3.2.1.1　职业经济学课程的教学内容体系

职业经济学的内容体系是职业的经济性的存在表现或外化的规范形式，是关于人们从事职业经济活动的要点概括，是以科学地讲求提高和实现职业效益为核心的系列内容。

总论。对职业经济学作概述，使学生对职业经济学有基本的认识，以便了解、掌握和应用。内容为职业经济学的来源与立意、职业经济学的研究对象与问题、职业经济学的系统方法、职业经济学的特性与内容体系和作用、职业经济学的研究发展等。

要点内容。①职业，内容为职业定义、职业存在形式、职业分类、职业关系、职业生存变化等；②职业资本，内容为职业资本定义、职业资本链、职业资本生成、职业资本积累等；③职业配置，内容为职业配置定义、职业配置秩序与规则、职业配置因素、职业配置方案等；④职业劳动，内容为职业劳动定义、职业劳动作用、职业劳动形式、职业劳动技能、提高职业劳动效率等；⑤职业保障，内容为职业保障定义、职业保障作用、职业保障要点、职业保障状况等；⑥职业经营，内容为职业经营定义、职业经营理念、职业经营服务对象、职业经营之道等；⑦职业效益评价，内容为职业效益评价依据、职业效益评价指标、职业效益评价方法等；⑧职业收益与消费，内容为职业收益核算、职业消费定义，职业消费用途、职业收益与消费分析等；⑨职业发展，内容为职业发展定义、职业发展状况、职业发展前景、职业发展秩序和规律性等。⑩职业文化，内容为职业文化概念、职业文化形式、职业文化作用、职业文化培养等。

3.2.1.2　职业经济学的核心内容要点

职业效益是职业经济学的核心内容，它交织包含着错综复杂的职业经济关系和矛盾，直接牵涉职业劳动者、社会消费者等因素，要深入地理解、认识，处理好多方面的关系。

（1）职业经济的自然社会基础。① 职业活动是在自然界里进行的，与自然环境、社会生活存在密切的关系，一方面，职业活动以自然环境提供的资源为前提条件，生产产品、供给和满足人们的生活需要；另一方面，职业活动与生活、消费产生的"废弃物"对自然环境产生影响。这是一个循环的、经济的自然社会秩序格局。

---

① 齐经民，刘新建 . 职业经济解析——国计民生基本问题研究［M］. 北京：经济科学出版社，2018.

（2）职业经济的基本关系秩序。职业经济的供需服务秩序是最根本的职业经济秩序。各种职业与人们的社会生活需要一一对应，围绕着人类的需要进行分工与合作，满足生存、生活需要（见图3－1）。

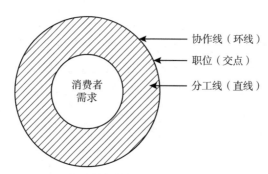

图3－1　职业经济的基本关系秩序——职业的供需服务关系

资料来源：齐经民，郑涛．效在多方　益在多处——公民职业经济学［M］．北京：经济科学出版社，2016.

图3－1中，分工直线是职业与人类社会的生活需要对应、排列的连线，协作环线是职业围绕人类社会的生活需要相互联系与配合连成的环线，职位就是职业围绕人类社会生活需要的分工直线与协作环线的交点，它包含两个方面的职业经济关系，一方面是职业满足人们生活需要的关系；另一方面是从业者分工、合作的关系，通过在交换产品和服务的关系中满足生活需要。

（3）职业效益评价体系。职业效益是从业者在适应、供给和满足他人需要的职业劳动中获得的益处（见图3－2），这种职业效益是互利服务的共享性职业效益，它的实现必然是"效在多方、益在多处"，这种互利服务的共享性职业效益是职业效益评价的依据和理论，从从业者、合作者、消费者和国家等多方面的主体因素来讲，叫作多元职业效益评价理论，包括评价原则、评价依据、评价对象、评价者、评价指标、评价方式等内容的职业效益评价体系。

图3－2表达的是职业效益效在多方、益在多处的主体评价指标七圆图，职业效益为效益"圆糕"，益处包括资金、物品等，受益者不同，益处表现有所不同，如消费者获得物美价廉的产品等，国家获得税收等，合作者获得利润等，居民获得就业机会等，未来消费者获得环境保护等美好生活条件，从业者个人增收等，和谐分享，职业效益评价的实质是职业效益分享评判，追求的是利益的共享，是一种促进社会经济利益关系的调整、平衡与和谐发展的经济手段。

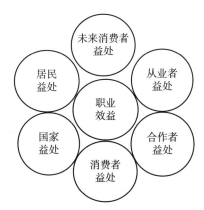

图 3 – 2　"效在多方、益在多处"的职业效益评价体系模型

资料来源：齐经民，郑涛等. 效在多方 益在多处——公民职业经济学［M］. 北京：经济科学出版社，2016.

3. 2. 1. 3　职业经济学课程的教学实践效果

职业经济活动是人生的一项基本活动，职业经济学是人生需要了解、掌握的一门最基本的经济科学，是大、中专学生等后备从业者亟需的一门专业教育的职业公共基础课。这门课程经历了从兰州大学的选修课到燕山大学的必修课的教育实践，受到了学生的欢迎。

（1）在兰州大学的教育情况。1992 年初，完成了职业经济学研究的初稿，于 1992 年春季、秋季学期开课，面向全校大三、大四的学生开设"职业经济学"选修课，为具体了解学生的收获、认识和要求，对秋季学期的教学做了问卷调查。调查对象是 1992 年秋季学期选修的学生，共有 147 人，他们来自经济、管理、外语、中文、图书情报、计算机、物理、生物、力学、现代物理、数学、地质、地理、材料、电信、大气、化学共 17 个系。调查结果显示，得到学生的普遍认可，教学效果良好，如，经济系 1990 级外贸专业学生赵一峰说，进一步地清楚了作为一个从业者，所应具备的身体素质、心理素质、知识结构与相关技能，明确了应该努力的方向；计算机系 1990 级软件专业学生巢凌霞说，这门学科是每位从业者都应具备的知识，应得到积极的推广。

（2）在燕山大学的教育情况。2000 年秋，在燕山大学继续开展了职业经济学的研究与教学工作。相继在公共事业管理专业、经济学专业开设了"职业经济学"必修课，经历了新型冠状病毒性肺炎疫情期间的线上教学、线上和线下相结合的教学。教学效果良好，[①] 例如，2018 级金融经济专业学生王喜跃说，通过职

---

① 资料来源于燕山大学 2021 年的职业经济学的课上教学与课下作业。

业经济学这门课程的学习，更加清楚地了解了什么是职业，应该做好自己的职业生涯规划，努力地学习本专业的相关知识，提升专业技能，提高自己的综合素质，多参加社会实践积累经验。

长期以来，职业公共基础教育十分薄弱，职业指导等教育内容简单，缺乏理论深度和系统性。现在迫切需要对大、中专学生等进行职业经济学的系统教育，为专业院校增加一门职业公共基础课程，完善发展高校教育事业，助力高质量、高层次的人才培养。

3.2.2 基于职业经济学课程的职普融通教育平台

职业经济学的教学内容范围比较宽，分为综合素质能力的教育、专业性知识和技能的教育与公共性知识和技能的教育三个方面，综合素质能力的教育是德、智、体、美、劳等的教育，专业性知识和技能的教育就是职业教育，公共性知识和技能的教育就是普通教育，这三个方面的内容是我国专业院校或事业院校①教育的主要内容，三者直接联系在一起，构成了职业经济学课程的职普融通教育平台。

燕山大学职业经济学课程的教育实践就是一个例证。以近两年的经济学专业学生的职业经济学教学为例。在全面、系统地了解职业经济学的主要内容的基础上，注重以下四个环节要点：一是在开始的引入教学中，要求从自然社会的视角学习职业经济学的内容，提升认知能力和德、智、体、美、劳等综合素质能力与职业资本，目的是毕业后能顺利地就业；二是基于小组学习的团队分工，模拟在职人员进行实践培训。三是安排、督促课后学习的三个作业，①学生的学习能力和德、智、体、美、劳等综合素质与职业资本三者关系，以及强化提升的个人打算；②学生的职业兴趣与职业向往，促进学生深入强化自修；③学生的学习业绩记录，主要是课后督促学生扎实学习、有积累、有提升。四是结课综合考核，学生提交综合学习报告，包括到课表现、作业、学习总结、专题研究与"加分"的五部分，其中，"加分"是对平时的提问、讲答、助人、环保、公德等表现予以加分（1～10分）激励。这样引导学生把学习当工作来做，职普交融，全面增强学生的素质、能力，促进高质量的人才培养，提高教育的质量和效益。

---

① 根据"专业院校""职业院校"和"普通院校"都是培养农、工、商等各行各业的国计民生所需要的专门人才的教育组织或机构的同一性，分为中专、大专、本科、硕士、博士等层级，同质异层，从同为服务于国计民生的各行各业、各级各类的各项事业的人才培养的本性来讲，"专业院校""职业院校"和"普通院校"可统称为"事业教育院校"或简称"事业院校"，也易与高中及以下的"基础教育学校"或"基础学校"相区分，又符合通常对专业学生的"事业心""责任感"等根本性的人才培养要求的"说法"，约定俗成。

3.2.3　基于职业经济学课程的职普融通教育解析

职业经济学课程的教育是在经济学专业教育领域中实施的。下面以经济学专业的培养目标与课程构成为例做一解析。

培养目标：本专业培养具备扎实的经济学理论基础和综合实践能力，熟练地掌握现代经济分析方法，熟悉党和国家的经济方针、政策和法规，能运用数量分析方法和现代技术手段在各类企业、经济管理部门、经济研究部门、金融机构从事经济分析、预测、规划和投资管理与操作，具有良好的政治思想素质、人文素养和科学素养、较强的学习研究能力、创新精神和实践能力的高素质应用型人才。

课程构成分为以下两个部分：一是公共基础平台课，包括思想道德修养与法律基础、中国近现代史纲要、马克思主义基本原理、毛泽东思想和中国特色社会主义理论体系概论、体育、外语、计算思维导论、计算机技术基础、高等数学、线性代数、概率论与数理统计等。二是专业平台课，包括经济学导论、管理学、会计学、微观经济学、经济法、运筹学、政治经济学、宏观经济学、职业经济学、统计学原理与经济调查、货币银行学、公共财政学等。

在职业经济学课程的教育平台上，职业经济学的教育内容"多点式"的把职业教育和普通教育联通与交融，形成德、智、体、美、劳等综合素质能力的教育、专业性的职业教育、公共性的普通教育或公共教育的三个方面，三者有机构成，互相作用，形成职普融通教育机制及其教育体系（见图3-3）。

图3-3　基于德、智、体、美、劳等综合素质能力的专业院校或事业院校的职普融通教育体系

资料来源：齐经民. 建设特色鲜明、国内一流、世界知名研究型燕山大学的几点思考［Z］. 2020-7.

概括地说，高校职普融通教育就是要培养基于德、智、体、美、劳等综合素质能力强的复合型、创新性的高端人才。

3.3　基于职业经济学课程的职普融通教育建议

从国内外研究的现状可知，进行课程层面的职普融通教育实践是推进职普融通工作的基础。应重视职业经济学这门课的教育，把其列入大、中专院校等后备从业者的公共课程的教育体系中，扩大职业经济学课程的教育对象，助力职普融通教育事业的深入发展。

3.3.1　重视职业经济学课程的教育

从教育的根本目的出发，职业经济学教育是培养学生的职业经济能力,[①] 就是从业者从事职业经济活动获得收益满足生活需要的能力，核心是职业活动为国计民生事业优质、高效地发展服务，是国家在新时代经济社会发展的一个基本要求。[②]

我国新时代社会的主要矛盾已经转化为人民日益增长的美好生活需要和不平衡、不充分的发展之间的矛盾。解决好发展不平衡、不充分问题，要坚持以经济建设为中心，贯彻新发展理念，高质量发展，着力提升发展质量和效益，实现人民向往的美好生活，这必然要通过作为最基本的微观经济活动主体的从业者的经济能力来实现。

从业者是国民经济与社会发展的主要当事人，分布在各行各业的国民经济与社会发展体系中，在三百六十行的各自的职业岗位上从事国计民生的各项事业。"发展质量和效益"具体体现在各岗位从业者的职业劳动成果的"品质和益处"方面，主要集中表现在职业效益上。这必然要求做好作为后备从业者的专业学生的职业经济能力的培养，所以，应大力开展职业经济学的教育。

3.3.2　发展职业经济学教育的基本要点

从扩大对后备从业者教育的系统性考虑，应做好各层面教育的基本的课程设计和安排。

---

① 齐经民. 作为后备职业人员的专业学生的职业经济能力培养探讨 [Z]. 2021 – 1 – 26.

② 如党的十九届五中全会在关于"十四五"和到 2035 年经济发展阐述上强调经济发展能力，加快建设现代化经济体系，实现经济行稳致远、社会安定和谐，实现更加充分更高质量就业，在质量效益明显提升的基础上实现经济持续健康发展，扎实推动共同富裕；之后在中央经济工作会议又强调要求，提升国民经济体系整体效能。

（1）课程性质。职业经济学课程性质是一门专业教育的职业公共基础课。这是由专业教育服务国计民生的职能决定的，专业院校的职能就是培养各行业、各级各类岗位需要的专门职能人才，为国计民生服务。职业经济学是专业院校人才培养都应开设的一门基本的公共基础课。

（2）学时安排。针对初级职业中学、中专职业学校、大专职业院校、本科高校的不同层级的学生，学制不一样，教育程度要求不一样，课时安排要与学制时间长短对应一致。4年制本科学生可安排2学分，32学时；3年制大专学生可安排1.5学分，24学时；2年制中专学生可安排1学分，16学时；短期职业培训班，可安排0.5学分，8学时。

（3）教材设计。根据不同层次学校学生的培养要求，以及不同层级的学生学习能力的差异，研究出版适应不同层次学校学生需求的教材，分为本科教材、大专教材、中专教材等。针对社会的人才需要与国家培养的要求，本科教育注重培养高层次、高质量、创新型的人才，大专教育注重培养高级的应用型人才，中专教育注重培养高质量的操作型人才。坚持理论联系实际，深入浅出，便于自修，为不同层次学生的职业经济学教育服务。

3.3.3　职业经济学课程教育的基本要求

要求学生把学习当作工作来完成，实施教师指导的学生实践学习的教学方式，做好师资保障，利用好职业经济学这个课程平台深入职普融通教育，促进学生全面地发展、进步和成才。

（1）要求学生把学习当作工作来完成。学生毕业要符合"工作"要求才能就业，教学就要按"工作"要求来完成，"工作"要求基于德、智、体、美、劳等综合素质能力基础上的职业教育内容与普通教育内容，这恰恰是职普融通教育的实现形式。[①]

要求学生把学习当作工作来完成，把"教、学、用"三者直接统一起来，即是把教师的教、学生的学与社会工作的要求统一起来。主要做好以下两个方面：一方面是教师从学生未来工作的需要出发，按照工作要求设计教学，把课堂作为工作的场所，把教学内容作为工作内容，教师作为工作的指导、监管、评价的管理人员；另一方面是要学生把课堂当作工作的平台，把学习作为工作的一种体验和实践，按照工作的要求学习教学内容，把学生培养成为受社会用人单位欢迎的

---

① 齐经民，在2013年秋学期，为2011级公共事业管理专业学生上"职业经济学"课时，强调提出"学生把学习当作工作来做"的一系列要求，得到了学生们的认同，教学效果好。

人才。

　　笔者研究发现，在同样的教育环境条件下，接受专门国防教育的国防生与非国防生差异较大，国防生与非国防生的精神面貌大不一样，如国防生的宿舍非常整洁，非国防生的宿舍明显差距很大。可考虑适当将军事化的教育及管理方式融入学生的教育、管理之中，如进行团队意识、组织纪律、不怕艰难困苦、雷厉风行、奉献精神等综合素质的培养。[①]

　　（2）实施教师指导的学生实践学习的教学方式。这种教学方式是紧密结合学生实际，基于学生的人力开发，调动学生的积极性、主动性、创造性的教学方式，包括品德、知识、能力、管理等，融通职业教育与普通教育多方面的内容。

　　实施教师指导的学生实践学习的教学方式要点有以下两个。一是注重德、智、体、美、劳等基本素质能力培养，在助人中立德，在学习、思考中增长智慧，在劳动或体育活动中增强体质，在学习和生活中培养良好的行为习惯等；二是注重专业能力培养，主要通过观察、提问、回答、解析、讨论与操作等方式提升独立思考能力、操作能力、创新能力与应变能力等职业能力。

　　（3）师资保障。发展职业经济学的教育，要有高质量的师资，需要做好师资培训。可考虑与有关企事业单位合作，面向社会需求培训师资，吸纳热衷于职业经济学教育事业的专业人员任教，保障职业经济学教育事业的发展。

　　高校应倡导和支持教师采取灵活多样的教育方式和方法，引导、鼓励学生拓展思维、开阔视野、积极进取，学习、研究各行各业优秀的从业者的成功之道，培养提升学生的职业经济能力，促进高校职普融通教育事业的发展，更好地为国计民生服务。

---

　　① 齐经民．在非国防教育学科中融入国防教育问题研究［R］．中国高等教育学会在江西南昌召开的"全国高校国防教育与课程建设研讨会"做的专题发言，2013 - 6 - 23.

第4章　高端工程技术创新人才培养[①]

高端工程技术创新人才在国民经济与社会发展中发挥着巨大的作用。近年来，国家高度重视高端工程技术创新人才的培养工作，强调以高校现有的人才培养体系为基础，聚集和共享高校、研究院所、企业及创新平台的优势资源，打造立足产业需求、产教高度融合的人才培养体系，着力培养具备家国情怀、高尚道德素养，同时具有较强工程学术能力、较深工程专业能力、较高工程管理能力的高端工程技术创新人才。本章将结合机械工程专业的实际情况，明确高端工程技术创新人才的内涵特征和类型；依据需求分析与国家培养要求，总结国内外培养主体、课程体系、教师培养体系等方面的人才培养理论，提出多维结构、交叉融合、校企联动等创新的培养方式；最终形成兼具地方工科院校特色和国际实质等效的高端工程技术创新人才的培养方案，并于燕山大学机械工程学院进行实证研究，为高端工程技术创新人才的培养工作提供了理论与示范。

4.1　高端工程技术创新人才的内涵特征和类型

我国拥有世界上最大规模的工程教育体系，但是高端工程技术创新人才的数量总体偏少。我国的产业转型升级与经济结构调整对高端工程技术创新人才的数量和质量提出了新的要求，同时对这类人才的结构、层次和类型也提出了多样化的需求。

4.1.1　高端工程技术创新人才的内涵特征

高端工程技术创新人才是国家产业转型升级和战略发展的主力军，面向国家

---

① 本章由彭艳：博士，燕山大学机械工程学院院长、教授、博士生导师，国家冷轧板带装备及工艺工程技术研究中心主任，中国金属学会冶金设备分会副主任委员，全国冶金设备标准化技术委员会委员，中国金属学会智能制造标准化技术委员会委员；姚建涛：博士，燕山大学机械工程学院副院长、教授、博士生导师，中国机械工程学会空间机构分会常务委员，国际机构学与机器科学联合会中国委员会委员，中国自动化学会共融机器人专业委员会委员，中国自动化学会制造技术专业委员会委员；俞滨，汪飞雪，孙建亮，巴凯先，韩博；著。

和产业发展的前沿性、革命性、颠覆性等工程技术需求，高端工程技术创新人才应具有的内涵特征（见表4－1）。①

表4－1　　　　　　　　高端工程技术创新人才的内涵特征

素质内容	内涵特征	阶梯层次
创新意识	创造兴趣	基本保证
	创造意志	
	创造动机	
创新思维	怀疑批判意识	基础素质
	原创探索观念	
创新能力	全面工程知识素养	核心素质
	创新实践基础与经验	
创造性品格	独立自主意识	关键素质
	迎难而上的决心	
工程应用	科学原理转化为工程实践	能力提升
	科研成果转化为现实生产	
	团队协作	
	动手实践操作	
学习进阶	学术交流	
	终身学习	
开放意识	开放观念及心理品质	
	开放的知识能力	
	竞争和合作意识	
	勇于挑战、善于合作	
国际化视野	全球化意识	
	跨国文化沟通	
	信息接收处理	
工程管理	项目管理	
	可持续发展	
	工程与社会结合	
	职业管理规范	

资料来源：笔者整理。

---

① 胡玉巧. 工程创新人才的类型及其课程设置研究［D］. 上海：华东理工大学，2012.

4.1.2　高端工程技术创新人才的类型

根据国家和产业发展的不同需求，大国工匠、拔尖创新人才等高端工程技术创新人才可分为学术研究型、专业技术型与工程管理型三类，分别具有不同的素质特征。

（1）学术研究型创新人才。具备较强的科学求是精神、突出的思维能力、扎实的专业基础知识与较强的学习能力，善于吸收先进的科技知识并不断地创新，具备强大的信息和资源检索能力、文本撰写与整合能力，能够发表创新型学术成果，发展与深化工程理论研究。

（2）专业技术型创新人才。具备较强的创新能力和创造力品格，核心能力是专业基础知识扎实并能够将其应用于工程实践，侧重于应用所学知识解决实际工程问题，在工程实践和技术应用中不断地丰富知识体系与专业技能，具备勤奋敬业、精益求精的精神。

（3）工程管理型创新人才。具备工程技术专业知识与实践经验，开放性与国际化能力较强，善于经营与管理，同时涉猎经济与金融、心理学与法学等相关知识，重视团队合作与企业精神的培养，具备工程组织管理能力以及人际关系、工程项目之间的协调能力。

4.2　高端工程技术创新人才的需求分析和国家培养要求

高端工程技术创新人才是推动世界科技强国建设、国家产业转型升级和国家高等工程教育改革发展的有力支撑，其中学术研究型、专业技术型和工程管理复合型等创新人才是其中的核心力量。国家独立发展和引领全球的需求，对新时代高端工程技术创新人才的培养也提出了新的要求，除基本专业素养外，更加关注引领社会发展的创新和创业持续发展能力以及工程伦理素质。

4.2.1　高端工程技术创新人才的需求分析

高端工程技术创新人才是实现中华民族伟大复兴的"中国梦"和建设世界科技强国的需要。2021 年 5 月，习近平同志在多次重要会议上发表讲话强调，要激发各类人才的创新活力，建设全球人才高地，世界科技强国必须能够在全球范围内吸引人才、留住人才、用好人才，我国要实现高水平科技自立自强，归根结底要靠高水平创新人才。[①] 2020 年 10 月，在《中共中央关于制定国民经济和社会发展第十四个五年规划和二〇三五年远景目标的建议》中指出，强化国家战略科技力量，制定科技强国行动纲要，健全社会主义市场经济条件下新型举国体制，打好关键核心技术攻坚战，提高创新链整体效能，必须加强高端工程技术创新人才的培养，推动工程科技跨越式发展。[②]

高端工程技术创新人才是国家产业转型升级和战略发展的需求。未来科技革命和产业变革蓬勃发展，颠覆性技术创新和突破将深刻影响人类生活方式、产业发展形态、社会发展进程和国际竞争格局，成为推动人类社会发展的重要引擎。[③]《中国制造 2025》指明，我国要走中国特色新型工业化道路，目前我国工业人才资源总量不足、结构矛盾突出，特别是高端工程技术创新人才存在较大的缺口，需要加快培养具有工程观、科学观和社会观的高端工程技术创新人才。[④]

高端工程技术创新人才的培养是国家高等工程教育改革发展的需要。传统高等工程教育模式尚存在诸多问题：跨学科组织与刚性的学科制度存在着冲突，课程设置刚性固化、教学模式陈旧、培养过程缺乏工程实践等。[⑤] 目前高等工程教育模式正在逐渐从注重科学研究的"科学范式"转换到注重实践的"工程范式"，我们必须主动变革和超前谋划，开展高等工程教育改革，提升高端工程技术创新人才培养质量，推动国家高等工程教育改革引领产业发展和科技方向。

此外，近来以美国为首的一些国家保护主义、单边主义上升，世界进入动荡变革期，当前世界的竞争是先进科技的竞争，中兴公司和华为公司事件深刻地表明核心技术和高端创新人才自主可控对于国家经济安全和国防安全的重要性；在今后一段时期，我国将面对更多复杂、险恶的国际环境，必须推进科技的自立、自强和高端工程技术创新人才的培养工作。

4.2.2　高端工程技术创新人才的国家培养要求

我国一直非常重视高端工程技术创新人才的培养。近年来，连续发布与创新人才培养相关的重要文件。2017 年，在《"十三五"国家科技人才发展规划》中

---

　　① 习近平：在中国科学院第二十次院士大会、中国工程院第十五次院士大会、中国科协第十次我国代表大会上的讲话 [EB/OL]. 新华网，2021 – 5.

　　② 中共中央关于制定国民经济和社会发展第十四个五年规划和二〇三五年远景目标的建议，中华人民共和国政府网，2020 – 11.

　　③ 林健. 未来技术学院建设：未来技术领军人才培养 [J]. 清华大学教育研究，2021，42 (1).

　　④ 郑庆华. 高等工程教育发展：守正与创新 [J]. 高等工程教育研究，2021 (5).

　　⑤ 鲍静，潘勇."新工科"视域下的高等工程教育改革路径初探 [J]. 江苏高教，2021 (8).

提出，要在基础研究领域涌现出一批世界一流的科学家，在前沿技术和战略高技术领域拥有一批科技领军人才，在重点产业领域拥有一批高端工程技术人才，在新兴技术领域拥有一批创新、创业人才。2019 年，在《中国教育现代化 2035》中，将"提升一流人才培养与创新能力"作为十大战略任务之一，并指出要加强创新人才特别是拔尖创新人才的培养，加大应用型、复合型、技术技能型人才的培养比重。2020 年 9 月，习近平同志主持召开了科学家座谈会并发表重要讲话，从党和国家事业发展的全局出发，指出"人才是第一资源"，围绕加强创新人才教育培养提出新的要求。目前，我国已建成世界上最大规模的高等工程教育体系，但新一轮科技革命和产业变革新形势、制造业转型升级新挑战和加入国际实质等效人才质量标准的新契机，都对新时代高端工程技术创新人才提出了更高的培养要求，[①] 主要表现在以下三点。

（1）承担新时代下民族复兴的使命。培养能担当民族复兴大任的德、智、体、美、劳全面发展的社会主义建设者和接班人，蕴含三个层面的含义，即第一个层次"社会主义建设者和接班人"，体现了创新人才培养的政治方向和国家特色；第二个层次"担当民族复兴大任"，体现了创新人才培养的时代责任和历史使命；第三个层次"德、智、体、美、劳全面发展"，体现了作为个体的人的整体性和全面性。[②]

（2）引领创新和创业持续发展的专业能力。基于国际标准和我国战略需求，高端工程技术创新人才的核心素养应具有家国情怀、跨学科交叉融合、批判性思维、国际科技视野、沟通与协商、工程领导力、动态适应与跨界整合、终身学习与持续发展以及创新、创业能力。美国麻省理工学院研究指出，未来产业界将会更加注重创新人才 11 种思维方式的养成，即制造、发现、人际交往技能、个体技能与态度、创造性思维、系统性思维、批判与元认知思维、分析性思维、计算性思维、实验性思维及人本主义思维。[③]

（3）强化工程师价值观和工程师伦理教育。高端工程技术创新人才应"具有人文社会科学素养、社会责任感，能够在工程实践中理解并遵守工程职业道德和规范，履行责任"。我国高等工程教育在重视理论与技术教育的同时，一定程度上忽视了与环境、人文相关的价值观与伦理教育；对工程与社会、环境的关

系，个人与团队、社会的关系重视不够。与欧美国家工程教育相比，我国高端工程技术创新人才工程价值观和伦理教育亟须补足短板。①

4.3　高端工程技术创新人才培养的理论与创新方式

国内外高等院校作为人才培养的主力军，依据培养主体、课程体系、教师培养体系等方面的人才培养理论，实施了不同的人才培养方案；"校企联合"与"政企联合"等其他新型培养模式也在一些地区开展了改革与理论实践。燕山大学机械工程学院在以上人才培养理论和方式的基础上，针对不同类型的高端工程技术创新人才在所处的培养环境、培养机制、培养模式等三个方面提出了创新培养方式，提升了高端工程技术创新人才的综合能力与素质。

4.3.1　高端工程技术创新人才的培养理论

当前，高端工程技术创新人才主要依靠高等院校、企业与社会等多方联合培养；其中，高等院校是人才培养的主力军，也是企业与社会培养人才的基础。②各类人才培养理论是现代高等教育人才培养的基础，指导着人才培养方案的制定。实用主义教育理论强调学校需要与社会相结合，认为教育的本质是培养社会实用性人才；多元智能理论认为，高校应该培养人在特定情景中解决问题并有所创造的能力。国内外高校依据不同培养理论实施了不同的培养方案。在高端工程技术创新人才培养对象方面，霍华德·加德纳（Howard Gardner）创立的多元智能理论是国内外高校普遍认同的理论，即不同人的差异在于其所拥有的各种智能的程度和组合不同。③在人才培养的主体方面，国内外高校普遍认同"校企利益共同体"的概念，利用强势专业群与相关行业领域的"龙头企业"共同成立人才培养的实体。④在课程体系方面，普遍采用"三段型、工学交替型、实践渗透型和双元型"四种模式。其中，"三段型"对理论和实践的整合程度较低，代表为中国和法国；"工学交替型"有利于理论与实践的整合，代表为英国；"实践渗透型"强调理论与实践结合，代表为美国和加拿大；"双元型"强调更高程度的理论

①　瞿振元. 推动高等工程教育向更高水平迈进［J］. 高等工程教育研究，2017（1）.
②　叶中帅. 人工智能时代创新型工程技术人才培养方式研究［D］. 合肥：合肥工业大学，2017.
③　陈银杏，曾青云. 多元智能理论与高职教育教学改革［J］. 中国成人教育，2015（13）.
④　史铭之. 校企利益共同体：技术本科院校校企合作机制探析［J］. 职业技术教育，2014，（1）.

与实践结合,代表为德国。① 在教师培养体系方面,"双师型"教师是各国较为认同的教师职业素质特征,其专业化内涵包括专业态度、专业知识和专业能力。②

随着国家高等工程教育不断地革新与发展,"校企联合"与"政企联合"共同培养高端工程技术创新人才的模式也开始在一些地区进行改革与理论实践。③成立于 2013 年的江苏省产业技术研究院,近年来,通过与高校共建高端工程技术"集萃学院",探索出了一套特色鲜明的高端工程技术创新人才培养理论体系。"集萃学院"通过构建集创新资源、技术需求和研发载体于一体的培养平台,推动各高校与优质科研资源、行业资源深度融合,形成了院校、研究所与企业的优势互补、协同创新的育人新机制。

4.3.2 高端工程技术创新人才的培养方式

(1)构造高端工程技术创新人才多维结构的培养环境。培养环境是多主体、多层次、发展变化的多维结构系统,④ 包含有政治、文化和技术实践等环境。

①坚持人才强国与党管人才的环境建设。高端工程技术创新人才的创新活动会对社会各层面产生重大的影响,必须保证其坚决遵照党的各项指导方针。倡导和培育家国情怀,把价值实现同党和人民事业的发展紧密结合起来;弘扬追求创新、精益求精的新时代工匠精神,推动国家前瞻性发展战略的实行。

②开展勇于创新的文化培养环境塑造。高端工程技术创新人才的成长依托科研团队的支撑,需要大量创新人才作为团队的中坚力量开展创新活动。通过开展"互联网+"创新、创业大赛讲座等活动,搭建风清气正的创新环境,激发各类人才的创新热情;⑤ 将创新课程与心理课程有机地结合,培养对消极情绪的调节能力,养成健康的心理环境。

③巩固联合培养的实践培养环境的转化。实践资源为创新人才增长新的实践经验和能力提供了机会和条件。注重在科教融合过程中的综合能力培养,采用项目化授课的形式增加创新实践环节;依托国家级重点实验室、国家级工程及实验中心、高科技园区、校企联合实践基地、企业工程(技术)中心、研究院所前沿产品实验平台等实践场所,催化创新实践能力。

---

① 张爱荣,韩云霞. 国外职业教育中值得借鉴的课程体系 [J]. 职业技术教育,2005,(29).

② 唐玲珊. 回归工程实践:20 世纪 80 年代以来美国高等工程教育变革研究 [D]. 成都:四川师范大学,2021.

③ 张盼. 先进装备制造业现场工程师成长的实证研究 [D]. 上海:华东师范大学,2014.

④ 陈怡安. 中国人才创新创业环境研究 [M]. 成都:电子科技大学出版社,2016.

⑤ 徐萍. 协同视域下的创新创业文化建设 [J]. 创新与创业教育,2021,12 (4).

（2）强化高端工程技术创新人才交叉融合的培养机制。坚持以人为本和科学人才观的教育理念，强化以学科交叉、产学研融合为导向的协同培养机制，保障高端工程技术创新人才培养过程的激励机制建设。

①推动学科交叉的教育培养机制改革。学科体系朝着综合化和整体化发展，呈现不断地交叉、融合、渗透的趋势，存在创新相对不足的交叉领域。搭建学科理论和实践模块各有侧重又互相促进的协同创新框架；加强跨学科知识和创新主体的知识与技术耦合，打造国家级创新实践平台，推进高端工程技术创新人才培养体系的完善。

②加强产学研融合的协同培养机制发展。高端工程技术创新活动以人才的研究能力为支撑、以产业需求为主导，亟须加强产学研融合的协同机制发展。采用"学徒制＋双师制""创新催化＋创业孵化"的方式，开展创新与创业培养工作；实现校、企及研究院所"无缝对接"，加强课堂理论教学、模块化教学与顶岗实习的有机结合，提升人才培养质量。

③保障多元全面的激励培养机制运行。保障不同类型创新人才的获益与其创造的经济、社会价值密切联系，激发其带动重大事业发展的活力。培养家国情怀和奉献精神，倡导胸怀祖国、开拓创新的时代使命意识；学校培养期间的激励以奖学金、个人荣誉等为主，企业及研究院所培养期间的激励以特殊津贴、人才贡献奖励、职称晋升等为主。

（3）建设高端工程技术创新人才校企联动的培养模式。高端工程技术创新人才的培养牵涉多工程领域的企业，因此，需要建设校企联动的特色培养模式，培养适应社会需求、引领行业发展方向的人才。

①落实校企共管的多向培养模式开发。顺应企业多元化需求与新工科背景，深化落实学校为主体、企业为导向的校企共管培养模式。结合企业需求设定培养课程，将实战项目经验融入教学内容；结合以学习为产出、以成果为导向的理念，设置基于企业项目的多向培养方案，提升创新能力的多样性与落地性。

②促进分级培养的反馈培养模式完善。依据教学内容、工程实践等方面的监督反馈情况，促进校企分级培养的调整完善，形成闭环反馈培养模式。将多个工程项目拆解成若干模块，依据学习情况的实际反馈分阶段逐步并行推进；依据实训反馈对创新人才进行分级筛选，按级别参与不同项目的研发工作。

③关注国际视野的高层培养模式养成。国际视野的提升和创新能力的培养相辅相成，在基础学科理论领域培养独立思考、开拓创新精神。在知识培养过程中，灌输国际前沿理念及技术，开阔创新人才的学科眼界；在项目及课程实践环

节，展示国际化的创新项目开发过程。

4.4　高端工程技术创新人才的培养方案设计实证

燕山大学机械工程学院高度重视高端工程技术创新人才的培养工作。面对科技发展日新月异的新时代，作为唯一具有 A 类机械工程学科的地方高校，赓续"奋斗基因、工匠精神、卓越品质、家国情怀"的品格内核，以学生能力培养为导向，以项目实施为主线，全面落实"立德树人"的根本任务，不断地创新与行动。2007 年，引入 CDIO 理念；2010 年，融入 OBE 模式；2016 年，聚焦新工科；行业企业、校地校企深度合作，服务区域经济发展。最终，燕山大学机械工程学院经过十余年的探索、实践，设定了本科与研究生的培养目标，实施兼具地方工科院校特色和国际实质等效的高端工程技术创新人才培养方案，为国家和行业培养出了大批高端工程技术创新人才。

4.4.1　培养目标

本学科始终适应国家重型机械与装备制造业科技进步和经济发展的人才需求，培养具有工程观、科学观、社会观的高端工程技术创新人才。根据本科生和研究生的不同特点，从能力培养的梯度层次探究一体化培养模式。

（1）本科生教育。培养具有良好的职业道德、人文素养和社会责任感，扎实的专业知识和工程实践能力，较强的创新意识、国际视野、团队精神，在相关领域从事设计制造、运营管理等工作的专业技术型人才或工程管理型人才。

①职业素养：树立和践行社会主义核心价值观，具有良好的道德修养、社会责任感、职业精神和团队协作精神。

②工程素养：具有较强的创新意识，提出机械设计制造及其自动化工程技术解决方案，胜任新产品、新工艺的研究、设计与开发或项目管理等工作。

③发展潜能：理解创新能力对发展的重要性，具有较强的竞争意识和探索精神，坚持终身学习，适应国家和行业战略发展需求。

（2）研究生培养。培养具有良好道德素质、多学科知识结构、多元能力结构，具备创新思维和探索精神的学术研究型、专业技术型和工程管理型创新人才。

①素质要求：拥护中国共产党的领导，具有高度的社会责任感；服务科技进步和社会发展；恪守学术道德规范和工程伦理规范。

②知识要求：掌握机械工程领域坚实宽广的基础理论知识、系统深入的专门

知识;熟悉专业前沿与发展趋势,掌握相关社科及工程管理知识。

③能力要求:具备解决复杂工程技术问题、开展工程技术创新、组织工程技术研发工作的能力,具有全球化意识、跨文化交流和合作能力。

4.4.2 课程体系

围绕高端工程技术创新人才的内涵特征,搭建价值塑造、知识学习和能力培养三位一体的育人模式为主线的课程体系,突出"项目教学+实践训练"人才培养特色,构建本、硕、博一体化培养体系,培养德智体美劳全面发展、具有国际视野、具备创新创业能力和社会责任感的高端工程技术创新人才。

(1)打造思政育人架构,完善人才培养保障机制。以思政文化为引领,以人才培养为主体,打造"三梁四柱"思政育人架构,为党育人、为国育才、为行业育栋梁(见图4-1)。将思想政治工作贯穿教育、教学的全过程,由"思政课程"延伸到"课程思政",实现固本铸魂、培德育人;挖掘思政教育元素,丰富课程内涵,创新教学方法,实现价值引领、知识传授及能力培养的有机统一,培养德才兼备、全面发展的高素质人才。

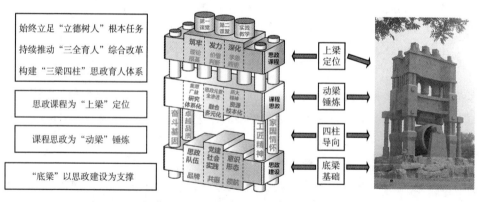

图4-1 "三梁四柱"思政育人架构

资料来源:笔者整理。

(2)确立高阶项目模式,提升融新赋能的金课体系。基于"工程教育工程化"理念,面向行业需求,形成面向过程和协作的逐级项目分解方法,打造学研产用三级、二级、一级递进的高阶项目实践模式,培养学生解决复杂工程问题的综合能力和高阶思维。以高阶项目实施为主线,突破刚性固化的知识架构,将传统科学范式、难度递进的离散课程教学模式,提升为"项目金课+创新模块+赋能选修"的融新赋能的金课体系（见图 4 - 2）。

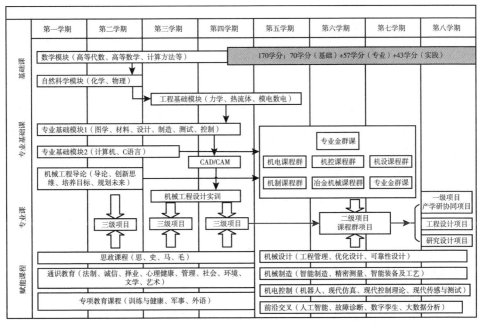

图 4 - 2　高阶项目引导的项目金课体系

资料来源：笔者整理。

（3）高端创新能力牵引，构建本硕博一体化培养体系。以高端创新能力培养为导向，通过学科布局和交叉融合，构建本、硕、博一体化的培养体系（见图 4 - 3）。

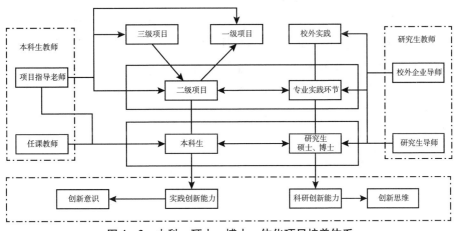

图 4 - 3　本科、硕士、博士一体化项目培养体系

资料来源：笔者整理。

将创新教育贯穿本、硕、博教学的全过程，以问题和课题为核心，形成本、硕、博递进式教学模式；建立本、硕、博合作创新项目机制，充分调动学生自我学习、相互学习的主动性，发挥团队协作精神，培养创新思维，掌握思考问题、解决问题的方法。

4.4.3　培养方式

（1）本科生。面对新形势的挑战，经过系统研究及实践探索，结合行业优势，确立理论＋技术实践＋创新设计的产品创新设计型准工程师的培养目标。全方位解析毕业要求，分解课程培养目标，形成专业知识和工程素质相融合的能力矩阵。

①提出并实施现代工程产品链和人才培养教育链双链一体的课程培养体系，将课程分为若干模块，并通过三层级项目体系相互衔接，创新和拓展全生命周期的工程教育模式，提出并构建知识学习及能力培养双线并重、符合国际实质等效要求的培养方式。

②构建项目驱动的精准课堂理论讲解、多课程联合的讨论互动和开放式探究型实验"三位一体式"理论教学体系，创新教学范式。搭建课程研究项目、综合应用项目和工程研发项目"三阶提升式"项目实践教学体系，拓展培养人才解决复杂工程问题的途径。

（2）研究生。应对新科技革命与工程教育挑战，深度融合创新驱动发展战略，以新工科建设为契机，重构课程实践体系，创新评价办法，构建循环互促的教学生态系统。

①以多样需求为目标，重构"纵贯通＋横交叉"课程体系建立"基础补修课（专业基础，本硕衔接）→学位课（专业支撑）→选修课（专业相关，硕博衔接）→团队自选课（课题基础）"纵贯通课程体系。

②以创新能力培养为核心，建设基于相近知识群的"项目式＋竞赛制"实践体系，围绕关键知识点设计多系列项目，融入机构创新、传感和视觉识别的机器人项目，以轧机等成套装备为对象的数字孪生体设计项目等。

4.4.4　实施与保障

（1）构造多维培养环境，人才培养科学化。以思政文化为引领，以课程思政打造"三梁四柱"思政育人架构，构建爱国奉献的政治培养环境；搭建创新创业教育体系，专创融合，探索创新文化培养环境；坚持教育引导，创新心理教育形式，形成健康心理的培养环境。

（2）创新人才培养模式，工程教育工程化。精准定位基础理论＋技术实践＋创新设计的产品创新设计型准工程师的培养目标，构建以"产出导向、全方位育人、个性化培养"为特色的、现代工程产品链和人才培养教育链双链一体的高端创新人才培养模式。

（3）加强学科融合机制，课程体系模块化。设计基础理论、应用知识、工程与社会等模块化课程群，聚焦新技术、新产业需求，构建精准理论讲解、多学科联合讨论、开放式探究实验"三位一体式"的创新教学体系，形成本、硕、博递进式教学模式。

（4）推动学业成绩改革，考核指标能力化。提出并实施过程和结果并重、能力和知识并重、多维度综合考核的理论教学、校内实践及企业实践等的课内外双轨合一、多维一体的能力达成度评价体系。

（5）探索协同育人机制，校企联合体系化。探索构建行业产业、校企联合协同育人体系，在中国一重公司、大连重工公司等企业建立 4 个国家工程实践教育中心，强化校地合作，与保定长城汽车公司、唐山中信重工公司、秦皇岛中信戴卡公司等企业建立 10 余个校外实习、实践基地，开辟了工程技能实习或实训、工程创新型毕业设计、科技双创竞赛活动"三环互补式"校企联合的培养平台。

4.4.5 质量评价

将高端工程技术创新人才培养与学科建设、科学研究深度融合，为国家和行业培养了以国家领导人丁薛祥、张春贤，学术领军人才黄庆学院士，企业精英中国重型机械研究院院长谢东钢、我国"五一劳动奖章"获得者天锻压力机有限公司副总经理潘高峰等为代表的 15000 余名优秀人才。

培养方案的实施，显著提升了学生的工程素养和双创能力。近三年，本学科 1230 名学生全部参加了课内外科技竞赛，获国家级奖项 199 项、省级奖项 265 项，获专利 20 余项。获批小平科技创新团队 1 个，国家级创新训练项目 27 项，完成创新课题 600 多个，研制作品 300 多套。

本学科坚持以服务国家装备制造业、战略性新兴产业、国防科技工业和区域经济社会发展为己任，立足河北，校地合作，辐射全国。毕业生主要从事装备制造业（占 38%）、汽车行业（占 20%）、钢铁行业（占 18%）、航空航天（占 11%）等，如中国一重公司、中国二重公司等重机行业；徐工集团、三一重工集团等工程机械行业；长城汽车公司、吉利汽车公司等汽车行业；河钢集团、首钢集团等钢铁行业，专业对口率很高（见图 4-4）。此外，相当数目的毕业生在地处秦皇岛本地的河北港口集团、中信戴卡等企业工作，服务地方经济。

表 4 – 2　　　　　　　　　毕业生服务行业与地方经济汇总表

（a）服务行业毕业生汇总　　　　　　　　　　单位：人

行业	单位（简称）	毕业生
重机行业	中国一重	320
	中国二重	78
工程机械行业	徐工集团	534
	三一重工	181
汽车行业	长城汽车	368
	吉利汽车	110
	中信戴卡	106
钢铁行业	河钢集团	221
	首钢京唐	134
	河北港口集团	119
	首钢集团	83

（b）服务地方区域经济毕业生汇总　　　　　　单位：人

城市	秦皇岛	唐山	廊坊	石家庄	保定
毕业生	258	134	83	221	368

资料来源：（a）燕山大学机械工程学院毕业生毕业五年问卷调查表，2019；（b）燕山大学机械设计制造及其自动化专业数据举证报告，麦可思数据有限公司，2018。

本专业毕业生基础扎实、务实求真，获得社会充分肯定，用人单位调查报告显示：用人单位总体满意度高（为97%），工作责任心强（为85%）。五年内毕业生职位晋升比例为81%，各分项能力满意度分别为：职业规范与职业道德（为87%）、问题分析能力（为85%）、自主学习能力（为91%）、团队协作能力（为90%）、积极的工作态度（为88%）。

第 5 章　作为未来从业者的专业学生职业资质分析[①]

职业资质是从业者能力和素质的重要体现，是职业劳作得以持续的一个重要前提和基础。随着社会分工的深入和新业态的不断发展，很多行业对从业者的要求都有较大程度的提升，各类院校必须加强在职业资质培养方面的投入，解决其中存在的一系列问题，才能更好地适应用人单位的需要，化解当前社会经济中普遍存在的人才供需和结构等矛盾。因此，研究专业学生的职业资质问题，对于人才培养、就业和经济发展而言都具有重大的现实意义。

5.1　专业学生职业资质概述

职业资质是指劳动者从事某一职业所必须具备的知识、经验、技术、能力和素质等要求。根据戴维·麦克利兰（David C. Mccelland）"素质冰山模型"，可以将职业资质分为"冰山以上"和"冰山以下"两部分。其中，"冰山以上"部分是显性素养，包括基本知识和技能，比较容易被观测、改变和发展；"冰山以下"部分是隐性素养，包括个体的自我形象、特质与动机等，难以测量和改变，对显性素养具有重要的支撑作用。根据这一理论，"职业资质"这一概念的内涵就可以被分解为"职业资格"和"从业素质"两个方面，这就与素质冰山模型的内涵相互印证。

5.1.1　职业资质的表现

（1）职业资格。职业资格是指从业者所取得的，说明其能够胜任某项工作的资格。[②] 其表现形式有"国家职业资格证书"和"职业技能等级证书"两大类，

---

①　本章由徐蕾：博士，燕山大学经济管理学院副教授、支部书记；著。

②　何羽婷. 部分职业资格取消对大学生考证的影响研究 [J]. 现代职业教育，2017 (4).

前者代表准入资格，后者侧重于表现人员的技能水平。组织这些证书相关考试的部门包括：地方职业技能鉴定中心、行业职业技能鉴定中心和中央企业职业技能鉴定试点这三种。2019 年 12 月的国务院常务会议明确：要推行社会化职业技能等级认定，形成以市场为导向的技能人才培养使用机制。① 从 2020 年 1 月起，除与公共安全、人身健康等密切相关的消防员等 7 个工种调整为准入类职业资格外，对其他水平评价类技能人员的职业资格，在国家职业标准或评价规范的指导下，由相关社会组织或用人单位按标准依规范开展职业技能等级评价和颁发证书。② 具体来说，国家职业资格证书涵盖通用技能、重要产业和事故防范这三个领域，每个领域内都包含有多个证书类别（见表 5 - 1）。

表 5 - 1   国家职业资格证书的分类

领域	证书类别
通用技能	注册计量师、注册公用设备工程师、招标师和环评工程师等共 14 个
重要产业	执业药师、注册土木工程师、注册化工工程师和注册建筑师等共 11 个
事故防范	注册核安全工程师、一级注册消防工程师共 2 个

资料来源：中国人事考试网 http://www.cpta.com.cn/index.html。

（2）从业素质。"从业素质"这个概念相对比较抽象，也是一个人在从事某种职业过程中所表现出来的综合品质，包括从业者身体、心理、思想、道德和文化素质等多个方面。③ 从业素质需要长期培养的过程，是人才选用的重要标准，也是从业者胜任岗位并取得成功的法宝。

近年来，企业在招聘人才时越来越重视个人的从业素质。从系统角度来看，从业素质可以被概括为九个基本要素，包括：语言运用、信息素养、自我理解、反思能力、创新精神、实践能力、合作参与、社会责任和国际理解。④ 在现实中，不同行业会对其中某些要素会有不同侧重。例如，根据业内专家观点，会计从业者需要具备"跨域理性思维、善于沟通，能够做到控制、自觉和自信，灵活应变以及迅速辨析真伪"等素质；⑤ 2017 年颁布的《工程教育认证标准》中明确了工

① 技能人员水平评价由谁认定？李克强称这是"一场革命"，中华人民共和国中央人民政府 http://www.gov.cn/index.htm.
② 中华人民共和国人力资源和社会保障部. 对水平评价类技能人员职业资格退出目录有关安排进行公示的公告 [EB/OL]. http://www.mohrss.gov.cn/.
③ 靳玉乐, 张铭凯. 郑鑫核心素养及其培育 [M]. 南京：江苏人民出版社, 2018.
④ 王开田, 胡晓明. 高素养会计人才的素质与能力结构探析 [J]. 中国高等教育, 2017 (9).
⑤ 王凌娴. 会计教学中职业素养培养的实践探析 [J]. 中国管理信息化, 2021, 24 (15).

程师的从业素养，包括：问题分析、设计、开发解决方案、研究、使用现代工具、工程与社会、环境和可持续发展、职业规范、个人和团队、沟通、项目管理和终身学习共 12 项，其中，工程师的"人格品质"和"发展性能力素质"这两个维度对工程师职业生涯的意义重大，值得引起关注;① 从胜任素质模型的角度来看，有研究者概括了质检行业工程师应具备的素质，将其概括为：成就导向、自信、主动性、人际理解、信息收集、影响与引导他人。从这些例子来看，从业素质所包含的具体内容非常丰富，而且不像职业资格那样可以很直观地用证书来体现，因此，用人单位经常通过各类人才测评和职业素质测试等手段来对其进行测量和分析。

5.1.2　职业资质造就的意义

无论从宏观还是微观的角度来看，职业资质造就都具有非常重大的价值和意义。宏观角度主要体现为人才作为第一生产力的作用。特别在当前我国全面建设社会主义的新时期，很多传统行业面临转型，新业态不断地涌现，各行各业都离不开有能力和高素养的人才，因此，职业资质已经成为支持社会经济发展的根本推动力；微观角度主要是指从业者，职业资质代表了从业者对工作的胜任度、适应性和潜力，一个拥有较高职业素养的人才能更具有担当和责任感，有更多的机会去体现自身价值，实现个人的职业发展目标和规划。从这方面来看，职业资质会对个人职业生涯产生决定性的影响。

5.1.3　职业资质造就的主体

就机构而言，专业学生职业资质造就的主体是各类人才培养部门，包括中等职业院校、大专院校、科研院所和培训机构等。相对于大专院校而言，中等职业院校更加侧重学生就业资质或技能的训练，强调"学以致用"，也基本涵盖了社会上绝大部分的就业部门。但就长远目标而言，除了能直接"用"上的技能以外，学生能力与素养的提升才是职业资质的"根"，需要人才培养部门具备较为深厚的学科积淀与较强的实力，由此可见，在职业资质造就方面，大专院校比中职院校更有优势和代表性。因此，本章主要以大专院校的专业学生为职业资质问题的研究对象。

---

① 谢晶，黄梅，孙一平. 新时代工程师能力素质框架构建研究 ［J］. 中国人事科学，2020（5）.

5.2 专业学生的职业资质现状分析

为深入地分析专业学生职业资质的现实情况，2021 年 5 ~ 11 月，职普融通创新发展教育研究课题组设计了《高校学生职业资质问题调查问卷》，围绕高职院校在课程、师资、实践教学、考核评价以及学生对职业资质的需求这五大领域，共设置了 22 个问题。面向我国各地高校，采取交叉控制配额抽样方法，共发放 700 份电子版问卷，收回有效问卷 690 份，有效问卷占发放总数的 98.57%。参与调查的高校有 12 所，涵盖我国东部、西部、中部三大地区的多所普通高等学校和高职院校的学生，从专业来看有文科类、经管类、理科类和工科类等六大类，使样本代表性得到了较好的保证。此外，还将文献法与访谈法相结合，采用滚雪球抽样方法，选取了 4 所高校的 7 名教师进行了深度访谈，以获得更为详尽的资料。

5.2.1 专业学生职业资质造就的重要举措

2009 年，我国人力资源和社会保障部发布通知，要求加强高等职业院校学生的技能培训，并实施"双证书"制度，即毕业生在取得相关专业的毕业证书的同时获得相应的职业资格证书，以此为背景，各类人才培养机构进行了多方面的改革与探索，其中，以机械、仪器和材料类的高等院校工科专业最为突出。比较有代表性的举措有三个。一是 2010 年启动的"卓越工程师教育培养计划"，其特点是行业企业深度参与培养过程，对接行业和通用标准，强调工程能力和创新能力；二是 2014 年教育部授权成立的"中国工程教育专业认证协会"，为工程教育适应政府、行业和社会需求服务，并且向国际标准迈进；三是 2017 年教育部推进的"新工科建设"，意在培养实践和创新能力强、具备国际竞争力的高素质复合型新工科人才。除工科之外，其他专业也在人才培养过程中越来越重视职业资质。本次问卷调查表明，在这 12 所参与调研的高校中，任课教师和辅导员普遍认识到了学生能力和素养提升的重要性，从理科类、经管类和农学类等专业大类来看，回答"多次强调"这一项的占比都超过了 60%，回答"没强调过"的只占 4.78%。从上述事实可以总结看出其变化规律：从要求职业资格到关注从业素养，再拓展到国际视野，这些都充分地表明我国对职业资质问题的重视程度和认识水平在不断地提升。

5.2.2　专业学生职业资质造就的主要成效

经过多年努力，我国各院校专业学生在职业资质造就方面取得了一系列的成就。2016 年，我国正式加入了《华盛顿协议》（*Washington Accord*），这是国际上最具影响力的工程教育学位互认协议之一；截至 2019 年底，我国共有 241 所普通高校的 1353 个专业通过了"工程教育认证"，为工程专业人才的从业提供了预备教育的质量保证。

近年来，除理工类外，文科类、经管类和教育类等专业也开始重视职业资质的问题。主要表现在以下两方面：第一，高校非工科专业的很多学子们也认识到获取职业资格的重要性，纷纷加入"考证大军"。通过访谈表明，在非工科专业学生中热度比较高的有：会计从业资格证、注册会计师、特许金融分析师、法律职业资格证、心理咨询师和教师资格证等；第二，高校课程体系调整在一定程度上扭转了以往"学校教育与社会需求相脱离"的局面。在本次调查中，认为所学专业课程对能力和素质的提升"大有帮助"的学生占比为 38.70%，特别是实践教学改革对职业资质培养的积极作用比较明显，对实践教学环节的作用予以肯定的学生比例高达 87.83%。就实践教学环节的具体作用而言，有"加深学生对理论的认识""锻炼学生的动手实践能力""让学生了解从业所需的能力素质""与职业资格认证考试内容挂钩"这四项被选中的比例相对较高，并且都超过了 50%。

5.2.3　专业学生在职业资质方面存在的问题

（1）职业资质的嵌入程度不够高。虽然职业资质问题已经引起了社会各方的关注，但一些高校仍然没有将其很好地融入人才培养的各个环节。主要表现在以下三个方面。

第一，从学生反馈来看，对实践教学环节的不满意之处主要是"走过场，时间太短（占 20.52%）""与职业资格认证缺乏关联（占 17.40%）""缺乏充分指导（占 17.01%）"，这说明实践教学环节存在时间和过程安排不合理、内容设计上有缺陷、教师指导不到位等问题，这些都会阻碍实践教学在职业资质造就中发挥积极的作用。

第二，近年来兴起的高校"双创"类竞赛也是职业资质造就的一个重要途径。在调查中发现，"普通高校"和"高职院校"两类院校的学生在参加"双创"竞赛时都面临一些困难（见表 5-2）。在普通高等院校中，有 44.03% 的学生认为，"学校课业负担太重"和"学生精力不足"是他们参加竞赛的主要障碍；而高职院校学生选出的主要原因是"担心学校有限制要求（占36.07%）"，选择"学校课业负担太重"的比例（占25.41%）也不小，此外，还有一个占比例较高的选项是"对自己信心不足"。从中可以看出，有不少高校的日常管理和教学与"双创"竞赛之间存在一些不和谐之处，不仅管理规章不合理，缺乏统筹，没有协调好教学与竞赛活动的关系，而且还由于繁重的课业挤占了学生的实践学习时间，造成学生平时积累不足，这也是导致学生比赛时缺乏信心的一个重要原因。

表5-2　　　　　　　学生对参加"双创"竞赛活动顾虑的选择比例　　　　　单位：%

顾虑	普通高校	高职院校	顾虑	普通高校	高职院校
担心学校有限制要求	16.76	36.07	无就业压力所以不用	1.43	3.28
学校课业负担太重	44.03	25.41	觉得比赛没帮助	2.32	1.64
有考研考证等更重要的事	14.62	4.10	对自己信心不足	15.86	18.85
担心上当	3.39	6.56	怕苦怕累	0.18	1.64

资料来源：根据调查数据整理所得。

第三，在高校现有的考核评价体系中，有关职业资质的指标体系设计也缺乏全面考虑。通过访谈发现，多数专业的人才培养目标中都明确了"人文素养""学习研究能力"以及"创新精神"等，然而在学生的学业考核中，对知识和技能的重视程度要远远地高于素质方面的内容，特别是企业非常重视的创新精神、实践动手能力与合作精神等经常被忽略。普通高等学校对学生的考核基本都是以考试成绩和毕业设计两方面为主，很少考虑将职业资质方面的成绩作为学分依据，如对于学生辛苦考取的职业资格证书，普通高校的很多专业并没有明确的鼓励和认可，导致很多学生不得不花大量的时间去听课以修满学校要求的学分，造成学生缺乏自主学习和提升素养的机会；对教师和专业的评估也过于看重科研项目和论文的数量、级别以及学生就业率等，对于服务地方经济等方面的贡献考虑较少，而有关学生培养质量等方面也缺少系统的评价体系，很多专业未能建立用人单位评价反馈机制，对毕业生的个人能力、素养以及社会责任意识等方面进行评价。

（2）课程体系与职业资质的关联性不强。为适应当前社会对人才的需求，高校各专业的课程体系都历经了多次调整。但一些高校的课程体系建设过程中仍然对职业资质方面考虑较少。调查显示，就"理论课中有关职业资质的内容比例"这一问题，有34.64%的学生认为"一般，不多"，有13.77%的学生认为"很少"，另有 5.51% 和 6.52% 的学生选择"没有"和"不清楚"，上述几项加总比例为 60.43%，说明多数学生认为理论课内容未能很好地与职业资质相关联（见表 5 – 3）。

表 5 – 3　　　　　高校课程体系提升学生能力素质作用的评价比例　　　　单位：%

项目	大有帮助	有较少帮助	帮助太少	没帮助	不清楚
文科类	28.89	53.33	11.11	2.22	4.44
经管类	30.39	62.09	4.25	1.63	1.63
理科类	44.71	48.82	2.35	1.76	2.35
工科类	50.91	40.91	3.64	0.91	3.64
农学类	29.41	52.94	5.88	0	11.76
教育类	40.00	60.00	0	0	0
小计	38.70	53.04	4.20	1.45	2.61

资料来源：根据调查数据整理所得。

从表 5 – 3 中的 6 个专业来看，不同专业的学生对课程体系的看法有所区别：总体上，文科类、经管类、农学类和教育类的学生认为所在专业的课程体系相对不满意，认为其在能力素质提升方面作用不足，满意度最高的是工科类专业，有 50.91% 的学生认为本专业的课程体系有利于提升能力和素质，其次是理科类。

综合以上的分析可知，高校课程体系对学生能力素质的提升作用并不充分，一些专业的课程体系安排与职业资质的联系不够紧密，还有较大的上升空间。

（3）学生从业素质有待提升。从业素质培养是职业资质造就中的重点和难点，主要体现在它难以一蹴而就，其效果也不容易直接观察。对于学校教育来说，除了掌握必要的知识和技能以外，最应该重视的就是从业素质，如动手能力、创新能力和沟通能力等。一方面，这些素养有利于使毕业生尽快地适应企业环境，是他们成为合格或优秀的从业者的必备条件；另一方面，比起应变、抗挫折与合作等需要在工作岗位上锻炼的能力，上述三种能力更有可能在学校的专业学习和训练中得到提升。但实际效果却不尽如人意。企业普遍反映所招聘的高校毕业生很多不善于"学以致用"，缺乏动手操作能力和创新能力，在沟通方面也缺乏技巧和经验。本次对学生的调查也印证了这一事实（见表 5 – 4）。

表 5 - 4　　　　　　　　　　专业学生对自身存在短板的排序

排序	选项	频数（个）	百分比（%）	排序	选项	频数（个）	百分比（%）
1	动手能力	112	36.48	6	应变能力	12	3.91
2	创新能力	90	29.32	7	抗挫折力	9	2.93
3	沟通能力	33	10.75	8	合作能力	6	1.95
4	自学能力	26	8.47	9	吃苦耐劳	2	0.65
5	诚信做人	17	5.54	合计		307	100

资料来源：根据调查数据整理所得。

从学生对自己的判断来看，这三方面的能力也恰恰是他们的最大短板，与动手能力相比，学生对其他方面的能力则不太担忧，当然，这并不能说明他们的综合能力很强，很有可能是因为很多学生还未真正地在社会中体会到挫折，不能深刻地理解"应变""合作"与"吃苦耐劳"的深意。实际上，只要在校学生具备培养潜力，通过有效的理论学习和实践训练，不难使其达到用人单位的要求。因此可以推知，高校在提高学生从业素质方面下的功夫还不够，在这方面的培养措施还有待进一步地优化。

5.3　专业学生职业资质问题成因分析

从上述分析来看，虽然我国高校在人才培养中越来越重视职业资质，但在统筹安排、制度建设和成效等方面仍然存在一系列的不足，这些也是职业资质造就中亟待解决的问题。究其成因，可以从传统观念形成的桎梏、改革面临的困难以及合作不足等角度来进行分析。

5.3.1　传统育人观念形成阻碍

为了提升现职业资质造就的成效，需要更多地考虑社会中用人单位的需要，以市场为导向，对传统人才培养模式进行多方面的改革，包括课程体系、教学方法、内容与考核体系都需要进行全面调整，教师队伍也需要适应新模式，甚至对以往的经验和做法要有所舍弃。然而，受人才培养传统观念的影响，部分高校的改革并不彻底，在职业资质造就中缺乏创新意识，例如，一些专业将教师授课环节看得太重，认为学生就应该通过上课和考试来获得学分，过分强调学生的出勤率，想尽办法将学生留在课堂上，对实践环节反而不愿过多地投入精力或资源。传统育人观念往往将讲课的教师作为"传道、授业、解惑"的主体，并为此制定较为稳定的教学活动与课时安排。人才培养方案和教学大纲虽然有定期修改，但一般不会出现颠覆性的变革。改革不彻底和思维固化的结果，就是在总学时有限的条件下，课堂教学与实践教学之间形成了此消彼长的关系，同时，也增加了对二者进行统筹协同的难度。与世界知名高校相比，我国多数高校的选修课占比都较低，学生自主选择的余地很小，说明在培养过程中缺乏对学生个性的充分考虑。从以上这些方面来看，固守传统观念会对职业资质造就形成较大的阻碍。

5.3.2 课程改革困难较多

虽然课程改革在近年来引起了高校的普遍重视，但由于制度设计和资源限制等多方面原因，导致一些高校的改革推进缓慢，不利于课程体系中对职业资质的体现。

从教师角度来看，首先是高校教师培养模式的影响。多数高校教师是按照学术型人才的模式来培养的，其中一些在短时间内还无法胜任有关职业资质的教学任务；其次，教师现有的工作压力已经很大，有些教师缺乏时间和精力来完成教学改革任务。特别是理论课教学时间紧、内容多，大班授课也很常见，导致诸如翻转课堂、情景教学或小班研讨等有利于启发创新思维的教学活动开展难度较大。

从学生角度来看，一方面，学生课业繁重，真正可以利用的课余时间较少；另一方面就是学生的素质和态度；如 CDIO 工程教育模式有利于职业资质造就，但它对学生自学能力的要求相对较高，而一些学生由于在个人特质和能力等方面存在局限，无法适应这种新的培养模式，这也会影响教学改革的效果。

从学校角度来看，实践教学改革难的原因主要有以下三个：第一，不同高校和专业的实验设备差距较大，非重点实验室的专业实验设备落后；第二，集中实践环节各部分的关联性不强，缺乏整体规划，导致学生缺少训练的机会；第三，集中实践环节存在一些难题；如企业利益目标和高校育人目标之间的调和，理论课与实践教学计划的衔接等。

5.3.3 人才培养合作不足

高校和企业在人才培养方面的合作不够深入是当前普遍存在的一个问题，很多高校与企业共建的"校外合作基地"或"实训基地"的发展还存在以下三方面的障碍：第一，合作双方在目标上的差异。高校看重学生在择业时体现出的能力和素养，希望合作培育的人才尽量能适应某个或多个行业的用人需求，以争取获得更多的就业机会。而企业更看重联合培养的针对性和效益，希望人才最好能直接"为我所用"，这就容易导致双方在实践教学内容和环节安排上出现不同的看法。① 第二，指导风格存在差异。来自企业的指导老师虽然往往具有较强的技术能力，但很可能缺乏足够的教育经验，不熟悉高校的教学模式与方法，造成学生短时间内无法适应新的学习方式，再加上文科类等专业的校外实践安排时间较短，这就容易造成实践环节结束时学生才刚刚进入状态。第三，双方合作的基础不够牢固。很多专业开展校企合作主要是为了完成实习任务，与社会单位之间缺乏长期、稳定的合作机制，特别是利益分配、目标和计划协调等机制不完善，导致这些合作容易出现一些矛盾和问题。②

5.4　促进专业学生职业资质造就建议

为了更好地促进专业学生的职业资质造就，针对上文分析的问题和成因，应该从高校课程体系改革、考核评价体系完善、校企合作的深入以及渠道拓宽等方面采取有效的措施，大胆地进行创新和尝试。

5.4.1　大力推进高校课程体系改革

高校调整课程体系改革应注重以下六个方面：一是课程调整要实现常态化，科学、合理地压缩现有的理论学习学时。定期进行专业教师课程建设研讨，删减"水课"并减少教学内容的重复性。二是对一些课程内容进行调整。要采取有效的激励措施，促进教师及时更新教学内容，鼓励教师根据行业对人才培养的最新要求调整教学内容，并开展有利于启发创新思维的教学活动，实现"以研促教"。公共课也可以进行大胆的改革，如机械类专业可以将大学英语课程缩减，并增加机械专业英语课程的学时，重点提升学生听、说、读、写的能力；又如思想道德修养课，可以分专业开设小班形式的职业道德、社会意识等方面的案例讨论课，让学生自己讲授案例，增强体验并加深认识。三是要根据行业发展动态来增减选修课。如针对科技发展趋势开设大数据、云计算以及人工智能等前沿课程。四是课程安排方面要突出培养特色。建议高校在装备制造企业中开展调研，了解企业

---

① 许郢，敖峰. 高职院校校企共建校内实训基地的问题及对策研究 [J]. 科技视界，2021 (13).
② 赵永胜. 职业教育产教融合校企合作成效问题研究 [J]. 成人教育，2020，40 (1).

需要从业者持有哪些类别的资格证书，据此来调整课程体系，并组织学生进行考核前的集中辅导。对于一些具备国际化特征的专业，还可以了解国际领先的行业职业标准，根据标准共同制订相关专业的人才培养方案，或者与认证机构签订协议，委托这类机构帮助开展认证培训等。这样有利于减少人才在行业入门资质方面的障碍。五是提升实践课的教学质量。在实践环节的设计中，充分论证各环节的关联性，实施分段渐进式的培养，同时安排课外自学进阶模块，建设相应的实践课自主创新平台，采取竞赛、项目等形式鼓励学生组建团队进行创新设计。还要争取与企业开展合作，设置课程时参考企业的岗位要求，根据企业典型工作任务确定训练项目，把现场问题和先进技术融入实践环节中，争取根据企业生产流程来实现实践教学环节的整体规划。六是促进创新创业课程内容与大学生创新项目及专业课内容的结合。通过组建课程团队或研讨小组等形式，促进创新创业课程及时更新调整，以增强课程内容的前沿性与专业性。

5.4.2　完善培养考核评价体系

高校人才培养评价考核体系完善的方向，既包括增强其客观性和全面性，又包括争取充分地发挥考核评价的激励作用。

就评价内容而言，考核评价需要改进的重点领域是专业评价、课程评价、教师评价与学生评价。专业评价应该打破仅以科研项目、论文和就业率为主要指标的思路，专业服务地方经济的能力也要考核，还要纳入用人单位反馈方面的指标；定期开展评估课程，对于支撑度和贡献度较低，教学内容陈旧，更新不及时的课程，采取同行评议与专家评审相结合的方式，决定整改还是取消。这有利于督促基层教学单位重视课程体系的合理性和前沿性；教师教学质量评价可采取多维主体方式，增加同行、领导以及相关专业学生评教的比例，还可以借助互联网实施教学课件与教学过程公开评价等，有利于增强评教结果的客观性；在原有学分考核体系的基础上，建立校内、校外多元、多维的学生培养质量评价体系。其中，"多元"是指评价主体包括学校、教师和用人单位等，"多维"是指人才培养质量评价可以包含学分、能力和素质等指标，如沟通合作能力、组织能力及社会意识等，以确保培养质量的不断提升。如公共课和专业课可覆盖"大班授课、小班研讨"等方式来实现对学生的全面考核，为减少教师个人偏见的影响，可以在研讨环节采取多位教师共同参与的方式。又如大学生创新或科研项目，应细化项目组成员的贡献考核办法，可以增加互评、任务单元分工考核或面试等环节，以全面评价学生的真实表现。

就评价结果的应用意义而言，应该体现"多劳多得"的基本思想，特别是对积极参与教学改革以及为实践教学做出贡献的教师给予足够的激励；如工科专业的 CDIO 实验教学中，各项目小组选题不同，需要教师分组指导，教师需要投入更多的精力，也对其指导水平提出了更高的要求；在这样的背景下，将课时多少作为工作量确定的依据显然是不够的。因此，建议各高校根据课程教学特点制定适合本校的工作量核定办法，对那些参与新型教学模式探索并付出努力的教师给予更高的报酬，以充分调动教师参与教学改革的积极性。

就学分认定的依据而言，普通高校也应该建立更加灵活的学分认定制度，将职业资格取得、从业素质提升也算作学分；对于职业资质造就比较薄弱的文科类专业，更应该抓住机遇，结合专业特色来建立职业资质的培训学习机制，并不断地完善各个岗位的职业标准、培训标准、考试标准，并争取与关系密切的行业或企业合作，建立学历证书和职业资格互认机制，以提高专业和学生对职业资质的重视程度。

5.4.3 积极争取校企深度合作

校企深度合作的基础是本地企业与高校之间保持密切的关系。这就需要各高校根据专业特色来明确本地可以合作的企业，了解企业的人才需求，合作意愿以及具体要求等，争取获得合作机会。为此建议地方政府牵头来完善各校企的合作平台，利用大数据技术帮助高校各专业寻找相关度高的合作企业并进行匹配度评价等，以降低筛选的风险和成本。

校企深度合作要注重稳定性和深入性，主要体现如下：首先要有组织保障，如建立校企联合的"专业人才培养委员会""人才联合培养基地"或"教师培训基地"等；其次是要争取更广泛的合作范围，如聘请各企业工程专家作为兼职教师，定期到学校举办专题讲座，担任大学生创新项目、专业竞赛以及工程设计比赛的兼职指导教师或评委，邀请企业技术团队参与高校教材、项目案例编写及课件研发等。特别是文科类等专业，因其实践环节普遍较为薄弱，学校要对它们有更多的扶持和倾斜，以争取学生能够得到更多的实践锻炼机会；再有就是争取实现全程资源共享。一方面，要引入企业教育资源，使人才受到更多的实践训练，如可以根据企业生产场景来合作建立具有"等同现场"特征的"校企联合实践教学平台"；另一方面，企业培训也可以借助高校的教育平台或师资力量，夯实人才的知识基础，以巩固和提升职业资质造就的成效。

在校企合作中，还要注意给教师更多的发展机会与空间，特别是青年教师。

高校要适当减轻青年教师的负担，争取与用人单位合作的机会，建立教师到企业挂职的长效保障和激励机制。促进工科院系教师强化实践能力，经管类、外语类和教育类等专业教师要多积累实践岗位方面的经验，这样才能有利于将职业资质更好地渗透到理论和实践教学之中。

需要指出的是，校企深度合作需要解决的现实问题较多。其中最突出的一个就是企业必须要考虑合作中的经济效益。高校需要尽可能地让企业通过合作获益，建议地方政府也根据企业的贡献，采取包括税费减免或专项经费补贴等措施来给予奖励，以增强企业在校企合作方面的积极性。

5.4.4　拓宽职业资质造就的渠道

根据发达国家的经验，职业资质造就并不一定要局限在学校主导的模式，如可以由地方政府的教育和产业管理部门牵头，通过进行"专业技能竞赛平台"建设来实现职业资质的个性化培养。通过竞赛筛可以选出企业所需的、培养潜力大的人才，有针对性地为其提供系统性的训练，相当于让院校人才提前进入"试用期"，在实践中尽快地熟悉和适应企业的环境，有利于提升职业资质造就的成效，并及时、有效地传递企业对人才或科技的需求信号，使企业了解院校的科研实力，给双方深度合作创造更多的机会。与走马观花式的"集体实习"和"校外实践基地"等方式相比，这种合作模式可以促进个性化培养目标的实现，降低双方的组织、人力和时间成本，积累职业资质造就方面的经验。

地方政府的主要任务有以下两个：一是要依托平台组织各类竞赛并构建监督机制。具体来说，是企业提供自身发展所需专业和技能人才方面的信息，由平台定期汇总，面向大专和职业院校的在校生，不定期地组织规模不等的各类专业或技能竞赛，企业给参赛者提供一些观摩、训练的机会或素材。平台也可以授权企业自行举办小型竞赛、培训或技能工坊等各类活动。获奖者（也包括参与者）如果能与企业达成意向，可以通过平台来签订校企联合培养协议，成为"联合培养人才"，接受政府管理部门对双方行为的监督。二是要建立技能人才供求信息动态追踪数据库。依托平台建立较为完善的本地人才资源数据库，及时更新企业用人信息；追踪汇总竞赛中各院校报名者和参赛者的专业和学习情况等信息。

高校需要调整人才培养思路，要做到以下三点：一是对于院校中那些实践性较强或科研活动与企业有关联，具备服务地方经济可能性的专业，要调整人才培养思路，扭转过去那种"学生必须在校园中完成学习任务"的旧观念，给学生足够的参与生产实习的时间；调整以学术能力为主的培养思路，不再将毕业设计或论文作为学位授予的唯一标准，而是将企业考核与学校考核相结合来设计一套新的考核体系。二是改革学分管理制度。增加对学生参与竞赛等活动的支持力度，如将此类竞赛项目纳入"双创"竞赛库，对学生所获的奖项以学分的方式来给予认定。三是做好对联合培养人才的管理。要求联合培养类人才定期回到院校接受阶段性考核，通过研讨交流、技能展示或讲座活动，实现对职业资质造就质量的动态追踪。

第6章 大学生职前现状分析与期盼[①]

随着高等教育的普及化和大众化，我国大学生毕业人数越来越多，加之受到2020年突发新型冠状病毒性肺炎疫情的影响，让原本严峻的就业形势雪上加霜，这迫切要求大学生做好职前准备，调整就业期盼，端正就业态度以求找到合适自己的职位。本次调研对象以河北省综合类大学即将毕业的大学生为主，其他年级的本科生、硕士生、博士生为辅，针对大学生职前现状与期盼这一问题展开问卷编撰与数据分析，以期为大学生的职前准备提供对策，并为学校的人才培养方式提出参考建议。

6.1 研究背景和研究现状

以下将从就业期盼、就业期盼值、职前准备三个方面进行概念界定，并阐述研究背景以及国内外在大学生职前现状分析和期盼方面的研究现状。

6.1.1 概念界定

就业期盼（即就业期望）是指毕业生希望获得的就业岗位、就业地区以及薪酬标准等的综合体现。就业期盼值（即就业期望值）是指理想的职位对自己的物质和精神需求的满足程度，如工资收入、福利待遇、工作环境和条件，是否能受到同事的尊重和领导的器重？自己的能力和特长能否得以施展等。由此可见，就业期盼本身并不存在高或低的问题，过高或过低是相对于就业期盼值而言的。

职前准备是指毕业生在进入职场前需要做的一些思想准备、心理准备、知识技能准备以及相关材料准备等，如抗压能力、交际能力、个人简历、技能证书

[①] 本章由张薇：燕山大学经济管理学院讲师、团委书记；宋咸珊、李治锋：燕山大学硕士研究生；著。

等，从而更好地衔接学校与社会，找到适合自己的工作。

6.1.2 研究背景

习近平同志强调指出，就业是最大的民生。[①] 大学毕业生作为我国最宝贵的人才力量，已经逐步成为我国现代化建设的中坚力量。党中央国务院一直以来都很重视高校毕业生的就业问题，这不只是每位应届毕业生面临的难题，也是国家、学术界、社会关注的重大热点问题。随着高等教育的普及化和大众化，我国大学生毕业人数越来越多，2021 届高校毕业生总规模为 909 万人，同比增加了 35 万人。2022 届高校毕业生规模预计为 1076 万人，同比增加了 167 万人，规模和增量均创历史新高，"就业难"与"招人难"并存，当前高校毕业生的就业形势依然严峻、复杂，加之受到新型冠状病毒性肺炎疫情等社会大环境的影响，原本就严峻的就业形势更是雪上加霜。当前，我国发展处在重要战略机遇期，全面建成小康社会，经济结构优化升级，还没有接受过社会考验的高校毕业生对于未来的就业期望也会较高，比如薪酬、福利、弹性工作时间等。高校毕业生就业难的问题不仅受到以上这些社会形势的影响，还与个人能力、个人预期、家庭条件和父母的期望等因素有关，本章以即将毕业的大学生为主，其他年级的本科生、硕博生为辅进行调研，全面了解大学生对就业的期望和计划，以期为大学生的职前准备提供对策，同时，对学校的人才培养方式提出参考建议。

6.1.3 研究现状

（1）国外研究现状。步入 21 世纪后，国外学者关于就业能力及其构成的研究越来越多。鲁汶·欧斯特贝克和贝弗利·奥利弗（Leuven E. Osterbeek & Beverley Oliver）研究了大学生就业不匹配对收入的负面作用机制。[②] 贝弗利·奥利弗（Beverley Oliver）结合时代的发展环境，就大学生必备的就业能力进行了新的界定，包含识别机会、获取信息、技能提高等具体方面。[③] 史密斯·哈伯特

---

① 习近平同志非常重视人民的就业民生问题，在中国共产党第十九次我国代表大会上的报告中强调指出，就业是最大的民生。

② Leuven E, Osterbeek H. Overeducation and Mismatch in the Labor Market ［M］. In Eric A. Hanushek, Stephen Machin and Ludger Woessmann（eds.）: Handbook of the Economics of Education, 2011,（4）: 283 – 326.

③ Beverley Oliver. Redefining Graduate Employ ability and Work – integrated Learning: Proposals for Effective Higher Education in Disrupted Economies ［J］. Journal of Teaching and Learning for Graduate Employ ability, 2015, 6（1）: 56 –65.

（Smint Hebert）在美国研究得出，学校的就业指导任务是使学生了解社会职业，并帮助他们按照个人的兴趣能力倾向选择职业的结论。[①] 加拿大学者李·哈维（Lee Harvey）拓展了就业力结构的研究范围，提出终身学习的能力和品质也是就业能力的重要组成部分。他认为，就业能力不仅仅用来衡量主体找到工作的能力，更应该是一个终身学习的过程。[②] 美国学者彼得·奈特（Peter T. Knight）和曼兹·约克（Mantz Yorke）通过对雇主的调查指出，就业能力的内部结构包括学科理解力、技能、自我效能以及元认知能力四个方面。[③] 经过多年的发展，西方各国学术界在大学生就业指导方面已形成较为系统的理论和体系。其中，英国学术界人士始终保持对大学生就业能力提升的研究热情，很多英国学者极力主张将大学生就业能力的提升有效地融入高校课堂教学中去，在此基础上，积极地采取有效措施，不断地提升大学生的就业能力。

（2）国内研究现状。近年来，随着大学生就业形势的日益严峻，国内关于普通高校毕业生就业能力方面的研究越来越多，且主要集中在普通高校毕业生就业能力的概念、构成、现状、原因和提升对策上。主要研究成果如下。

肖云、杜毅在2008年发表的《对提升大学生就业能力的探讨》中认为，基础实践能力欠缺是大学生顺利就业的"短板"，用人单位的就业歧视是大学生提高反就业排斥能力的"屏障"，创新能力缺乏是大学生满足社会需求的"瓶颈"，流动就业能力缺乏是大学生走向职场的"绊脚石"。进而分析大学生就业能力建设中的政府责任：缺乏针对大学生实习的政策支持和制度保障；反就业歧视的法规体系不完善，监督不力；高等教育创新评估体系尚未建立，创新扶持政策较少；劳动力市场的二元分割。最后，提出了若干关于政府提升大学生就业能力的对策建议：加大政策支持，完善相关制度；健全反就业歧视的法律体系，加大监督力度；建立高等教育创新评估体系，加大政策扶持；协调经济社会发展和扫除制度性障碍，建立统一的劳动力市场。[④]

徐峰在2011年公开发表的《旅游专业大学生就业能力研究——基于上海4

① 于斌. 大学生就业指导（普通高等教育通识类课程"十三五"规划教材）[M]. 北京：水利水电出版社，2019.

② Harvey L, Moon S, Geall V, et al. Graduates' Work：Organisational Change and Students' Attributes [J]. Centre for Research into Quality, 90 Aldridge Road, Perry Barr, Birmingham B42 2TP, England, United Kingdom（5 British pounds），1997.

③ Yorke M, Knight P T. Embedding Employability into the Curriculum. Higher Education Academy, York, 2004：4 - 5.

④ 肖云，杜毅. 对提升大学生就业能力的探讨 [J]. 青年探索. 2008（3）：70 - 73.

所高校的实证分析》中指出，就业能力是一种与职业相关的综合能力。[①] 赵璞于2015 年在《应用型本科大学生就业能力与用人单位需求差异研究——以上海学院为例》中认为，就业能力就是使个体由非工作状态进入工作状态，维持工作状态，并在工作中获得发展的能力。[②] 马瑜 2014 年在《大学生就业能力提升工程研究》中指出，大学生就业能力是指大学生毕业后能顺利找到工作并能很好地完成本职工作的各种各样要素的集合。[③] 杨继梅在 2013 年发表《民办高校大学生就业能力培养研究》中指出，大学生的就业能力不仅仅指某一种技能，更是多种能力的综合，既指学习能力，也指思想能力、实践能力、适应能力。[④] 贾利军、管静娟在《大学生就业能力结构研究》中认为，大学生就业能力包括专业知识技能、实践执行能力、自主学习能力、社会适应能力、逻辑思维能力、团队合作能力、自我发展能力、情绪调适能力、沟通交际能力。[⑤]

　　综上所述，国内外对大学生的就业研究一直很重视，且研究从多角度对大学生就业质量、就业满意度等进行了多维度的具体分析，得出的结论也具有多方面的实践指导意义，但对于大学生职前的就业心理和需求分析不多，缺乏结合学生的具体认知和实际需求方面的针对性研究。考虑到解决大学生就业问题还需要对症下药并防患于未然，本章对职前这个特殊阶段展开了相关调查研究。

6.2　研究方法与对象

　　以下内容主要涉及本课题的研究方法为分层抽样，利用线上方式分发问卷，分析了本次研究对象的基本信息，并阐述了问卷题目设计的具体内容。

6.2.1　研究方法

　　大学生职前现状调研问卷问题的设计借鉴了国外的经典量表，主要根据Mattson 编制的大学生就业压力诊断性测量量表，并参考了李克特五级评分法，

---

① 徐峰. 旅游专业大学生就业能力研究——基于上海 4 所高校的实证分析 [D]. 上海：华东师范大学，2011：10.

② 赵璞. 应用型本科大学生就业能力与用人单位需求差异研究——以上海学院为例 [D]. 上海：华东师范大学，2015：24.

③ 马瑜. 大学生就业能力提升工程研究 [D]. 武汉：武汉工程大学，2014：3.

④ 杨继梅. 民办高校大学生就业能力培养研究 [D]. 长沙：湖南大学，2013.

⑤ 贾利军，管静娟. 大学生就业能力结构研究 [J]. 教育发展研究，2013，33（Z1）：51 –56.

即从"非常不符合"（1 分）到"非常符合"（5 分）来设计本问卷相关问题，调查方式采用分层抽样，利用线上方式分发问卷。

6.2.2　研究对象

大学生职前现状调研问卷面向包括燕山大学在内的 5 所河北省省内高校的本科生、硕士生以及博士生，电子版采用问卷星软件发布，共计 1200 份，有效问卷为 1170 份，总回收率为 97.50%。受访学生基本信息情况（见表 6 - 1）。

表 6 - 1　　　　　　　　　　受访学生基本信息统计

项目	类别	人数（人）	百分比（%）
性别	男	440	37.61
	女	730	62.39
年级结构	本科毕业生	550	47.01
	硕士毕业生	208	17.78
	博士毕业生	9	0.77
	非毕业年级	430	34.44
所学专业	理工类	283	24.19
	经管类	861	73.59
	文史类	14	1.20
	艺术类	12	1.03
政治面貌	中共党员	366	22.55
	共青团员	1066	65.68
	民主党派	135	38.61
	群众	14	00.86
是否有就业经历	是	215	18.38
	否	955	81.62
是否担任学生干部	是	736	62.91
	否	434	37.09

资料来源：根据问卷调查统计。

6.2.3　问卷设计

大学生职前现状调研问卷大体上分为以下两个部分：第一部分主要为受访学生的基本信息，是根据所调查学校的相关制度以及实际就业情况来设计的；

第二部分是大学生就业压力诊断性测量量表，参考了李克特五级评分法来设计（见表6-2）。

表6-2　　　　　　　　　　大学生职前现状调研问卷设计

六个角度	正/负向	调查问卷题目
个人能力	正向	Q1：你的成绩位于专业
	正向	Q2：你获得过的院级及以上奖项次数
	正向	Q3：你拥有的技能证书数量
	正向	Q4：你参加过的社会实践次数
	正向	Q5：你参加过的实习或就业时长
个人预期	正向	Q6：如何看待自己的就业前景
	正向	Q7：清楚自己的性格适合做什么工作
	正向	Q8：清楚如何准备应聘材料和应聘流程
	正向	Q9：期待的工作城市
	正向	Q10：期待的月薪
家庭条件	正向	Q11 你的家庭年收入
	正向	Q12：你的家庭所在城市
	正向	Q13：父母会为你就业提供实质帮助
	正向	Q14：父母职业类型对你择业产生积极影响
	正向	Q15：家庭不会干涉你哪方面就业态度
家庭预期	负向	Q16：父母对你未来职业有明确规划
	负向	Q17：父母在你就业时会提供建议
	负向	Q18：父母和你针对就业问题有矛盾冲突
	负向	Q19：父母不支持你进行创业
	负向	Q20：父母不认可并尊重你的就业决定
学校帮助	正向	Q21：你的求职渠道获取方式
	正向	Q22：学校提供了相关就业指导
	正向	Q23：你对学校就业指导的看法
	正向	Q24：你期望学校提供的求职指导方式
	正向	Q25：学校定期举办人才应聘会

六个角度	正/负向	调查问卷题目
	负向	Q26：你对我国就业政策，如三支一扶、大学生村官、西部计划等了解不深
	负向	Q27：就业时你不以社会需求为导向
社会影响	负向	Q28：你对我国经济发展新常态不了解
	负向	Q29：你认为疫情影响下的就业应该得到哪些支持和帮助
	负向	Q30：你觉得疫情对就业带来的困扰有哪些

资料来源：笔者设计。

6.3　数据处理分析

以下内容为对本次调查问卷进行的数据分析处理，指标信度检验说明数据的可信度高，指标效度检验说明本次收集的数据具有高效性，相关性检验分析了各因素与大学生就业的相关性，多元线性回归分析了各因素对大学生就业影响的显著性。

6.3.1　指标信度检验

通过 SPSS 22.0 对问卷进行信度检验。[①] 该问卷所有因子的 α 系数均大于 0.8，证明其可信度较高，可以进行大学生职前现状分析（见表 6-3）。

表 6-3　　　　　　　　大学生职前现状调研问卷信度统计

因子	α 系数	标准后的 α 系数
个人能力	0.963	0.959
个人期望	0.956	0.946
家庭条件	0.945	0.940
家庭期望	0.872	0.869
社会影响	0.912	0.903
学校帮助	0.869	0.858

资料来源：根据问卷调查统计。

---

①　信度是指对收集到的数据就其结果的一致性、稳定性和可靠性进行检验，即用内部一致程度来衡量其测验信度的水平。

6.3.2 指标效度检验

本章对大学生职前现状调研问卷是从个人能力、家庭条件、学校帮助等六个维度进行效度检验。[1] 检验证明，个人能力的 KMO 值是 0.917，此结果比较接近 1；同时，对该因子进行巴利特球形检验，得到的卡方值是 785.83，P 值检验为 0.000；家庭条件、学校帮助等五个维度的 KMO 值均大于 0.8，且 P 值检验均为 0.000，证明所收集的数据具有很高的有效性，可进行下一步研究，对大学生职前现状展开分析（见表 6 - 4、表 6 - 5）。

表 6 - 4 　　　　　　大学生职前现状调研问卷各因素的效度值

因子	KMO 值	巴利特球形值	P 值
个人能力	0.917	785.83	0.000
个人期望	0.878	761.63	0.000
家庭条件	0.873	528.03	0.000
家庭期望	0.908	947.76	0.000
社会影响	0.895	362.79	0.000
学校帮助	0.832	693.32	0.000

资料来源：根据问卷调查统计。

表 6 - 5 　　　　　　　问卷各问题与因素的因子载荷值

问题	因子载荷系数						共同度（公因子方差）
	因素 1	因素 2	因素 3	因素 4	因素 5	因素 6	
Q1	0.932	—	—	—	—	—	0.921
Q2	0.623	—	—	—	—	—	0.601
Q3	0.723	—	—	—	—	—	0.708
Q4	0.857	—	—	—	—	—	0.815
Q5	0.863	—	—	—	—	—	0.589
Q6	—	0.636	—	—	—	—	0.654
Q7	—	- 0.560	—	—	—	—	0.736

---

[1]　效度作为研究数据是否可进行因素分析以及是否可进行线性回归的关键性指标，一般选取 KMO 值、因子载荷系数值以及方差解释率值等系数进行综合评估，来检验数据的效度情况。

问题	因子载荷系数						共同度（公因子方差）
	因素 1	因素 2	因素 3	因素 4	因素 5	因素 6	
Q8	—	0.895	—	—	—	—	0.815
Q9	—	0.631	—	—	—	—	0.574
Q10	—	0.536	—	—	—	—	0.485
Q11	—	—	0.774	—	—	—	0.637
Q12	—	—	0.636	—	—	—	0.633
Q13	—	—	0.562	—	—	—	0.507
Q14	—	—	0.589	—	—	—	0.553
Q15	—	—	0.538	—	—	—	0.638
Q16	—	—	—	0.911	—	—	0.690
Q17	—	—	—	0.821	—	—	0.962
Q18	—	—	—	0.556	—	—	0.722
Q19	—	—	—	0.635	—	—	0.756
Q20	—	—	—	0.715	—	—	0.842
Q21	—	—	—	—	0.639	—	0.798
Q22	—	—	—	—	0.512	—	0.921
Q23	—	—	—	—	−0.620	—	0.753
Q24	—	—	—	—	0.495	—	0.861
Q25	—	—	—	—	0.775	—	0.632
Q26	—	—	—	—	—	0.480	0.753
Q27	—	—	—	—	—	0.620	0.726
Q28	—	—	—	—	—	0.740	0.862
Q29	—	—	—	—	—	0.830	0.932
Q30	—	—	—	—	—	0.690	0.842
特征根值	3.22	2.82	2.68	2.63	2.01	1.85	—
方差解释率（%）	25.73	15.13	8.91	8.78	6.89	6.15	—
累积方差解释率（%）	20.73	40.86	49.77	58.55	65.44	71.59	—

资料来源：根据问卷调查统计。

6.3.3 相关性检验

相关系数指的是判定各个变量之间或者变量与解释变量的关系密切程度的统计性指标。本报告主要选取的评价指标（Y）作为被解释变量来进行分析，深入地探讨大学生就业前的状况（见表6-6、表6-7）。

表6-6　　　　　　　　　　　总体评价选取问题详情

角度	正/负向	评价问题
个人	正向	你具有清晰的职业规划
家庭	正向	父母没有对你就业施加压力
社会	负向	你求职中最困扰的问题

资料来源：根据问卷调查统计。

从表6-7中可以看出，Y 和个人能力因素、个人期望因素、家庭条件因素和社会影响之间有着显著的正相关关系，Y 和家庭期望因素、学校帮助因素之间有着显著的负相关关系。其中，Y 与个人能力更是呈现着高度线性关系，说明个人能力因素对解释变量 Y 的贡献度较大，影响程度较深，后续研究应关注大学生提升个人综合素质方面的需求。

表6-7　　　　　　　　　　各因素与解释变量的相关系数

项目	系数	Y
个人能力	相关系数	0.834***
	P 值	0.000
个人期望	相关系数	0.673***
	P 值	0.000
家庭条件	相关系数	0.786***
	P 值	0.000
家庭期望	相关系数	-0.701***
	P 值	0.000

续表

项目	系数	Y
社会影响	相关系数	0.506 ***
	P 值	0.001
学校帮助	相关系数	− 0.678 ***
	P 值	0.000

注：*** 为 $P<0.001$，有极其显著的统计学差异。
资料来源：根据问卷调查统计。

6.3.4　多元线性回归

由于导致大学生的就业压力来源众多，程度也各不相同，因此，本内容选择多元回归[①]展开分析，进而可以辨别哪些因素是主要压力来源，也能剔除那些不显著的因素，可以提出更有针对性的建议来解决问题（见表 6-8）。

表 6-8　　　　　　　　　　职前情况因素系数线性回归

项目	非标准化系数		标准化系数 Beta	T 检验	P	VIF	R^2	调整后 R^2	F
	B	标准误							
常数	0.430	0.147	—	6.618	0.000 **	—			
个人能力	0.721	0.030	0.362	12.365	0.000 **	1.037			
个人期望	0.163	0.038	0.493	3.873	0.000 **	1.096			$F_{(6,1163)} =$
家庭条件	0.110	0.030	0.107	3.679	0.000 **	1.348	0.796	0.787	71.473，
家庭期望	− 0.865	0.027	− 1.959	4.969	0.000 **	1.317			$P = 0.000$
社会影响	0.294	0.028	0.309	10.385	0.000 **	1.413			
学校帮助	− 0.226	0.027	− 0.245	8.264	0.000 **	1.405			

注：* 为 $P<0.05$，** 为 $P<0.01$。
资料来源：根据问卷调查统计。

通过多元回归分析可以看出，（详细数据见表 6-8），回归系数的 F 值为 71.473（$P=0.000$），证明其个人能力等 6 个因素对就业指导因素有显著性影响。

————————————

① 多元回归是通过对两个及以上的解释变量与一个被解释变量的相关分析，并建立预测模型的方法。

通过进一步显著性检验得知，其 6 个变量在压力指数上的解释水平达到了预期的显著性，其中，家庭期望、学校帮助与 Y 呈负相关关系，其他因素与 Y 呈正相关关系。此外，可发现个人能力因素的 Beta 值较其他因素系数高，由此得出结论，个人能力因素对大学生就职情况确实产生重要影响。

根据多元回归方程可以得出大学生职前现状模型列为；

$$Y = 0.721 \times X1 + 0.163 \times X2 + 0.11 \times X3 - 0.865 \times X4$$
$$+ 0.294 \times X5 - 0.226 \times X6 + 0.43$$

6.4　影响因素分析

个人能力、个人期望、家庭条件、家庭期望、学校帮助、社会影响 6 个因素和大学生就职情况均有着显著的相关性，以下结合问卷调查结果具体阐释相关指标的影响程度。

6.4.1　个人能力因素

根据调研可知，个人能力因素对大学生就职情况产生最重要的影响，具体体现如下。

对大学生是否担任学生干部情况分析，结果显示，62.91% 的大学生没有担任学生干部，37.09% 的大学生担任了学生干部。由此可见，有超过一半的人没有担任学生干部，也有少于一半的大学生愿意担任学生干部。这可以说明，每个人对担任学生干部的想法略有不同，有些人想要通过担任学生干部这一职位锻炼自己的能力，扩大自己的交际圈，充实自己的大学生活，以期对未来的工作和生活产生帮助；而有些人更愿意潜心学术，提高自己的科研能力，但也并不表示不担任学生干部就不具备领导能力、统筹策略和认真负责的态度，每个人的选择各有不一，但都有自己努力的方向和目标。

对大学生成绩位于专业排名的分析（见图 6-1），结果显示，成绩位于专业排名前 10% 的大学生占比为 16.24%，位于专业排名前 20%～30% 的大学生占比为 26.75%，位于前 30%～50% 的大学生占比为 29.32%，位于前 50%～80% 的大学生占比为 19.91%，位于前 80%～100% 的占比为 7.78%。通过这些数据分析可知，在此次所调查的大学生中，有 72.31% 的大学生成绩位于专业排名的前50%，说明参与本次调研的样本成绩相对来说比较优异，从而也能反映出学生的个人能力和就业能力相对较强。

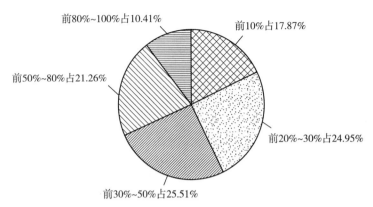

图 6 - 1　大学生成绩位于其专业的排名分析

资料来源：根据问卷调查统计。

　　对大学生技能证书数量情况分析的数据显示，其中没有获得过技能证书的大学生占 29.74%，拥有 1～3 个技能证书的大学生占 63.25%，拥有 4～5 个技能证书的占 5.9%，被调查的大学生人数中拥有 6 个以上技能证书的大学生微乎其微，其中拥有 6～8 个技能证书的大学生占 0.26%，0.85% 的大学生拥有 8 个以上技能证书。通过图 6 - 1 可以看出，拥有技能证书的大学生还是占很大部分的；其中，拥有 1～3 个技能证书的大学生占比最高，这表明大学生对自己的规划还是比较清晰的，并非盲目地去考证，而是根据自身的实际情况考取适合自己的证书，考取对未来就业有帮助的证书；当然也有极少一部分大学生可能自身综合能力比较强，考取了很多个技能证书，这都体现了大学生对考取技能证书的重视程度，以及技能证书对未来就业的重要性。

　　对大学生参加过的社会实践次数分析，结果显示，有 65.98% 的大学生参加过 1～3 次社会实践，有 8.97% 的大学生参加过 4～5 次社会实践，有 1.11% 的大学生参加过 6～8 次，有 2.99% 的大学生参加过 8 次以上社会实践，只有 20.94% 的大学生没有参加过社会实践。[①] 通过此次数据调查可知，大多数同学更乐意参加社会实践活动，因为，这不仅有利于大学生增强社会责任感和使命感，增强适应社会、服务社会的能力等，而且有利于大学生对理论知识进行转化和扩展，增强运用知识解决实际问题的能力，提升个人素养，而非"死读书"；对于

---

　　①　数据来源于问卷调查统计。

一小部分没有参加过社会实践的大学生来说，还需提高其对社会实践的认识，深刻了解参与社会实践的意义和价值，从而使他们主动地加入社会实践活动中去。

在应聘材料和应聘流程了解程度方面，"一般"了解程度的人数最多，占总人数的 47.26%，认为"比较符合"和"非常符合"清楚如何准备应聘材料和应聘流程的人数占比为 26.67%，而认为自身不甚了解如何准备应聘材料和应聘流程的人数占比为 26.06%。[①] 上述数据基于应聘材料和应聘流程两个方面反映了学生对求职的准备情况，只有少数同学能够主动地了解求职的准备工作，而大部分同学仍处在顺势而为的被动求职状态，对求职的具体流程和应准备的材料尚不清楚。

对在校生职前准备情况分析可知（见图 6-2），大学生面对就业最主要的问题是缺乏实践经验，占比达 70.51%；其次是个人能力不足，占比为 58.46%；再次是求职方法技巧欠缺，占比为 57.35%。对企业招聘流程和基本要求缺乏了解、学校就业指导不够分别占比 46.01%、30.51%。[②] 这说明，导致学生的职前困扰主要是因为个人准备不足导致。此外，调查数据显示，即使现在有多种多样的求职渠道，当代大学生依旧以校园招聘和求职网站为主，学校是学生了解就业渠道和政策的主要平台，学校需要提升就业指导和就业帮扶的匹配度和精准度。

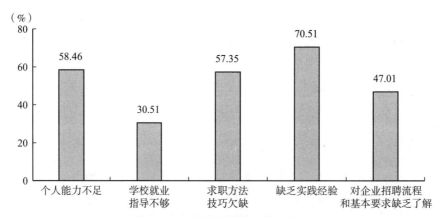

图 6-2　在校生职前准备情况分析

资料来源：根据问卷调查统计。

6.4.2　个人期望因素

个人期望因素对大学生就职情况产生的影响，研究显示，对自我认知与职业

---

①② 数据来源于问卷调查统计。

规划越清晰，在校期间学习动力越充足，职前准备越充分，对未来职业的认知度和认可度将越高。

由图 6 - 3 可知，在看待自身就业前景时，表现为积极乐观态度的人数占据总人数的一半以上，具体为 66.24%，表现为消极态度的人数占总人数的 21.54%，没有考虑过自己的就业前景的人占总人数的 12.22%。上述数据反映出多数同学认为自己的就业前景良好，具体原因可能是对所学专业、所在院校以及自身能力等因素的认可度较高；少数同学对自身就业前景持消极态度或者没有考虑过就业前景，反映出这部分同学对未来职业的认可度和认知度不高的问题。

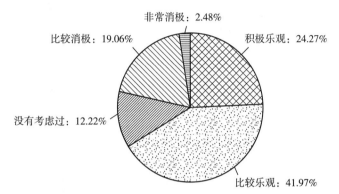

非常消极：2.48%
比较消极：19.06%
积极乐观：24.27%
没有考虑过：12.22%
比较乐观：41.97%

图 6 - 3　大学生怎样看待自己的就业前景

资料来源：根据问卷调查统计。

在是否具有清晰的职业规划认知层面。认为具有清晰的职业规划与自身匹配程度为"一般"的人数最多，占总人数的 50.68%，其次是认为自身"比较符合"和"非常符合"具有清晰的职业规划的人数，占总人数的 31.11%，最后是"比较不符合"与"非常不符合"的人数占比最低，为 18.21%。[①] 反映了大多数同学对未来职业没有清晰的规划，仍停留在"走一步、看一步"的被动状态，同时，也反映出职业规划教育与培训在学生群体中的作用较小。

在评估自身性格和能力匹配相应的工作层面。40% ~ 50% 的同学认为，对自身性格和能力对应的职业有明确的认知；40% 以上的同学对自身性格与能力相匹配工作的认知程度为"一般"；10% 以上的同学不清楚自己的性格和能力适合什么样的工作。[②] 上述数据反映了学生群体对自身性格和能力的把握程度以及对自身性格、能力与未来职业的匹配程度的认知情况，只有不到半数的学生能够较好

①②　数据来源于问卷调查统计。

地把握自身性格与能力并对其匹配的工作持自信的态度，仍有少部分同学对自己的性格与能力以及匹配的工作了解不足，说明学生自我掌控感和自我认知度亟待加强。

在期待的工作企业方面。有51.37%的学生期待毕业后能够进入国有企业工作，23.93%的学生期待毕业后能够进入事业单位，10.68%的学生期望毕业后可以进入民营企业，8.21%的学生期待进入外资企业，5.81%的学生选择毕业后自主创业。[①] 由上述数据可知，大多数的大学生期望毕业后进入国有企业和事业单位工作，根据这类单位的性质不难看出，多数学生更愿意拥有相对稳定轻松并且福利待遇较好的工作，而只有极少数学生期待毕业后可以通过自主创业来实现就业，他们更具有创新精神、更愿意承担风险。

在期待的工作城市方面（见图6-4）。期待在二线城市工作的学生人数最多，占总人数的50.94%；31.2%的学生期待在一线城市工作；14.96%的学生期待在三线城市工作；1.45%的学生期待在四线城市工作；1.45%的学生期待在五线及以下城市工作。由上述数据可知，学生在选择工作城市时，考虑到该城市的生活质量、物价水平以及职业发展情况等因素，故近一半的学生选择在生活质量较好且有利于职业发展但物价水平相对较低的二线城市；其次选择为一线城市；而三线、四线和五线及以下城市由于整体发展水平较低，因此，只有少数大学生期待在此类城市工作。

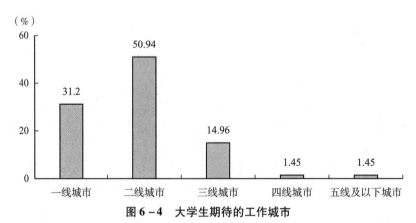

图 6-4 大学生期待的工作城市

资料来源：根据问卷调查统计。

---

① 数据来源于问卷调查统计。

在期待的月薪方面近一半的学生期待的月薪是 8000 ~ 12000 元，占比为 41.37%；其次是 5000 ~ 8000 元，占比为 26.84%；再次是 15000 元以上，占比 18.63%；期待月薪是 12000 ~ 15000 元的人数占比为 11.28%，最后，仅有 1.88% 的学生期待月薪是 3000 ~ 5000 元。① 由上述数据可知，大学生对月薪的期待较高，越来越多的大学生期望毕业后可以找一份高薪职业，同时，也反映了学生对自身能力有一定的认可度，因此，学校应该更加注重学生的专业技能培养，提高学生的专业能力，为学生毕业求职打好坚实的基础。

6.4.3　家庭条件因素

家庭条件因素与大学生就职情况呈现正相关关系。以下就家庭年收入、家庭所在城市、父母职业类型等因素对大学生就职情况产生的影响展开分析。

在家庭年收入的调查情况方面。多数同学家庭收入处于 5 万 ~ 10 万元，占比达到 35.47%；其次大部分是家庭收入在 5 万元之内，占比为 33.42%；这两部分的同学占到了绝大多数。有 21.28% 的同学家庭年收入在 10 万 ~ 20 万元，10% 左右的同学家庭年收入在 20 万元以上。② 由此从整体情况来看，接受调查的学生们家庭收入比较平均，可见，家庭收入虽然对大学生就业选择有影响，但影响程度有限。

对大学生家庭所在城市进行调查可以发现，家庭位于一线城市和二线城市的学生分别仅占 6.41% 和 14.36%，位于三线城市的学生达 24.79%，大部分学生的家庭位于四线城市和五线及以下城市，占比超过了 50% 的份额。③ 可以看出，家庭所在城市的经济发达程度的不同，也会对大学生就业造成一定的影响。位于一线和五线及以下城市的占比差别还是很大的，可得出从小的培养环境，可能会对大学生就业的选择有所影响。

在父母的职业类型对大学生择业类型产生影响的情况方面（见图 6 - 5）。有 4.27% 的同学非常赞同，16.92% 的同学认为父母职业类型一定程度上对于自身择业类型产生影响，还有 18.12% 和 23.5% 的同学认为非常不符合和比较不符合，有 37.18% 的同学持中立态度。④ 总体来说，大部分同学都不太认同父母职业类型会对大学生择业类型产生影响，只有极少数的同学认为父母的职业类型会对自身择业类型产生潜移默化的影响。

---

①②③④　数据来源于问卷调查统计。

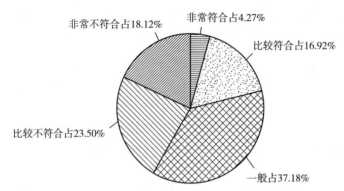

非常不符合占18.12%　　　非常符合占4.27%

比较符合占16.92%

比较不符合占23.50%

一般占37.18%

图6-5　父母职业类型会对大学生择业类型产生影响情况

资料来源：根据问卷调查统计。

6.4.4　家庭期望因素

家庭期望因素与大学生就职情况呈现负相关关系。以下就父母对子女未来职业是否有明确规划、家庭是否影响和尊重子女就业选择等方面展开分析。

在父母对于大学生未来职业是否有明确规划的调查问题上，有将近一半的学生持一般态度，达到46.07%；分别有21.28%和14.1%的学生持比较反对和非常反对的态度；仅有3.93%和14.62%的同学认为，他们的父母对于自身的未来职业有着明确的规划并进行了有效的交流。[①] 由此也可以看出，大多数的父母都未能对孩子的未来职业有明确的规划，可能原因有以下两点：一是父母没有能力对孩子在求职就业方面予以指导；二是父母认为孩子的人生应该由自己规划，所以导致了这种现象的出现。

在家庭影响大学生就业选择方面（见图6-6）。大多数同学会更看重就业城市，其占比为75.73%，这反映出学生在踏入社会初期，家庭依存程度较高；其次在意的是就业待遇，原生环境会影响对薪资水平的看法，家庭责任感亦会在待遇追求中发挥作用；就业行业、工作强度与企业类型对大学就业选择的影响分别占比为47.01%、39.66%和36.32%，相对来说比较均衡。[②]

分析父母尊重大学生就业选择与否的问题方面。调查数据显示，27.86%的学生认为父母非常尊重自己的就业选择，44.02%的学生认为父母比较尊重自己的就业选择，可见大多数父母更支持子女自由选择就业，愿意给孩子提供更自由的选择空间；有24.7%、2.56%和0.85%的大学生分别表达了父母一般尊重、

①②　数据来源于问卷调查统计。

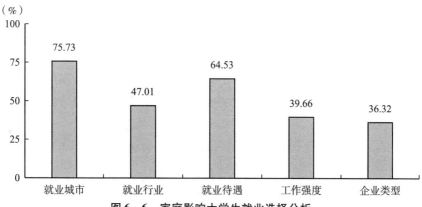

图 6 - 6 家庭影响大学生就业选择分析

资料来源：根据问卷调查统计。

比较不尊重和非常不尊重的看法，表明在子女就业选择中，少数父母比较强势，对子女职业选择有一定程度的干涉。①

6.4.5 学校与社会环境因素

社会环境的变化以及学校就业指导与帮扶力度对大学生就业产生影响，但显然，当前学校提供的就业指导与帮扶措施缺少针对性和精准度。

对大学生就业时是否以社会需求为导向进行分析（见图 6 - 7）可知，42.99%的在校生认为一般，41.88%的在校生认为比较符合，只有 1.28%的在校生认为非常不符合。② 这说明现在大学生在就业时更多地考虑的是社会需求，而不仅仅

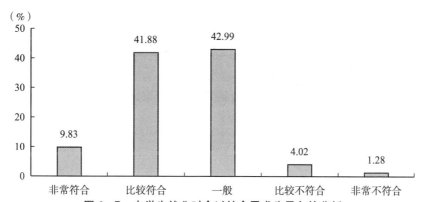

图 6 - 7 大学生就业时会以社会需求为导向的分析

资料来源：根据问卷调查统计。

---

① ② 数据来源于问卷调查统计。

着眼于个人需求。择业时以社会需求为导向，不仅能更好地解决就业问题，还能实现个人满足和社会人才资源的良好分配，创造出更大的价值。

由大学生对我国经济发展新常态的了解和认识进行调查可知，有53.5%的学生认为自己对我国经济发展新常态的了解和认识程度一般，32.74%的学生认为比较了解，只有0.94%的学生认为非常不了解。[①]由此可知，在经济发展新常态下，随着产业结构调整、新型产业的出现，就业大环境发生的改变，高校学生就业情况也随之发生变化。在不断地变化的就业市场中，及时了解、认识经济发展新常态有利于了解最新的就业环境和相关就业政策，为自己的就业提供导向与帮助。

见图6-8中，对疫情影响下的就业问题分析可以得知，65.73%的学生认为因疫情影响导致部分企业招聘人数变少是就业中最为困扰的问题；另外，无法外出实习是第二困扰问题，占比为61.03%；随后是没有条件与企业进行线下面试，占比为47.95%；[②]这说明疫情对招聘方、应聘方以及线下招聘渠道产生了严重的影响，主要表现在招聘人数的缩减、大学生对网络招聘平台线上求职全部流程不熟悉。在供大于求的人力资源市场中，对于初次就业且受疫情影响而实习、实践经验相对较少的学生来说无疑是个挑战，迫切需要得到应对与缓解。

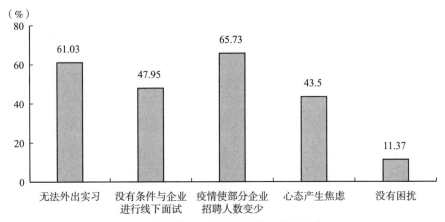

图6-8　疫情对大学生就业带来的困扰分析

资料来源：根据问卷调查统计。

对在校生的求职渠道获取方式进行调查可知，目前学生求职渠道为校园招聘的最多，占比为85.47%；其次是求职网站，占比为80.09%；再次是通过人才市

---

①② 数据来源于问卷调查统计。

场了解，占比为 49.32%。亲友介绍、报纸杂志分别占比为 41.11%、21.11%。[①]说明大部分学生的求职渠道比较宽泛，学校应继续从校园招聘方面大力地推进学生求职工作，及时向学生提供更为精准和具体的就业招聘信息。

6.5　研究结论与建议

6.5.1　研究结论

对大学生职前现状与就业期盼综合分析得出以下结论：个人能力因素对大学生求职就业影响程度较深。一方面，大学生就业期盼值过高，期待获得更好的工资收入、福利待遇、工作环境，关注是否能受到同事的尊重和领导的器重，以及自己的能力和特长能否在职场中得以施展；另一方面，大部分学生职前准备不足，没有在进入职场前做好相应的思想准备、心理准备、知识技能准备以及相关材料的准备，抗压能力、交际能力等个人综合素质能力都有待提升。

当前，随着经济社会的全面发展，小康社会的全面建成，"十四五"规划的全面推进，高质量发展成为主题，大学生普遍对自己的职业期望更高。职业期望直接影响个人对职业的选择，大学生在求职前往往将自身的兴趣、性格、价值观、能力等与社会需求相匹配，且对职业获得感、幸福感、荣誉感要求更高；越来越多的学生倾向在进入职场前先塑造学历，期望毕业后可以找到一份高薪的职业，对自身能力的认可度普遍提高；超 25% 的学生为求稳定选择备考公务员或者事业单位，更愿意拥有相对稳定、轻松并且福利待遇较好的工作；一些二线城市或新一线城市由于经济发展、生活质量较好且利于职业发展，但物价水平相对较低的综合原因，已成为不少学生就业选择的理想定居城市；对于未来职场，大学生更倾向追求精神自由，超半数的学生表现拒绝职场内卷的态度。但显然，大多数学生并不具备对抗内卷的资本，面对现实的环境和压力，一部分大学生存在被迫"躺平"的现实情况，大多数同学对未来职业没有清晰的规划，仍停留在顺势而为的被动求职状态，只有少数同学能够主动地了解求职的准备工作。

6.5.2　建议

综上所述，改善大学生就业现状，需要个人、家庭、学校、社会四方共同

---

① 数据来源于问卷调查统计。

努力。

（1）树立职业理想，明确职业目标，提高职业能力。从个人层面来讲，大学生们的"就业困难"，不如说是"就业迷茫"，不知道自己的工作方向和求职目标，对自己的未来发展缺乏科学的规划。大学生应该首先树立正确的职业理想，根据家庭以及社会环境适当降低个人预期，依据职业目标尽早地规划自己的学习和生活，为获得理想的职业积极地做好职前准备，重视学业成绩提升，在校期间多参与创新创业、社会实践、志愿服务工作，主动磨炼个人能力与综合素质，脚踏实地努力学习和工作。同时，大学生也要通过科学认知的方法和手段进行自我分析，对自己的兴趣、性格、能力、价值观等进行全面分析，认识自己的优势与特长、劣势与不足，主动关注就业政策，多渠道筛选就业的有效信息，增加社会实践和社会实习频次，学习精制简历，训练面试技巧，提升职业竞争力。

（2）家庭助力大学生就业，尊重大学生就业选择。从家庭层面来讲，一方面良好的家庭背景条件确实会对大学生就业起到一定的积极作用，父母可以给孩子提供有益的建议，甚至帮助寻找实习机会以至工作，不仅能拓宽眼界、丰富就业经验，还能给孩子树立正确的择业观。大学生无法选择原生家庭，只能改变自己，父母有能力帮忙固然是好事，但若父母不能给予实质性的帮助，自己也不应随波逐流，需要谨慎选择未来的职业，依靠自身力量找到心仪的工作。另一方面，父母在为大学生树立良好的榜样以及引导其做职业规划的基础上，不应过多地干预大学生的就业选择，如父母在事业单位便要求孩子未来也要考公、考编，这样会给大学生造成较大的心理压力，不利于大学生的心理健康以及未来的职业选择。

（3）学校、政府拓展就业途径，提供精准帮扶。学校应将就业指导时间节点提前，在大学生入学伊始，就有意识、有目的、有方向地帮助学生树立正确的职业理想，做好大学生职业生涯规划与就业指导，转变后疫情时代大学生的就业观念，适当地降低其就业期盼值，鼓励毕业生尝试"共享经济""零工经济""宅经济"等新型职业形态；学校应主动地发展以云端平台为主要手段的就业指导方式，利用大数据和信息技术的优势通过学校就业信息网、相关网络招聘平台收集学生求职意愿和职前期待，及时地向学生提供和发布更为精准的就业信息；广泛地动员专业教师、辅导员、学生导师等多重力量参与就业指导，根据学生的不同特点建立一对一的就业工作台账，联合家庭教育，合力实现就业的精准帮扶；通过召开年级大会、导师见面会、班会、小组会，专场线上、线下就业培训会等方式，及时发布就业信息，提供实习、实践平台，注重学生在校期间的专业技能培养，增加大学生实践经验、求职技巧专项指导；学校还需要积极地与社会高质量企业进行深度合作，建立同就业单位互动互联的战略关系，为其输送优质的毕业生，助力大学生找到心仪的工作。

政府应在后疫情时代有效地利用区域资源，实现横向的城市与城市、产业与城市的多维融合，发挥纵横双向的立体产业与就业协同发展战略从而吸纳就业，推进就业优惠制度的落实，引导企业和平台开发全面、高效的云端招聘技术架构和流程，提升用户体验和价值，推动毕业生的高质量就业，保证社会的平稳运行。

第 7 章 大学毕业生就业职场现状分析与人才培养教育[①]

随着互联网经济的快速发展，产业结构不断地转型升级，人才需求结构与现有人才市场供给结构不匹配的矛盾逐渐显露。2021 年，我国毕业生规模达 909 万人，城乡新增 1500 万人就业需求，地区、行业、专业、学历层次间的就业不平衡现象明显加剧。通过研究大学毕业生就业职场的表现，及时地了解、掌握大学生就业的职场有关情况，可以进一步地明晰国民经济与社会发展的人才需求，跟踪高校培养教育学生目标的实现情况，进而追溯分析学校教育培养方案存在的不足，进行改革创新发展教育，培养符合社会发展需要的高质量优秀人才。本章主要结合某工科高校——Y 大学的实际，深入分析毕业生就业职场现状，为高校培养符合市场需求的高层人才、为国计民生事业服务的教育高质量发展提供有力的支持。

7.1 近年 Y 大学毕业生就业概况

经调查发现，大学生就业市场面临毕业生人数逐年递增、就业率下降的现实情况，通过具体、深入地分析某大学毕业生规模、毕业生结构及就业去向的宏观数据，可以更清晰、准确地总结毕业生的就业现状，从而进一步地分析影响人才需求结构与现有人才市场供给结构相匹配的因素，深化人才培养教育研究。

7.1.1 毕业生规模和结构

从 2017～2020 年 Y 大学毕业生的总体规模可以看出（见图 7 - 1），毕业生人数逐年递增，2020 年增长幅度加大。

---

① 本章由薛传佳：博士，燕山大学副教授、学生工作处处长；杨晓芳：硕士，燕山大学助理研究员、学校团委科技部部长；著。

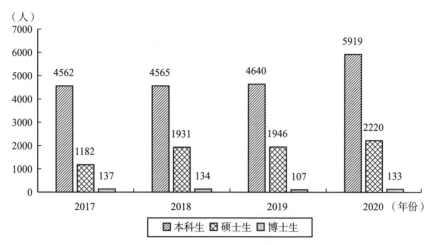

图7-1　2017~2020年 Y 大学毕业生的总体规模

资料来源：Y 大学 2017~2020 年毕业生就业质量年度报告。

从 2017~2020 年 Y 大学各学院毕业生的规模可以看出（见表7-1），总体上 Y 大学各二级学院毕业生人数的逐年提高。

表7-1　　　　　　　　2017~2020 年 Y 大学各学院毕业生的规模

学院	2017 年		2018 年		2019 年		2020 年	
	人数	占比（%）	人数	占比（%）	人数	占比（%）	人数	占比（%）
机械学院	1106	16.81	1088	16.41	1127	16.84	1203	14.54
材料学院	330	5.01	325	4.90	327	4.89	380	4.59
电气学院	1008	15.32	1054	15.90	1071	16.00	1252	15.14
信息学院	987	15.32	980	14.78	973	14.54	1150	13.90
经管学院	618	9.39	633	10.00	681	10.17	972	11.75
外语学院	192	2.92	177	2.67	190	2.84	314	3.80
建工学院	401	6.09	386	5.82	371	5.54	428	5.17
文法学院	394	5.99	385	5.81	414	6.19	643	7.77
马克思主义学院	26	0.40	22	0.33	21	1.08	26	0.31
理学院	303	4.60	304	4.59	293	4.38	442	5.10
环化学院	374	5.68	373	5.63	410	6.13	604	7.30

学院	2017 年		2018 年		2019 年		2020 年	
	人数	占比（%）	人数	占比（%）	人数	占比（%）	人数	占比（%）
艺术学院	445	6.76	434	6.55	409	6.11	426	5.15
车辆学院	331	5.03	364	5.49	328	4.90	378	4.57
体育学院	59	0.90	67	1.01	69	1.03	74	0.89

资料来源：Y 大学 2017～2020 年毕业生就业质量年度报告。

7.1.2 毕业生去向与就业

根据 2017～2020 年 Y 大学毕业生的初次就业率可知（见表 7-2），Y 大学毕业生初次就业率经历 2017～2019 年的稳步增长后，2020 年出现一定程度的下滑。具体表现为本科生初次就业率受新冠疫情的原因出现下滑，研究生和博士生的初次就业率仍稳步提升。

表 7-2　　　　　　　　**2017～2020 年 Y 大学毕业生的初次就业率**　　　　单位：%

年份	毕业生初次就业率	本科生	硕士生	博士生
2017	89.24	94.94	76.78	58.76
2018	89.53	95.29	78.15	57.46
2019	91.24	95.02	82.89	79.44
2020	83.79	82.42	86.82	81.95

资料来源：Y 大学 2017～2020 年毕业生就业质量年度报告。

从 Y 大学毕业生结构及就业去向可以看出（见表 7-3），毕业生的初次就业率以签约就业、人事代理和国内升学为主。

表 7-3　　　　　　　**2017～2020 年 Y 大学毕业生的就业单位结构分布**　　　　单位：%

就业类型	年份	本科毕业生	硕士毕业生	博士毕业生
签约就业	2017	37.88	63.02	70.80
	2018	38.40	68.05	57.46
	2019	39.01	74.36	79.44
	2020	34.80	83.83	83.46

续表

就业类型	年份	本科毕业生	硕士毕业生	博士毕业生
国内升学	2017	27.66	3.83	0.00
	2018	28.39	4.56	0.00
	2019	28.32	6.53	0.00
	2020	31.02	5.32	0.00
人事代理	2017	21.20	9.30	0.00
	2018	15.99	2.90	0.00
	2019	16.94	0.87	0.00
	2020	0.00	0.00	0.00
灵活就业	2017	7.45	0.64	0.00
	2018	11.52	2.54	0.00
	2019	9.01	0.98	0.00
	2020	3.06	2.16	0.00
出国出境	2017	0.55	0.00	0.00
	2018	0.83	0.10	0.00
	2019	1.51	0.15	0.00
	2020	1.25	0.63	0.00
基层就业	2017	0.04	0.00	0.00
	2018	0.00	0.00	0.00
	2019	0.11	0.00	0.00
	2020	0.26	0.00	0.00
应征入伍	2017	0.11	0.00	0.00
	2018	0.11	0.00	0.00
	2019	0.11	0.00	0.00
	2020	0.49	0.00	0.00
自主创业	2017	0.04	0.00	0.00
	2018	0.04	0.00	0.00
	2019	0.02	0.00	0.00
	2020	0.07	0.23	0.00

续表

就业类型	年份	本科毕业生	硕士毕业生	博士毕业生
未就业	2017	5.99	26.81	28.45
	2018	4.71	21.85	42.54
	2019	4.98	17.11	20.56
	2020	29.06	7.84	16.54

资料来源：2017～2020 年 Y 大学毕业生就业质量年度报告。

7.2　毕业生职场现状调查

调查就业单位结构、聘用理由、毕业生后续发展和单位满意度，有利于分析毕业生就业现状与企业的人才需求，有助于探寻何为"就业单位市场需要的素质"和"毕业生就业发展所需的能力"，通过综合研究 Y 大学毕业生的质量和已有教学体系，提炼优势与分析不足，有针对性地提升人才培养的教育体系。

7.2.1　职场用人单位结构分布

根据 2017～2020 年 Y 大学毕业生就业单位结构分布可知（见表 7 - 4），本科毕业生和硕士毕业生去向以国有企业和其他单位为主，博士研究生则主要去往科研事业单位。

表 7 - 4　　　　　2017～2020 年 Y 大学毕业生就业单位的结构分布

单位性质	年份	本科毕业人数 （人）/占比（%）	硕士毕业人数 （人）/占比（%）	博士毕业人数 （人）/占比（%）
国有企业	2017	722/34.85	488/40.73	14/14.43
	2018	659/37.55	573/43.77	11/14.29
	2019	753/41.35	673/46.51	11/12.94
	2020	768/33.55	833/43.52	9/7.50
科研事业单位	2017	29/1.40	100/8.35	79/81.44
	2018	29/1.65	70/5.35	63/81.82
	2019	42/2.31	85/5.87	66/77.65
	2020	160/7.17	244/12.78	102/85.00

续表

单位性质	年份	本科毕业人数 （人）/占比（%）	硕士毕业人数 （人）/占比（%）	博士毕业人数 （人）/占比（%）
机关	2017	17/0.82	101/8.43	1/1.03
	2018	16/0.91	75/5.73	1/1.30
	2019	25/1.37	94/6.50	1/1.18
	2020	62/2.78	110/6.08	0/0.00
部队	2017	1/0.05	6/0.50	0/0.00
	2018	0/0.00	6/0.46	0/0.00
	2019	5/0.27	0/0.00	0/0.00
	2020	32/1.43	0/0.00	0/0.00
其他单位	2017	1303/62.89	503/41.99	3/3.09
	2018	1051/59.89	585/44.69	2/2.60
	2019	996/54.70	595/41.12	7/8.24
	2020	1267/55.35	721/37.67	9/7.50

资料来源：2017~2020 年 Y 大学毕业生就业质量年度报告。

7.2.2　职场现状调查结果

（1）聘用。用人单位聘用本校应届毕业生的主要理由是"专业对口"占比为 81%，"专业水平高"占比为 70%，"学校声誉好"占比为 59%（见图 7-2）。

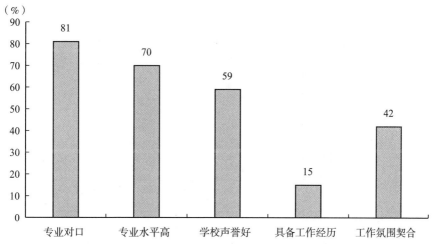

图 7-2　2017~2020 年用人单位聘用该校应届毕业生的主要理由

资料来源：2017~2020 年 Y 大学毕业生就业质量年度报告。

（2）职位晋升。2017~2020年，Y大学应届毕业生从事"机械五金制造业""媒体、信息及通信产业""电子电气仪器设备及电脑制造业"等行业，管理职位提升的机会较大。用人单位对该校应届毕业生进行管理职位晋升，主要依据"工作责任心强""工作主动性强""持续学习的能力"（见图7-3）。

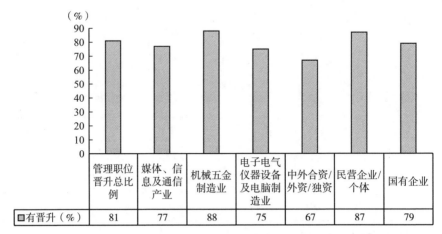

	管理职位晋升总比例	媒体、信息及通信产业	机械五金制造业	电子电气仪器设备及电脑制造业	中外合资/外资/独资	民营企业/个体	国有企业
有晋升（%）	81	77	88	75	67	87	79

图7-3　2017~2020年用人单位对该校应届毕业生有管理职位提升的比例

资料来源：2017~2020年Y大学毕业生就业质量年度报告。

（3）解聘。2017~2020年，用人单位解聘Y大学应届毕业生的主要理由是"不匹配企业文化""工作能力达不到要求"（见图7-4）。

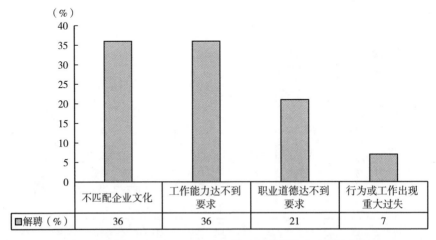

	不匹配企业文化	工作能力达不到要求	职业道德达不到要求	行为或工作出现重大过失
解聘（%）	36	36	21	7

图7-4　2017~2020年用人单位解聘该校应届毕业生的主要理由

资料来源：2017~2020年Y大学毕业生就业质量年度报告。

（4）满意情况。用人单位较看中应届毕业生的"团队协作能力""职业规范与职业道德""问题分析能力""自主学习能力"（见图7－5）。

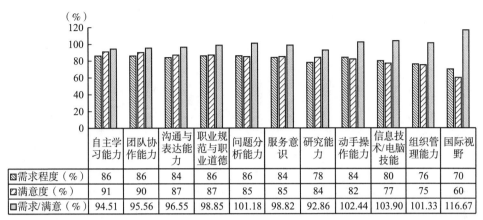

	自主学习能力	团队协作能力	沟通与表达能力	职业规范与职业道德	问题分析能力	服务意识	研究能力	动手操作能力	信息技术/电脑技能	组织管理能力	国际视野
需求程度（%）	86	86	84	86	86	84	78	84	80	76	70
满意度（%）	91	90	87	87	85	85	84	82	77	75	60
需求/满意（%）	94.51	95.56	96.55	98.85	101.18	98.82	92.86	102.44	103.90	101.33	116.67

图7－5　2017～2020年用人单位对该校毕业生工作能力的需求程度及满意度

资料来源：2017～2020年Y大学毕业生就业质量年度报告。

（5）用人单位的素质需求及满意度。用人单位较关注毕业生的"积极的工作态度""学习的意愿""对环境的适应性""创新意识""社会责任感"，对毕业生"专业知识""与行业相关的知识""人文社会科学知识"的需求程度相对较高（见图7－6）。

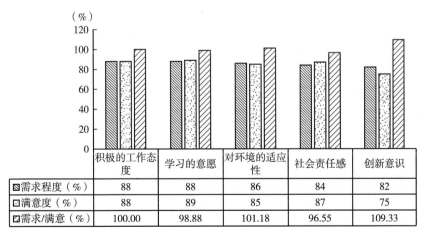

	积极的工作态度	学习的意愿	对环境的适应性	社会责任感	创新意识
需求程度（%）	88	88	86	84	82
满意度（%）	88	89	85	87	75
需求/满意（%）	100.00	98.88	101.18	96.55	109.33

图7－6　2017～2020年用人单位对毕业生个人素质的需求程度及满意度

资料来源：2017～2020年Y大学毕业生就业质量年度报告。

（6）培养过程的改进需求。用人单位侧重具备"贴近企业需求""实习、实训经历""对企业忠诚""过硬知识技能""较强综合素质"的人才（见图7-7）。

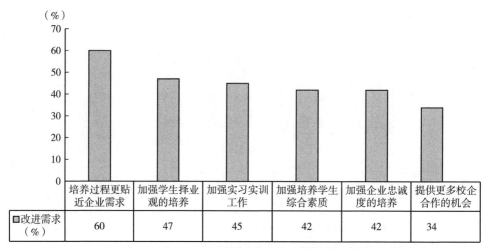

	培养过程更贴近企业需求	加强学生择业观的培养	加强实习实训工作	加强培养学生综合素质	加强企业忠诚度的培养	提供更多校企合作的机会
改进需求（%）	60	47	45	42	42	34

图7-7　2017~2020年用人单位认为本校人才培养过程中需要改进的方面

资料来源：2017~2020年Y大学毕业生就业质量年度报告。

通过以上数据分析可以看出，Y大学的应届毕业生面临毕业人数剧增、就业市场狭窄的求职现状，部分优势学科、专业技能与求职单位能够匹配，但部分学科专业及毕业生能力素质与用人单位的需求不匹配。

7.3　毕业生职场现状分析

从用人单位的调研反馈来看，面对错综复杂的经济环境和日趋激烈的市场竞争环境，企业一方面为节约成本和精细化管理对毕业生的招收需求减少；另一方面，为提升员工绩效和公司效益对招聘的毕业生整体素质与能力水平有较高需求，进一步地加剧了当前毕业生就业的严峻、复杂形势。企业往往更看重毕业生的职业发展能力，倾向寻找动手能力强、上手快、有创新思想、明确职业规划、具备敬业精神和诚实守信的员工，这就要求学校要进一步地优化人才教育培养体系，适应用人单位的要求，以解决现在大学生的学习和实践脱节的问题。主要体现在以下四个方面。

7.3.1　学生职业技能有待提升

大学毕业生缺乏明确的职业认知和个人生涯规划，创新学习能力和进取意识不足。对于大学生来讲，只有不断地学习，增强实践能力，对接企业需求，迅速地融入职场氛围，不断地发挥自己的才干，积极创造价值，才能够为企业所重视，实现职业的发展。在校期间，大部分学生仅仅掌握了书本上的知识，却很少主动地参加实践活动，导致其专业技能、人际沟通等各种综合素质在内的核心竞争力较差，求职过程中存在明显的短板，综合素质与企业需求的矛盾突出。随着求职人数的猛增、市场竞争日渐激烈、人才需求不断地增加、企业选择的空间加大，岗位要求更加严格，人才理念由"支撑发展"升级为"引领发展"，大学生求学期间，缺乏主观的积极性，缺少实践经历和实习机会，这无疑加剧了能力要求的提高与实践路径减少的矛盾。

7.3.2　共性教育与多样化需求失衡

共性教育对学生独立思考意识、差异化创新思维、求异精神、突破性创新能力的培养存在局限，导致学生们虽然创新理论知识有所提升，但是创新素质能力的差异性并不明显。新的社会发展形势下，企业的创新需要具有个性、独立思考，能够从不同角度打破固有格局，尝试与他人不同的创新道路的人才。千人一面的创新不能实现创新教育的目标，会导致企业发展的同质化，制约良性竞争关系的形成，造成高校共性教育与创新多样化的矛盾。高校教育很多课程的设置都偏重于共性教育，尤其是公共课程，大多采取大课形式，对于人才的个性化培养关注不足，培养目标未能充分体现差异化，以致在培养内容上过于强调课程体系的"广而浅"，弱化了专业课程的"专而深"的要求，让学生在短短的几年内以囫囵吞枣的方式学习了多门专业课程，最终引起"消化不良""吸收不畅"等"病症"。

7.3.3　"双师型"师资不足

高校创新人才培养对于师资有着较高的要求，其不仅需要教师在创新理论教育上有较强的能力，还需要教师能够指导学生进行有效的创新和探索，尤其是结合企业发展需求的创新实践。"双师型"教师引入受限，加之缺少具备行业背景的师资力量补充，不能为符合企业需求的创新人才培养提供可靠的"双师型"师资力量的保障，也将对企业长远发展的创新人才后备力量供应带来制约，造成企业需求与师资力量的矛盾。目前，在高校创新创业教育工作中，授课教师大多是创业指导教师，这些教师虽然在创新创业理论上有较为扎实的储备，并且具备较强的教学能力，但对于企业需求和行业发展形势的了解并不深入和充分，对于企业具体需要什么样的创新人才？对人才创新能力有哪些具体要求？缺少客观且精准的把握，对于未来企业及行业创新发展的趋势也缺少准确的判断。

7.3.4 校企合作程度较低

校企间的对接是一项系统工程，需要对各要素齐抓共管、协同推进。现实情况中，对接实效并不明显，企业与科研院所、高校的技术合作愿望强烈，但企业在与高校有效地对接过程中常常出现短期合作行为，导致对接实效的差距。部分企业认为人才市场是需求方市场，主动权在企业手中，高校和科研单位会主动地联系企业。这种"等""候""拖"的思想依然存在，思想观念尚不适应市场经济发展的要求。对高校科研成果与市场需要的结合程度认识不够，特别是处于前期开发"长""颠""慢"的项目能否实现快速的市场化、产业化，其效益驱动导致部分企业不愿主动地对接。加之企业文化与校园文化的差异，导致企业和高校在项目的选择和项目完成的标准上有着较大的分歧。

7.4 对高校人才培养教育建议

通过对 Y 大学 2017～2020 届大学毕业生的相关就业职场现状分析，可以发现在知识层面，用人单位最为关注的是专业基础知识和专业前沿知识，对相应知识的要求也更高；在职业能力层面，普遍比较认可，相对而言，对于学生的科学思维和应用分析等能力，提出了较高的要求；在职业素养层面，用人单位最为关注的是工作态度和工作胜任能力的情况。

7.4.1 主观能动为前提，提高学生的思想认识

（1）端正就业心态。就业心态在大学生求职过程中起到关键性的作用，工作态度对于能否做好工作起到决定性的作用。为了更好地求职，实现学校到社会的完美"转身"，必须引导毕业生做好自己的心态管理。一方面，引导学生在求职过程中要做好求职困难甚至失利的准备，正视当前的就业形势，同时要树立自信，正确地认知自我；另一方面，在进入职场后，要端正工作态度，尽快实现角

色的转变，全身心地投入工作，在树立远大理想的同时，从基层做起，切勿好高骛远，一步一个脚印地做好工作中的每一件事，从而实现自己的人生价值。

（2）强化家国情怀。保证学生能够正确地认识到专业学科技术对我国现代化建设的重要意义，增强学生的专业认同感。做好职业生涯发展规划，端正学生的学习态度，提升科研热情与创新能力，坚守学术诚信，发扬勇于进取的创新精神。培养大学生与祖国同呼吸、共命运的忧患意识，与人民群众同甘苦、共患难的高尚情怀，将"小我"融入"大我"，自觉站在时代的潮头，树立梦想从学习开始、事业靠本领成就的观念。

（3）加强思想引领。鼓励和引导学生毕业时到重点单位、部队、中西部地区、艰苦边远地区、老工业基地和县级以下基层等国家最需要的地方去就业，认真做好"大学生入伍优惠政策""农村教师特岗计划""三支一扶""西部计划""大学生村官"等基层项目的政策宣传和典型宣传等工作。结合"一带一路""长江经济带""京津冀协同发展""河北沿海经济隆起带""沿黄经济区""雄安新区""卡脖子"领域等国家和地区重大发展战略，引导学生树立积极地参与社会主义现代化建设的思想素质。

7.4.2　优质师资为基础，提升教师教学品质

（1）严格教学考核的评价机制。上下联动，多方协同，建立学生评教、学院评教和学校评教的三层联动机制，增强教师工作的责任感，实现由按部就班的被动接受工作任务到积极主动地谋划教学工作任务的转变。贯彻落实教授全员为本科生上课的要求，突出教育教学业绩在绩效分配、职务职称评聘、岗位晋级考核中的比重，明确各类教师承担本科生课程的教学课时要求，培养大批懂学术、会教育、有爱心、讲奉献的教师，全力提升教育教学的质量和水平。

（2）提高教师的专业教学水平。注重加强教职工的专业理论学习，结合发展形势与时俱进地提高教师的教学观念，切实地增强全校教师的专业化服务水平，真正做到在教学的每一项任务和每一个环节中都能体现出专业、高效和优质的服务水平，真正实现让国家的就业政策接地气、见实效。

（3）建设"双师型"师资队伍。即培养一批既具备理论教学素质，也具备实践教学素质的教师。一是要加强对现有创新创业教育教师的培训，重点强化他们在企业及行业实践方面的了解，以及指导学生进行创新实践的能力。高校应定期开展专项培训，组织现有的教师到企业参观培训或邀请行业专家来校交流讲座。二是可以通过外部引进兼具教育能力和行业实践经验的符合"双师型"标准

的优秀教师，增加"双师型"教师在教师队伍中的比重。三是可从企业或行业领域聘请具有丰富实践经验及较强创新实践能力的在职人员，作为兼职教师或企业导师，与高校教师共同发挥作用，促进创新人才素质能力的全面成长。

7.4.3　日常教学为手段，促进专业技能匹配

（1）提升专业教学与职业技能的契合度。建立、健全本科生学业导师制度，安排符合条件的教师指导学生学习，制订个性化的培养方案和学业生涯规划。进一步地提升学术氛围和评价机制，以榜样、先锋宣传和激励、保障为抓手，大力营造创新创业的良好学术氛围；加强学术交流，引导学生广泛地参与国内外的科研项目和学术会议；加强跨学科交流，提高学生的科研创新奖励力度，实现多维度成果评价，大力倡导研究生从事跨学科、原创性的科研工作。

（2）加强学业指导和实践育人。建立以课堂教学为主渠道，以讲座、论坛、培训、竞赛为补充，以大学生科技节、创新创业设计大赛等实践活动为载体的学术指导工作体系。针对不同层次、不同专业学生的特点和需求，广泛地开展个性化的咨询服务。根据欠学分数目和科目类型细化的预警类型，分级设立学业预警和帮扶机制，探索学生、辅导员、家长、指导教师、课程教师、心理辅导教师的联合帮扶机制，多角度提供课程指导和日常监督，缓解困难学生的心理压力，端正学习态度。

（3）深化专业供给侧改革。一是本着"学科为体、专业为用"的原则和"本学科引领，多学科融合推动"的人才培养思路，交叉融合专业学科。以新工科、新医科、新农科、新文科建设引领、带动高校专业结构调整优化和内涵提升，拓展供给资源内容，开放跨学科课程资源，加大跨学科选修课和科技前沿类的课程比例，设计实验室等硬件资源开放共享等机制。二是深入实施"六卓越一拔尖"计划2.0，全面实施国家级和省级一流本科专业建设"双万计划"，促进各专业领域的创新发展。三是推进辅修专业制度改革和双学士学位人才培养项目实践，考量学科特点和学年教学安排与进度，引导学有余力的学生辅修、选修其他专业课程和第二学位；结合学校优势和学科特点，针对性地形成特色辅修专业的培养方案。

（4）改进实习运行模式。一是充分考虑教学任务和实习单位的现实情况，简化、优化实习过程管理，增加学生在选择实习单位类型与从事工作方面的自由度和自主学习机会。二是强化实习导师职责，以提升实习导师自身责任意识和实践教学能力为基础，加强与学生、高校、企业的沟通交流能力，不断地健全各实习

环节，提升实习效果。三是加大对学生实习工作的支持力度，大力推进为学生投保实习活动全过程责任保险的工作任务，从企业环境、食宿安排、考研规划、学业时间安排、毕业设计时间安排等多个方面提供指导和支持，确保学生专心地实习、实践，验理论、练技术。支持建设一批共享型实习基地，深化产教融合、校企合作，培养对科技进步、国家发展、民族复兴具有坚实支撑作用的高校毕业生。

（5）健全校企合作育人机制。以人才培养为纽带，协同培养、实践基地、深度合作、党建共建、科创研究等多轨并进，开发适应市场环境变化的课程体系，加快教材更新换代。高校与企业可在充分交流下，进行学校专业课程的开发，并建立课程知识内容的补充优化机制，即通过对高校在人才教育培养方面的经验和条件优势，以及企业对市场环境变化趋势的准确判断和把握的优势，合作互补，将更贴近现阶段及未来一定时期的新知识、新理念、新思维、新技术融入创新创业教育的课程内容中，让创新创业教育课程更符合实际。同时，企业在客观地预测市场环境变化趋势的基础上，结合自身人才需求变化的分析，动态地向高校提供课程内容补充和优化的建议，帮助高校开发新的课程资源，或完善原有的课程资源，将更多的贴合时代发展趋势的知识内容补充到人才知识结构中。结合对学生自主知识拓展习惯的引导，使人才知识结构与复杂多变的市场环境下的企业需求相适应。高校与企业建立良好的合作关系，构建起双向互动的联系，企业可以利用自身资源为学生搭建实践平台，高校也可以根据企业行业方向及学生的实际水平，安排学生进入企业基层岗位进行实践学习，使学生能够近距离、真实地了解企业各个部门的工作内容，感受全新的工作环境，使学生在实践中获得更多的感悟，学会将学到的理论知识灵活地应用于实践之中。

第8章 大学新生实验能力分析与专业人才培养①

实验教学在高等教育中占有很重要的地位，尤其是理工类的相关专业。大学新生作为教育的对象具有特殊性，受当地的经济发展水平、教育水平、学校层次、实验条件、教师对实验的重视程度及个人喜好等不同因素的影响，他们具有的实验能力存在较大的差异性。大学新生实验能力水平与实验教学调查问卷通过对高中阶段物理、化学、生物演示实验和学生实验的开出情况、对实验的喜欢程度、中学阶段印象深刻的实验、实验能力评价及对大学实验教学的希望等方面的调查及分析，形成对大学新生总体实验能力水平的认识。加强对新生实验能力水平的研究，了解他们具有的实验能力及对大学实验课的期盼对高校专业人才培养具有积极的意义。

8.1 大学新生实验能力与实验教学调查

调查采取随机访谈与调查问卷相结合的方式，主旨是了解大学新生进入大学前也就是通过中学阶段的实验教学所具备的实验能力水平的现状，包括高中阶段实验教学的情况、对实验的喜好程度、自我实验能力水平的评价、对大学实验教学的期望等相关问题，以达到对大学新生总体实验能力水平概况的认识，通过对调查结果的统计分析，更好地了解学生的实际情况，提高实验教学的科学性和针对性，据此探讨实验教学方式、内容等的改革。

8.1.1 调查对象

燕山大学环境与化学工程学院的基础化学实验中心无机化学和分析化学实验室承担全校的化学类基础实验教学，教学对象是化学化工及相关专业的大一新

---

① 本章由佟琦：燕山大学环境与化学工程学院实验中心副研究员；著。

生。2021 年，学校部分专业按专业类招生，其中的材料类、化工与制药类和应用化学、环境工程要在一年级的秋季学期开设基础化学实验。本次调查的对象是 2021 级 8 个专业的一年级新生，这 8 个专业是金属材料工程、无机非金属材料工程、高分子材料与工程、化学工程与工艺、生物工程、能源化学工程、环境工程和应用化学，共计 587 人。开设的实验课程有"基础化学实验""无机化学实验 AI"。

8.1.2　调查内容

调查采用随机访谈和自编的《大学新生实验能力水平与实验教学调查问卷》进行问卷调查，调查问卷的内容主要有以下四个方面：一是新生来源情况，包括省、市，毕业学校层次；二是中学阶段的实验条件，包括演示及学生实验的开出率，每组实验人数等；三是印象深刻的实验；四是实验能力水平自我评价，包括实验预习、记录、书写实验报告情况等；五是对大学实验教学的期望。

8.1.3　发放问卷与回收

调查在 2021 年 11 月中旬至 12 月中旬进行，采用随机访谈与随堂发放调查问卷的方式，在上述 8 个专业 20 个教学班中抽取 10 个班级进行，共发放调查问卷为 292 份，回收为 292 份，有效问卷为 292 份，有效问卷率为 100%。

8.2　大学新生实验能力问卷调查结果

对问卷进行统计分析的结果显示，学生们的选项分布面广，同时集中的倾向性选择明显，反映出了大学新生实验能力的概况。

8.2.1　新生来源情况

按照新生来源省份调查地域分布、按照省（区、市）重点、县（市）重点和普通高中的不同层次调查新生来源的情况。统计结果见表 8-1、表 8-2，燕山大学与化学相关的 8 个专业 2021 级新生的来源情况、高中毕业学校情况。

表 8-1　　燕山大学与化学相关的 8 个专业 2021 级新生来源情况

省份	河北	山东	吉林	山西	黑龙江	天津	陕西	江西
人数（人）	161	10	11	9	19	9	7	3
比例（%）	55.1	3.4	3.8	3.1	6.5	3.1	2.4	1.0

续表

省份	河南	安徽	辽宁	湖北	内蒙古	湖南	甘肃	四川
人数（人）	9	6	10	4	2	3	1	3
比例（%）	3.1	2.0	3.4	1.3	0.7	1.0	0.3	1.0
省份	浙江	重庆	海南	江苏	云南	新疆	广东	—
人数（人）	1	4	2	6	3	6	3	—
比例（%）	0.3	1.3	0.7	2.0	1.0	2.0	1.0	—

资料来源：根据问卷调查统计。

表8-2　　燕山大学与化学相关的8个专业2021级新生高中毕业学校情况

学校类型	省重点	县（市）重点	普通高中
人数（人）	78	141	73
比例（%）	26.7	48.3	25.0

资料来源：根据问卷调查统计。

调查数据显示，新生来自23个省（区、市），其中，以河北省为主，占新生总数的55.1%，经济发达的中东部地区的学生占86.8%；西部省份的学生占6.0%。新生主要来自省（区、市）、县（市）重点中学，占调查总数的75.0%，来自普通高中的新生占25.0%。可见，燕山大学的新生主要来自教育、经济较发达的中东部地区，重点高中的比例高，有较好的生源条件。

8.2.2　高中阶段实验的开出情况

访谈中了解到中学实验教学现状主要还是以"刷题"代替实验，将实验以解题的方式进行教学，调查问卷有针对性地设计了以下四个问题：一是高中阶段演示实验的开出比率；二是高中阶段学生实验的开出比率；三是高中学生实验每组人数、观看实验教学多媒体课件与做实验的比较；四是做实验与解答高考题是否有关系。通过对这四个问题的选择回答，了解新生在高中阶段的实验教学情况。统计结果见表8-3、图8-1，高中阶段实验的开出情况：（A）高中阶段演示实验的情况；（B）高中阶段学生操作实验的情况。

表 8－3　　　　　　　　　　　　　　高中阶段实验的开出情况

内容	物理			化学			生物		
	选项	人数（人）	比例（%）	选项	人数（人）	比例（%）	选项	人数（人）	比例（%）
高中阶段教材中的演示实验进行演示的比例	100%	34	11.6	100%	29	9.9	100%	12	4.1
	50%	125	42.8	50%	109	37.3	50%	48	16.4
	20%	92	31.5	20%	107	36.6	20%	105	36.0
	0	41	14.0	0	47	16.1	0	127	43.5
高中阶段教材中的学生实验做实验的比例	100%	36	12.3	100%	21	7.2	100%	20	6.8
	50%	80	27.4	50%	69	23.6	50%	46	15.8
	20%	105	36.0	20%	112	38.4	20%	91	31.2
	0	71	24.3	0	90	30.8	0	135	46.2

资料来源：根据问卷调查统计。

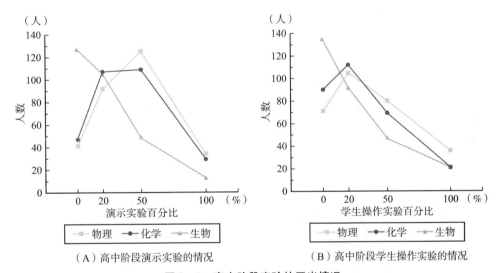

（A）高中阶段演示实验的情况　　　　　（B）高中阶段学生操作实验的情况

图 8－1　高中阶段实验的开出情况

资料来源：根据问卷调查统计。

　　从以上的调查数据可以看到高中阶段实验教学的状况不容乐观。完全执行教学计划，教材上演示实验达到 100% 的人数占比物理实验是 11.6% 、化学实验是 9.9% 、生物实验是 4.1% ；学生实验达到 100% 的人数占比物理实验是 12.3% 、化学实验是 7.2% 、生物实验是 6.8% ；尤其是生物实验没有演示实验的占比是

43.5%，没有学生实验的占比是46.2%，近一半的学生没有接触过生物实验。

众所周知，尽管国家大力提倡素质教育，但是高考是中学教学的"指挥棒"这个问题一直没有得到解决。为了了解用"刷题"和观看实验录像的方式代替实验及做实验与解答高考题是否有关系、学生是否认可实验教学的重要性等，调查问卷设计了高中阶段学生实验每组人数、观看过实验多媒体课件（做实验题）与自己在实验室动手做实验的收获、是否做过实验与解答高考实验题的关系三个问题。统计结果见表8-4，每组人数、观看多媒体课件与做实验的收获比较。

表8-4　　　　　　　每组人数、观看多媒体课件与做实验的收获比较

内容	选项	人数（人）	比例（%）
高中阶段学生实验每组人数	1人	7	2.4
	2人	79	27.0
	3人	23	7.8
	多人	57	19.5
观看过实验多媒体课件（做实验题）与自己在实验室动手做实验的收获	一样的	42	14.4
	前者多	74	25.3
	后者多	176	60.3
是否做过实验与解答高考实验题的关系	关系紧密	47	16.1
	有关系	169	57.9
	没有关系	76	26.0

资料来源：根据问卷调查统计。

统计结果显示，有60.3%的学生认为自己到实验室做实验的收获大于观看实验多媒体课件（做实验题），有74%的学生认为做过实验与解答高考实验题关系紧密和有关系，但现实情况是基本开不出学生实验，不能达到学生的期望。

8.2.3　高中阶段学生做实验情况

调查问卷设计了以下四个问题：一是实验预习情况；二是做实验情况；三是记录实验现象情况；四是实验报告书写及批改情况。通过对这四个问题的选择回答，了解新生在高中阶段的实验习惯和具备的做实验的能力。统计结果见表8-5，高中阶段做实验的情况。

表 8-5　　　　　　　　　　　　高中阶段做实验的情况

内容	选项	人数（人）	比例（%）
实验预习情况	能认真预习，做到心中有数	103	35.3
	有时间就预习	146	50.0
	从不预习	43	14.7
做实验情况	实验目的明确，能认真操作，结果准确地完成实验	102	34.9
	按照讲义内容边看边做	155	53.1
	对实验不清楚，实验效果差	35	12.0
记录实验现象情况	认真记录实验现象，科学规范	116	39.7
	能记录但问题较多	127	43.5
	没有记录实验现象的习惯	49	16.8
实验报告书写及批改情况	每次认真书写实验报告，教师批改	105	36.0
	每次都写实验报告，教师不批改	54	18.5
	偶尔写实验报告	68	23.3
	没写过实验报告	65	22.2
你认为自己具有的实验能力	强	25	8.6
	较强	100	34.2
	一般	140	48.0
	较差	27	9.2

资料来源：根据问卷调查统计。

　　实验预习情况是选择能认真预习，做到心中有数的占 35.3%；选择有时间就预习的占 50.0%；选择从不预习的占 14.7%；由于高中阶段作业多、时间紧，所以不能保证实验预习的人数占 64.7%；做实验情况是选择实验目的明确，能认真操作，结果准确地完成实验的人数占 34.9%，选择按照讲义内容边看边做实验的人数占 53.1%，而选择对实验不清楚，实验效果差的占 12.0%；记录实验现象情况是选择认真记录实验现象，用语规范的人数占 39.7%，能记录但问题较多的人数占 43.5%，没有记录实验现象的习惯的人数占 16.8%；实验报告书写及批改情况是选择每次实验后都能认真写实验报告，教师批改的人数占 36.0%；选择每次都写实验报告，教师不批改的人数占 18.5%；选择偶尔写实验报告的人数占 23.3%；选择没写过实验报告的人数占 22.2%；有 48.0% 的学生认为自己具有的实验能力一般，认为具有非常强的实验能力的学生仅占 8.6% 。

8.2.4 学生在中学阶段印象深刻的实验

在调查问卷中采用自己填写的方式，写出物理、化学和生物三门学科在中学阶段印象深刻的实验。相对集中提到的实验见表 8 - 6，学生印象深刻的实验排序。

表 8 - 6　　　　　　　　　学生印象深刻的实验排序

序号	物理实验	化学实验	生物实验
1	小车加速度的测定	银镜反应	观察叶细胞
2	小球自由落体（g 测定）	氧气的实验室制法及性质	观察洋葱表皮细胞
3	杠杆实验	中和滴定	叶绿素的提取和分离
4	打点计时器	氢氧化铁胶体的制备及性质	质壁分离与复原
5	电路、电阻、电功率实验	铝热反应	影响光合作用的因素
6	平抛运动变化曲线	金属钠与水反应	酵母菌数量的测定
7	摩擦力平衡实验	喷泉实验	淀粉的检测
8	摆球实验	肥皂的制法（皂化反应）	脂肪的检测
9	光的折射实验	萃取实验	细胞膜渗透率的测定
10	双缝干涉实验	原电池的制作	葡萄酒的制作
11	磁感应现象实验	浓硫酸的脱水性（黑面包）	培养基制作
12	弹簧测力计实验	二氧化碳的实验室制法	牛蛙解剖

资料来源：根据问卷调查统计。

从调查结果看，答案比较分散、范围较广，初中阶段和高中阶段的实验都有，演示实验和学生实验都有。

8.2.5 对大学实验教学的期望（有多选的）

调查问卷中通过以下三个问题了解学生对大学实验教学的期望：一是希望做的实验类型；二是希望的实验课考核方式；三是希望通过实验教学提高的能力选择。统计结果见表 8 - 7，对大学阶段实验教学的期望。

表 8 - 7　　　　　　　　　　对大学阶段实验教学的期望

内容	选项	人数（人）	比例（%）
希望通过大学期间的实验教学提高自己的（有多选）	创新思维能力	130	—
	观察能力	45	—
	动手操作能力	176	—
	表达能力	29	—
希望开设的实验项目类型（有多选）	以解决问题为目的的设计性实验	190	—
	比较复杂的综合性实验	73	—
	验证性实验	50	—
希望在大学做实验每组人数是	1 人	23	7.9
	2 人	221	75.7
	3 人	28	9.6
	多人	20	6.8
希望的实验课考核方式	在实验室中考核	84	28.8
	在考试卷上考核	30	10.3
	平时实验情况与考试相结合	178	60.9

资料来源：根据问卷调查统计。

　　调查结果显示，学生希望通过实验教学提高自己的动手操作能力和创新思维能力，选择提高表达能力的最少，反映出学生并没有意识到书写实验报告的重要性；希望做的实验类型选择以解决问题为目的的设计性实验选项的人数最多，验证性实验最少，反映出有较强的探索意识；希望实验的每组人数 2 人的最多占 75.7%，反映出对自己实验能力缺乏自信；在实验的考核方式上，选择希望将平时实验情况与考试相结合的人数占 60.9%，其次是在实验中进行考核的占 28.8%。

8.2.6　新生对做化学实验的喜欢程度

　　针对开设的实验课程"基础化学实验""无机化学实验 AI"属于基础化学实验，问卷设计了以下三个问题：一是对做化学实验的态度；二是喜欢做化学实验的原因；三是不喜欢做化学实验的原因。通过对做化学实验的喜好程度、喜欢、不喜欢做化学实验的原因选择了解新生对做化学实验的态度。统计结果见表 8 -8，对做化学实验的喜欢程度。

表 8 - 8 对做化学实验的喜欢程度

内容	选项	人数（人）	比例（%）
对做化学实验的态度	喜欢做	271	92.8
	不喜欢做	11	3.8
	害怕做化学实验	10	3.4
喜欢做化学实验的原因（有多选）	加深对化学知识的理解	137	—
	实验课气氛轻松	66	—
	实验现象有趣	151	—
不喜欢做化学实验的原因	不安全	29	9.9
	实验室条件差	7	2.4
	实验操作不好掌握	77	26.4
	写实验报告麻烦	179	61.3
化学实验基本操作及安全使用化学试剂的情况	熟练掌握、运用自如	42	14.4
	基本掌握但不太熟悉	230	78.8
	不熟悉，忘了	20	6.8

资料来源：根据问卷调查统计。

选择喜欢做实验的占 92.8%；不喜欢做实验的占 3.8%；害怕做实验的占 3.4%；喜欢做化学实验的原因选择最多的是实验现象有趣，其次是加深对化学知识的理解；不喜欢做实验的原因选择写实验报告麻烦的占 61.3%；其次是实验操作不好掌握的占 26.4%；化学实验基本操作及安全使用化学试剂的情况选择基本掌握但不太熟悉的占 78.8%，说明绝大多数的同学对化学实验的基本操作及安全使用化学试剂的情况不能做到心中有数、信心满满。

其中，在不喜欢做实验的原因选择写实验报告麻烦的人数占 61.3%。2007年，对大一新生做过同样问题的调查，调查对象是 2007 级的应用化学、化学工程与工艺、环境工程、生物工程、高分子材料、金属材料、无机非金属材料、材料物理、石油工程、热能与动力工程专业 10 个专业的一年级新生，共发放调查问卷 290 份，[①] 这里将 2007 年、2021 年的数据进行一下比较。见 2007 年、2021年选择书写实验报告麻烦的学生比例比较（见图 8 - 2）。

---

① 佟琦，齐经民. 大学新生化学实验能力的调查报告分析与建议 [J]. 化学教育（中英文），2009，30（12）.

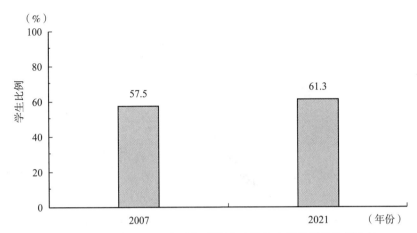

图 8 - 2　2007 年、2021 年选择书写实验报告麻烦的学生比例比较

资料来源：根据问卷调查统计。

　　两次的调查结果显示，一多半的学生不喜欢做化学实验的原因选择了书写实验报告麻烦，具有普遍性，且多年来这种情况没有改善。

8.3　结 论 分 析

　　综合以上调查结果，按照物理、化学、生物三科的数据平均值来看，大学新生在高中阶段在课堂上看到所有演示实验的人数比例是 8.5%，所有学生实验都做过的人数是 8.8%，在高中阶段在课堂上没有看过演示实验的人数比例是 24.5%，没有做过学生实验的人数比例是 43.1%；没有做过或多人一组做实验的占 70.5%，不能保证实验预习的人数占 64.7%，选择按照讲义内容边看边做实验的人数占 53.1%，能记录但问题较多和没有记录实验现象的习惯的人数占 60.3%，超过一半的学生认为自己的实验能力一般或较差，占 57.2%；化学实验基本操作及安全使用化学试剂的情况选择基本掌握但不太熟悉的高达 78.8%。通过对调查数据的分析并结合自己多年实验教学的体会可以得到以下结论。

8.3.1　高中阶段演示实验与学生实验的开出情况不容乐观

　　高中阶段演示实验与学生实验的开出情况不容乐观（见表 8 - 3、表 8 - 4、图 8 - 1），分析原因主要有以下三点：一是高中教育尤其是重点高中面临较大的高考升学压力，一般在高中一、二年级就讲完了主要内容，留出时间进行高考复习，这种安排只能是将实验课的学时用在讲课上，取消部分学生实验，使得演示实验和学生实验的开出率降低，教学上改为讲实验原理、操作、现象、结论；黑板上画实验装置图；多媒体课件观看实验过程；刷题代替实验。二是重点高中的班额都大，实验时只能多人一组进行实验；调查显示，有27.4%的学生是3人或多人一组进行实验，其中回答每组人数中有126人没有选择，应该是没有做过实验，占43.1%，这两项加在一起是70.5%，按照大一新生实验教学每班平均30人计算，有21人没有在实验室做过实验的经历。三是由于高中教学班级人数多，教师不好组织，容易发生危险，教师负的责任大。在高中化学实验课就发生过在做苯酚溶解性实验时，加热溶液喷出，由于学生太多，间隔小离得近，药品喷到脸上的事情，所以实验条件差、责任大也是造成实验课时被占用的原因。

8.3.2 学生的实验能力自我认知与实际评价均较低

从以上调查数据可以看到（见表8－5），大多数学生不能做到预习实验，做实验就是"照方抓药"被动完成，不能准确地记录实验现象，偶尔写或不写实验报告的人数近45.5%，对自己具有的实验能力的评价是能力强的占8.6%，较强的占34.2%，一般的占48.0%，较差的占9.2%，超过一半的同学认为自己的实验能力一般或较差，占57.2%。大一新生在实验室中的实际情况的确如此，表现在以下三个方面：一是动手能力较差，畏手畏脚。按照没有做过实验的比例43%来计算，每班有13人实验操作可以认为是零基础；不喜欢做实验的占3.8%；害怕做实验的占3.4%，这两项加起来是7.2%，按照1次课30人计算是2人，以上两项加起来是15人，也就是教师面对的教学对象中有一半的学生没有做过实验，并且存在不喜欢、害怕的心理。二是惰性大、懒得动。对实验教学的作用认识不足，认为做不做差不多，实验过程中偷工减料，要求做三遍的只做一遍，存在编数据和抄袭实验报告的情况。三是部分同学盲目自信，不注意听讲或按照自己的兴趣做实验，存在打坏仪器、错误操作等情况。

8.3.3 与理论教学结合紧密、实验现象新奇的实验印象深刻

分析学生印象深刻的实验排序见表8－6，从中可以看到这类实验主要具备以下四个特点：一是初中阶段（启蒙）的实验；二是与重点内容（或考点）相关的实验；三是现象比较新奇的实验；四是实验内容具体、现象明显的实验，这类实验经常是考试的重点，学生对实验的相关问题掌握得好，印象深。在具体的实验教学中觉得有以下两类实验比较受到学生的欢迎：一是实验操作简单、现象

非常明显、不存在实验失败的情况的实验；二是实验时间长、操作比较复杂、实验结果具有未知性和挑战性的实验。

8.3.4　对大学实验教学的期望较高且比较符合实际

调查结果显示，学生希望通过实验教学提高自己的动手操作能力和创新思维能力，希望做的实验类型选择中以解决问题为目的的设计性实验选项的人数最多，验证性实验最少，反映出有较强的探索意识；希望实验的每组人数 2 人的最多占 75.7%，反映出对自己实验能力缺乏自信，希望 2 人一组互相商量共同完成；在实验的考核方式上，选择希望将平时实验情况与考试相结合的人数占 60.9%，说明学生希望实验考核时要注重平时的实验过程，要体现实验考核的特点。

其中对在大学期间希望通过实验提高自己哪方面能力的选项中（见表 8 – 7），选择表达能力的最少 29 人，占 10%，说明绝大多数学生对这个问题认识不清楚。我们知道表达能力包括口头表达能力、文字表达能力、数字表达能力、图示表达能力等形式，其中的数字表达能力、图示表达能力正好是属于专业范围内的基本技能，反映出学生并没有意识到书写实验报告对提高专业技能的重要性。

8.3.5　大一新生喜欢做化学实验的比例很高，达到 92.8%

从分析对做化学实验的喜欢程度的调查数据可以看出（见表 8 – 8），由于化学实验现象有趣、与理论课的学习结合紧密而受到欢迎，喜欢做化学实验的比例占 92.8%，表明对实验课的态度是端正的；不喜欢做实验的原因主要是认为写实验报告麻烦。按照书写实验报告的规范要求，在预习阶段需要抄写实验目的、实验原理、所用药品仪器和大量的实验内容等，实验过程中要及时、准确地记录实验现象，实验后要补充反应方程式，进行实验结果分析，有些实验还需数据处理、作图等；其中，有很多内容是将讲义上的内容抄到实验报告上，费时、费力，影响学生做实验的兴趣。

8.4　专业人才培养建议

大学新生的现状，一方面是基础教育的结果；另一方面又是高等教育的起点。加强对他们实验能力的调查研究，对高等院校基础实验教学的开展及专业人才培养具有积极的意义，通过对调查数据的分析将有利于开展基础实验的教学工作，为专业人才培养提供合理的建议。

8.4.1　让学生真正动起来，愿意做

实验教学中感觉到部分学生有惰性，不愿意动手做，认为看懂了就行了，还没有适应大学的教学要求。可以采取以下三点措施达到一个好的教学效果：一是合理设置实验项目，由易到难，由比较简单、重复操作多的单人实验开始，让每个学生动起来，必须自己来完成，后期可以开设实验仪器较多、实验原理复杂的2人一组实验；二是实验开始前的重点内容提示、中间过程中的督促检查、实验结束后的总结都是非常必要的教学环节，值得重视；三是重视对实验能力较差学生的单独辅导，增强实验教学的针对性，让他们在一年级的基础课实验中将缺失补上，为今后的专业实验教学打下良好的基础。

8.4.2　进行基础实验教学改革，培养高素质的工程专业人才

2016年以来，燕山大学基础化学实验中心分别参与了化学工程与工艺专业、材料专业、过程装备与控制工程专业、环境工程专业和生物工程专业的工程专业认证工作。工程认证要求每一项工作都需要对专业人才培养有支撑，对基础课实验教学提出了更高的要求，基础实验教学改革势在必行。就基础化学实验而言，要改变实验课附属在理论课程中的现状，形成完整、独立的科学体系；以能力培养为主线，分层次、多模块设置实验教学课程和实验教学项目；在实验项目类型上按照验证性实验、综合性实验和设计研究性实验三个层次进行，逐步压缩验证性实验内容，增加综合性实验和设计研究性实验项目，提高大型仪器在本科教学中的应用；从以教师为主转变为以学生为主，最终借助具体的实验内容，达到提高学生的动手操作能力、分析与解决问题的能力和创新能力。

8.4.3　重视加强对实验教学手段及考核方式的改革

传统的做法是先写实验预习报告，实验完毕后再书写实验报告，数据处理多依靠手工计算，这种做法影响学生的实验兴趣、费时费力、数据处理方法落后、批改困难。现在有些高校已经尝试进行学生网上预习和写报告、查资料等，鼓励学生将计算机编程语言用于实验，利用电脑中的工具进行数据处理和作图，与毕业论文或发表科研文章的要求相统一，这种做法适应化学、化工的现代化发展，

值得提倡。实验考核方式要将平时实验操作、实验报告与实验考试相结合，综合后给出实验成绩，注重对平时实验过程的评价和考核。

8.4.4　重视加强严谨的科学态度、规范的实验操作、良好的实验能力的培养

利用高等院校班级人数少、实验条件好的优势，在加强对学生严谨的科学态度、规范的实验操作、良好的实验习惯的培养等方面，基础化学实验教学发挥了重要作用。化学试剂的安全使用、实验仪器的规范操作、实验报告的正确撰写、具有科学的探索精神等良好实验能力的培养都是非常重要的。调查数据显示，对化学实验基本操作及安全使用化学试剂的情况选择基本掌握但不太熟悉的人数为230 人，占 78.8%，可见实验教学还有相当多的工作要做，任重道远。

8.4.5　重视加强实验室安全与环境保护的教育

实验室是高等学校教学和研究的重要场所，也是专业人才创新能力培养的重要阵地。近年来，实验室安全问题日益突出，尤其是化学类实验室。化学试剂、气体钢瓶、电气设备及水、电的使用、各种极端实验条件（高温、高压、真空）的获得使得实验室里存在着许多危险源，如果发生安全事故会造成的人员伤亡和财产损失，其危险性不容忽视。新生到实验室首先要了解各类安全警示标示及洗眼器、紧急喷淋装置、灭火器的使用；了解不同实验室的环境特点（通风、水、电、化学试剂、气体、实验条件等），做到心中有数；通过查询国际化学品安全卡 ICSC，了解化学试剂的物理、化学性质、安全性及安全措施防范等相关信息，科学、规范、安全使用化学试剂。不断地优化实验项目，淘汰和替换能耗大、噪音大、气味大的实验；淘汰和替换对环境有较大危害的重金属盐、强腐蚀性、易燃易爆、环境难降解的有机溶剂等化学试剂；重视对化学试剂使用的全过程管理，重视对实验废弃物的回收处理等，为师生营造一个安全、绿色的实验环境。

第9章 线上、线下教学方式对专业人才培养的作用分析[①]

2020年，中国在线教育用户达到3.51亿人。据艾媒咨询数据显示，中国在线教育用户及市场规模保持稳定增长的态势；2021年，用户规模有望达4.46亿人，市场规模将达5596亿元。[②] 在线教育用户的持续增长在一定程度上凸显了大众对其的认可，在线教学作为区别于传统线下教学的新形式，为专业人才的培养提供了新方式、新动能。基于此，分析线上、线下教学方式对专业人才培养的作用具有重要意义。

9.1 引　　言

作为传统教学方式，线下教学伴随着中国教育的诞生而产生，历经原始社会、古代社会（奴隶和封建社会）、近代社会和现代社会四个阶段，沿用至今。线下教学方式利用其具有的真实课堂环境等诸多优势在我国专业人才的培养过程中发挥着重要的作用，但也存在着受制于时空等局限。1994年，互联网在中国兴起，中国的线上教育开始缓慢起步，其方式随之应用于教学过程中。2020年，新型冠状肺炎疫情使已发展多年的线上教育得到全面展开，其方式被广泛地应用于教学过程中，一方面表现为在线教育用户的急剧增加，另一方面体现在对大、中、小学生进行全面的线上授课。得益于其对时空局限突破的特点，在疫情严重时，线上教学方式弥补了线下教学的缺位，很大程度上保障了教学的连续性。后疫情时期我国全面恢复线下教学，但线上教学并未因此淡出民众的视野，而是变

---

① 本章由郭伟：博士，燕山大学经济管理学院教授、博士生导师；李丽艳：燕山大学硕士研究生；杨硕、刘彤彤：燕山大学博士研究生；著。

② 艾媒网. 在线教育行业数据分析：2021年中国在线教育行业市场规模将达5596亿元 ［EB/OL］. 2021.

成了许多人学习生活的一部分。分析线上、线下的教学方式对培养专业人才的作用，掌握两种教学方式的优、劣势，做到扬长避短、顺应时代潮流，是新时期我国专业人才培养提质增效的重要课题。本研究立足既有文献资料，结合线上、线下教学的实际设计了结构化调查问卷，旨在从专业人才教育的视角分析两种教学方式在人才培养过程中的优劣势，并提供相关的建议。

9.2 相关概念梳理

教学方式是指为达到教学目的，实现教学内容，运用教学手段而进行的，由教学原则指导的一整套方式组成的、师生相互作用的活动。[①] 教学方式分为线上教学与线下教学，两者目标一致，即培养高质量专业人才，但特点各异，对培养专业人才的作用机制亦有所区别。

9.2.1 线下教学方式的概念、特点

（1）概念。线下教学即传统的课堂教学，这种教学方式需要学生到教室里面与老师面对面进行一对一或是一对多的教学。

（2）特点。线下教学的主要特点可以概括为社会性和情感性，"教"与"学"场景的融合，老师与学生之间的"教"和"学"的过程主要是以面对面的方式在同一个现实空间里完成的。当然线下教学也存在着诸多局限，如受时空限制，无法有效地利用海量线上资源，教学模式单一等。[②]

9.2.2 线上教学方式的概念、特点

（1）概念。线上教学方式也可称为网络教学或远程教学，是指利用网络和电脑等硬件环境，依托网络教学平台包括学习软件或直播视频软件等，实现人虽异地但在线上同时学习的一种新的教学模式。[③]

（2）特点。线上教学方式在社会性和情感性方面要弱于线下教学，但由于其能够突破时空局限，打破单一的教学方式，从而弥补了线下教学存在的局限。此

---

① 参考由我国十二所重点师范大学联合编写. 教育学 ［M］. 北京：教育科学出版社，2002.

② 袁振国. 乘势而上，促进教育线上线下融合 ［N］. 中国教育报，2020 - 5 - 13.

③ 尹海艳. 新型冠状病毒肺炎疫情背景下线上教学模式对人才培养的研究——以哈尔滨广厦学院为例 ［J］. 经济研究导刊，2020（23）.

外，线上教学还具备其他优势：如节约来往上课地点的时间成本等。

9.2.3 专业人才概念

《教育辞典》指出专业人才一般指经过某种专门的训练，在某一领域具有专门的知识、技能和能力的人。如工业人才、农业人才、政法人才、管理人才、教育人才等。《辞海》给专业人才的定义是具有专业知识、技能的人才。从两者的定义可以看出，专业人才的核心要义就是具备专门的知识和技能。本研究将职业技术学校、专、本、硕、博高校毕业生以及在读学生视为专业人才，默认其经过学校的培养，具备了一定的专业知识和技能。

9.3 研究设计

本研究采用结构化线上问卷的调查形式，调查对象来源于中国多个省（区、市），涉及农林、理工、经管、文史、艺术、社会、电商等诸多领域，专业覆盖面广，研究内容丰富。

9.3.1 研究方法

本研究以农林、理工、经管、文史、艺术等领域的专业人才为调查对象，采用结构化的线上问卷调查形式，分析线上、线下教学方式对专业人才的培养效果。

9.3.2 研究内容

研究内容即为问卷设计内容，主要包含以下三个部分：一是基本信息题，包括专业人才的性别、专业领域、所处年级以及学习成绩等，旨在了解受调查者的基本特征，为分析线上、线下教学方式对不同性别、专业领域、学历、学习成绩的专业人才培养效果差异提供数据支撑。二是偏好分析，即探究受访者对两种教学方式的偏好及原因，在此基础上，进一步地分析被培养者认知的线上、线下教学的优势与弊端，通过教师指导效果、课堂讨论情况（互动驱使原因）、各课堂环节对学生吸收知识点的作用、学习难度体验、独立思考空间、作业情况、自主学习能力等方面，从侧面分析不同教学方式对人才培养的效果，同时采用直接提问的方式，从正面询问受访者关于线上、线下教学效果、教学质量的具体情况。三是开放题，即受访者对未来教学方式发展趋势的展望。

9.4　结果分析

本次问卷调查起止时间为 2021 年 11 月 1 ~ 7 日，历时 7 天。累计发放问卷为 331 份，其中无效问卷为 39 份（未有过线上教学的经历），有效问卷为 292 份。调查对象的男、女比例为 143∶149，较为协调；调查对象来自河北、北京、江西、广东、四川、湖北等 15 个省（区、市），地域范围广泛；涉及农林、理工、经管、文史、艺术、社会、电商等诸多领域，专业覆盖面广；专、本、硕、博学历层次清晰，其成绩基本呈正态分布。由调研结果分析可知，样本具有一定的代表性。

9.4.1　不同人口统计学特征的专业人才对两种教学方式的倾向

（1）不同性别的专业人才对两种教学方式的倾向（见表 9 - 1）。从总体上来看，倾向于线下教学方式的人数占比为 55.48%，但受访者对于两者的偏好差距较小，不足 11%；从性别角度来看，男性比女性专业人才更加倾向于线上教学，男性专业人才对两种教学方式的差异较小，不足 5%，而女性专业人才对两种教学方式的偏好差异较大，超过 15%（见图 9 - 1）。

表 9 - 1　　　　　　　　　　专业人才对两种教学方式的倾向

选项	小计（人）	比例（%）
A. 线上	130	44.52
B. 线下	162	55.48

资料来源：根据问卷调查统计。

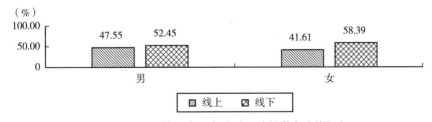

图 9 - 1　不同性别专业人才对两种教学方式的倾向

资料来源：根据问卷调查统计。

（2）不同专业领域的人才对两种教学方式的倾向（见图9-2）。不同专业人才对于两种教学方式的偏好一致性明显，除文史专业类人才，其他专业人才普遍偏向于线下教学，线上、线下教学的偏好比例基本为4∶6。艺术、农林实践性较强的专业相较于文史类实践性较弱的专业更加倾向于线下教学。

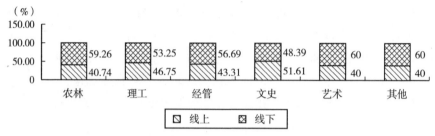

图9-2 不同领域的专业人才对两种教学方式的倾向

资料来源：根据问卷调查统计。

（3）不同层次专业领域的人才对于两种教学方式的倾向（见图9-3）。专业人才的学历越高，对于线上教学方式的偏好越为明显。

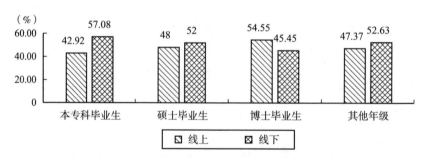

图9-3 不同学历层次的专业人才对两种教学方式的倾向

资料来源：根据问卷调查统计。

（4）不同成绩分布的专业人才对于两种教学方式的倾向（见图9-4）。年级排名10%以内与排名80%以外的学生相对于排名在11%～80%的专业人才更倾向于线下教学。

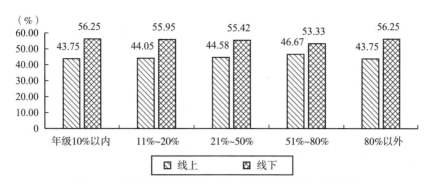

图 9-4 不同成绩分布的专业人才对两种教学方式的倾向

资料来源：根据问卷调查统计。

9.4.2 专业人才眼中线上教学方式的优缺点

（1）线上教学方式的优点（见表 9-2）。专业人才偏好线上教学或认为线上教学的优点主要为节省了到上课地方的时间成本（占 45.55%）、突破了时空界限（占 43.15%）、课程内容丰富、形式多样（占 40.75%）、丰富了学习方式（占 40.41%）、可以回放（占 40.41%）。线上教学无干扰因素（占 25.34%）也是专业人才眼中线上教学的优点之一。其他原因以疫情严重，无法进行线下教学，线上教学弥补了线下教学的缺失为主，27.05% 的人未给出看法。

表 9-2 线上教学方式的优点

选项	小计（人）	比例（%）
A. 课程内容丰富，形式多样	119	40.75
B. 节省了到上课地方的时间成本	133	45.55
C. 突破时间空间界限	126	43.15
D. 丰富了学习方式	118	40.41
E. 无干扰	74	25.34
F. 可以回放	118	40.41
G. 其他	30	10.27
（空）	79	27.05
本题有效填写人次	292	—

资料来源：根据问卷调查统计。

（2）线上教学方式弊端（见表9－3）。专业人才普遍认为上网课容易注意力不集中（66.1%），对视力影响大有害健康（占57.88%），线上教学方式极易受网络环境限制（占63.01%），没有线下课程有趣（占29.79%），师生互动少不能及时和老师进行沟通（占54.79%）；同时，面对电脑手机缺少人文关怀（占33.22%），教学平台分散学习不便（22.95%），老师的线上教学设计与技术掌握整体效果不佳（占16.1%），线上学习自主性差（占33.22%），也有专业人才认为，线上教学不利于专业实践技能的养成（占1.03%），也是线上教学的劣势。

表9－3　　　　　　　　　　　　　线上教学方式的缺点

选项	小计（人）	比例（%）
A. 容易注意力不集中	193	66.1
B. 对视力影响大，有害健康	169	57.88
C. 受网络环境的限制	184	63.01
D. 没有线下课程有趣	87	29.79
E. 师生互动少，不能及时和老师沟通	160	54.79
F. 面对电脑、手机，缺少人文关怀	97	33.22
G. 教学平台分散，学习不便	67	22.95
H. 老师的线上教学设计与技术掌握整体效果不佳	47	16.1
I. 线上学习自主性差	97	33.22
J. 其他	3	1.03
本题有效填写人次	292	—

资料来源：根据问卷调查统计。

9.4.3　专业人才眼中线下教学方式的优缺点

（1）线下教学方式的优点（见表9－4）。专业人才认为线下教学方式的优点主要体现在有更好的课堂氛围（占65.41%）、有问题能及时地找老师解决（占62.33%）、老师能够更好地关注到学生的学习状况（占61.99%）、能够更加投入到课堂学习中（占57.53%）以及能够较好地监督自己（占48.29%），此外，专业实践性较强也是线下教学的优点之一，5.14%的人未给出看法。

表 9 - 4　　　　　　　　　　　线下教学方式的优点

选项	小计（人）	比例（％）
A. 老师能够更好地关注到学生的学习状态	181	61.99
B. 有更好的课堂氛围	191	65.41
C. 有问题能及时找老师解决	182	62.33
D. 更能投入课堂学习中	168	57.53
E. 能够较好地督促自己	141	48.29
F. 其他	80	27.4
（空）	15	5.14
本题有效填写人次	292	—

资料来源：问卷调查统计。

（2）线下教学方式的缺点（见表 9 - 5）。专业人才认为线下教学最主要的弊端在于老师无法关注到所有学生（占 64.04%）、出门上课浪费时间麻烦（占57.88%）、教学资料不丰富（占 55.82%）、课程无趣、形式单一（占 45.89%）。关于其他的缺点，专业人才也给出了典型的个性化原因：表示"现在事情太多，线下上课麻烦，浪费时间""有时会遇到停电的情况""天气不好，不想出门"" '社恐' 死刑现场"（即线下教学方式对于性格内向、患有社交恐惧症的学生来说友好性较差）、"老师上课死板，激发不了学习兴趣"（即教学模式单一）。

表 9 - 5　　　　　　　　　　　线下教学方式的缺点

选项	小计（人）	比例（％）
A. 课程无趣，形式单一	134	45.89
B. 教学资料不丰富	163	55.82
C. 老师无法关注到所有学生	187	64.04
D. 出门上课费时间，麻烦	169	57.88
E. 其他	7	2.4
本题有效填写人次	292	—

资料来源：问卷调查统计。

9.4.4　线上、线下教学方式在不同方面对专业人才培养作用的差异与共性

本部分主要从两种教学方式在学习难度、教师指导、课堂讨论、课余学习花费时间、学生独立思考空间、作业多少、自主能力的养成等方面评价其对专业人才培养作用的差异，从专业人才感知视角，探究教学效果与教学质量的差异情况。本部分以下（2）～（7）项研究主要采用量表形式。总体量表信度：克朗巴哈系数为 0.624，表示可以接受，总体量表效度：KMO 值为 0.719，显著性为 0.000＜0.005 说明效度较好。综上，量表总体信效度可以接受。

（1）受访者普遍认为线上教学方式一定程度上降低了学习难度。其中，认为线上学习使得学习难度分解，能够不断地回顾知识，相对容易掌握的占比为 49.66%。认为线上教学通过展示重点、难点，减轻了学习难度的占比为 17.81%。认为线上教学让学习变得无难度的占比为 10.62%。表示线上学习加大了学习难度的占比为 21.92%。

（2）教师指导、课后巩固、课前预习对学生了解专业知识点发挥着重要作用。教师指导在专业人才培养的过程中作用最为重要（58.90% 的学生认为通过听老师讲解和与老师互动讨论真正了解到了知识点），但受访者面对两种教学方式中的教师对自己的指导上存在较大的分歧。34.62% 的学生认为老师线上教学时对自己的指导要大于线下教学，33.21% 的学生认为在采用线上教学时老师对自己的指导不如线下教学，也有 32.19% 的学生认为两种教学方式老师对自己的指导并无差异。

（3）线上教学在一定程度上提升了学生课堂讨论的参与度。40.75% 的学生认为参与线上教学更爱参加课堂讨论，33.22% 的学生认为两种教学方式的课堂讨论情况都差不多，26.03% 的学生则认为线上教学使自己的课堂讨论的参与度下降。驱使受访者参与课程讨论的因素诸多，占比较高的有参与课堂讨论加平时分（占 66.44%）、及时获得课堂信息（占 62.67%）、课程内容强制要求（占 53.08%）、有助于启发思想、提高学习效率（占 49.66%）、对讨论话题感兴趣（占 36.99%），喜欢讨论这种学习方式（占 35.27%），也有人表示从不参与线上讨论（占 11.3%）。

（4）课下消化知识点花费的时间。37.33% 的学生认为线上教学会在课下花费更多的时间消化知识点，35.96% 的学生认为线下教学方式会花费更多时间，26.71% 的学生则认为两者在课下花费的时间差不多。

（5）两种教学方式对学生独立思考空间的影响，线上教学在一定程度上增加

了学生独立思考的空间。41.1%的学生认为教师采用线上教学方式时，自己的独立思考的空间更大，35.62%的学生表示线下教学方式让自己的独立思考的空间更大，23.29%的学生则认为两者的独立思考的空间差不多。

（6）线上教学与传统的线下教学相比，教师所留作业相对偏多，一定程度上增加了学生的作业负担。38.7%的学生认为在线上教学方式下作业更多，31.85%的学生则认为线上、线下的作业差不多，29.45%的学生认为线下的作业更多。

（7）线上教学在一定程度上有利于学习自主能力的养成。18.49%的学生十分赞成线上教学增强了自己的自主学习能力，31.51%的学生对于线上教学增强了自主能力表示赞同，31.85%的学生认为线上教学在提高自身自主学习能力上效果一般，12.33%不赞成线上教学增强了自主学习能力，5.82%的学生对此持无所谓的态度。

就本次对专业人才的调查研究来看，线上教学具备其特有的优势，在一些方面对专业人才的培养效果优于线下教学，但总体来说，教学效果与教学质量水平较线下教学相比具有一定的差距。30.48%的学生认为线上、线下教学的效果一样，35.27%的学生认为线上教学的效果不如线下教学。

9.4.5 专业人才对未来教学方式的展望

有176位受访者在开放题中对未来教学方式的发展趋势给出了自己的展望，150位围绕两种教学方式展开探讨，106位受访者认为未来的教育应是线上、线下教学方式的结合（即线上弥补地域空间和师资资源不均衡，线下保障学习氛围和学习效果），其中，16位受访者明确表示要以线下教学为主，线上为辅（即线上教学可以成为知识补充、讨论的方式），2位受访者则表示要以线上教学为主。35名受访者表示未来的教学方式将向线上发展，9名受访者表示未来的教学方式应单纯线下，其余26位受访者则围绕"发展前景好""科技化""素质教育""注重学生学习能力""发展空间大""根据课程特点选择""年级低线下教学、年级高线上教学""互补""创新""翻转课堂""互动性更强，不一味地讲枯燥的知识""多种多样""发展顺利""不同专业、发展趋势不同""更多课程模式，线上师资共享"等发表了自己对未来教学方式的见解与展望。

9.5 结论与建议

通过结构化调查问卷的结果以及受访者对未来教学方式发展趋势的展望内

容，本研究得出五点结论，并提出四点建议。

9.5.1　结论

（1）不同专业人才对两种教学方式各有偏好。总体上讲，专业人才对两种教学方式各有偏好，且多数更倾向线下。在不同性别、专业领域、学历层次以及学习成绩的专业人才中，对于教学方式的倾向有所差异。具体表现在女性倾向线下教学的占比相对男生较高。一般来说，农林类等实践性较强的专业学生要比实践性较弱的文史类学生更加偏好线下教学，正如一位受访者所表达的那样，这与线上教学不利于实践技能的养成有关。受访者对于线上教学方式的偏好与学历层次存在正相关，学历层次越高对于线上教学的学习倾向越明显。学习成绩与两种教学方式的倾向选择也呈现一定的规律性，学习成绩位于正态分布两端的学生较处于正态分布中间的学生更倾向线下教学。

（2）线下教学方式在人才培养上的优劣。线下教学方式在教师身临其境，更好地体察学情、拥有更好的课堂氛围、学生可以面对面地及时找老师解决问题、督促自我、培养专业实践技能等方面具有显著的优势，但在课堂形式、教学资料，路途中的时间成本等方面具有一定的不足。

（3）线上教学方式在人才培养上的优劣。线上教学方式在丰富的课堂内容、多样的授课形式、不受时空限制、节约时间成本、受干扰情况较小、可以回放反复看、在特殊时期无法进行线下授课时能够弥补线下教育的缺位等方面具有优势，也存在不利于集中注意力、影响视力健康、受网络环境限制、趣味性少、互动性有限、缺少人文关怀、教学平台分散等问题。

（4）线上、线下教学方式在人才培养的其他方面存在差异与共性。从接触过两种教学方式的专业人才对其学习经历的评价来看，教学方式学习难度情况、教师指导、学生课堂讨论参与度、独立思考空间、作业负担、自主学习能力的养成等方面存在一定的差异与共性。比如，参与线上教学的多数专业人才认为线上教学分解了或在一定程度上减轻了学习难度、增加了课堂参与度和独立思考空间，一定程度上有利于自主学习能力的养成。而线下教学则在"学生作业负担较少""课余消化知识点的时间较少"等方面存在一定优势。在两种教学方式有关教师的指导上，受访者的态度呈相持情况。

（5）双线混容教学有助于形成更佳的专业人才培养效果。依据两种教学方式在人才培养中表现出的优劣势，共性与差异共存，可采用两者结合、优势互补的方式实现对人才的培养。通过受访者对未来教学方式的展望中可以看出，根据具体教学内容，采用线上、线下相结合的方式在受访者的呼声中相对较高。

9.5.2　建议

两种教学方式各有其特点，对人才培养的作用方式有不同之处，从而产生了差异化的效果。但总的来说，两种教学方式对人才的培养均有促进作用，且两者的需求量都十分广阔。为更好地促进专业人才培养，应逐步推进双线混融教学，发挥两种教学方式各自的优势，实现混融效果大于单纯叠加之和。由于线上、线下混融的教学方式是一种新的教学形态，具有系统性、复杂性、综合性等特点，因此，需要政府、学校、教师、学生的共同推动。具体应做到以下四个方面。

（1）政府部门规划先行。政府部门需要将双线混融教育纳入管辖区域的教育发展规划中，为双线混融教育的发展提供有力的保障，并制定相关的政策、细则推动双线混融的教学落地。加强对教师队伍的培训，提高其信息素养，定期检查工作成效，确保融合教育能够常态化进行。

（2）学校为双线混融营造良好的新型教育生态环境。学校作为线上、线下融合教育的实施者，要根据政府部门发布的规划、制定的政策，结合本校实际，制定相应的实施方案，使双线融合教育落地。一是在规章制度上予以支持，二是将方案落到实处，如提供给教师、学生进行双线教育的信息化硬件设施和技术支持等。

（3）教师应不断地提升教学胜任能力。教师需要以变革的意识投入双线混融的教学中，转变思维以提高胜任双线混融教学的能力。一要与时俱进，不断地提高自身的信息技术素养，根据课程所需，实现从单一的传统线下教育向融合教育的转变，根据学生对双线教育实施过程中的反馈，不断地优化教学设计，改善教学方法，将融合教育的优势发挥展现出来。二要实现从单纯地关注知识的传授转向将知识传授与学生的情感、态度、价值观的养成放在同等重要地位的转变，实现对专业人才的高质量培养。

（4）学生提高对新型教育的适应能力。学生作为双线教育的主要参与者应不断地提高自己对新型教学方式的适应能力，充分利用线上、线下两种渠道获取知识，提升自己的学习能力。同时做好对线上、线下混融教学的体验反馈工作，及时地向老师反映学习过程中遇到的问题，助力教师不断地优化、提升教学方法，促进自身对专业知识的获取和专业技能的养成。

第10章 高质量工程专业人才培养的工程实践教学体系建设[①]

工程实践是工程教育的重要环节，通常是指理工类专业学生在现场的实习，把所学的专业知识用于实践，以此来巩固和提高专业知识水平，提高实践动手能力，力求通过实践来解决工程问题。近年来，随着工程教育的发展，工程实践的内涵更丰富、内容更综合，不仅包括通常的现场实习，也包括了对工程意识的培养、对创新意识的孕育、对创新能力的训练，以及对多学科知识相互融会贯通的体验与训练等。经过几十年的演变，它已经从一种单一的实践教学方式，拓展成一种实践教育方式，并与国际工程教育体系相吻合，是培养学生实践能力、创新能力、工程意识等的重要载体。

10.1　工程实践教学的发展现状

2016年，中国正式成为《华盛顿协议》成员，按照《华盛顿协议》成员国（地区）公认的国际标准和要求，由中国工程教育认证协会组织实施我国的工程教育认证。在专业认证标准中，不仅有科学与工程基础知识、专业知识的教育，还体现了工程实践、创新能力的训练；不仅有综合能力的培养、多学科知识的融合贯通，也非常注重工程责任意识、团队意识、交流沟通、竞争意识、管理能力的养成等。这种对综合知识与能力的要求和训练，对工程实践教学提出了新的发展课题。

2017年2月以来，我国教育部积极推进新工科建设，先后形成了"复旦共识""天大行动"和"北京指南"，并发布了《关于开展新工科研究与实践的通

---

① 本章由侯培国：博士，燕山大学工程训练中心党委书记、教授，2012～2017年、2018～2022年，教育部高等学校仪器类专业教学指导委员会委员，中国工程教育认证协会认证专家；著。

知》《关于推荐新工科研究与实践项目的通知》，全力探索形成领跑全球工程教育的中国模式、中国经验，助力高等教育强国建设。① 目前，我国多数以工科为主的大学都在传统金工实习的基础上进行了扩展和延伸，建立了层次化、模块化的实践教学内容，注重综合性和创新性。存在的主要问题是缺乏系统理论的指导，教学内容陈旧、教学改革滞后，实践教师队伍不完善，特别是高级专门人才严重匮乏等。

　　工程训练中心作为工程实践的主要载体，近些年发展迅速。从 1998 年教育部的世界银行工程训练中心贷款项目伊始，历经"985"一期建设、各种专项基金、本科生教学水平评估等资金投入以及 2006 年开始的实验教学示范中心建设，经过二十余年的发展，工程训练中心在硬件设施和环境建设上得到了质的发展（见图 10 - 1 至图 10 - 6）。

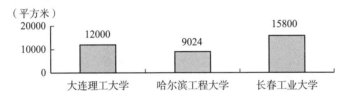

图 10 - 1　国内部分地区高校工程训练中心占地面积（东北地区）

资料来源：笔者整理。

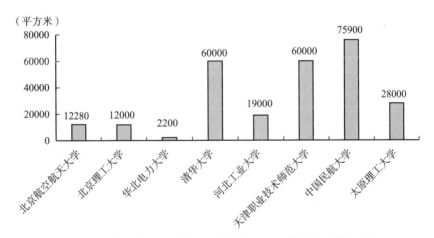

图 10 - 2　国内部分地区高校工程训练中心占地面积（华北地区）

资料来源：笔者整理。

---

　　① 孙佳，梁克靖，许少伦，徐青菁. 基于 OBE 理念的工程实践与科技创新教学研究与实践 [J]. 实验室科学，2021，24（5）：122 - 126.

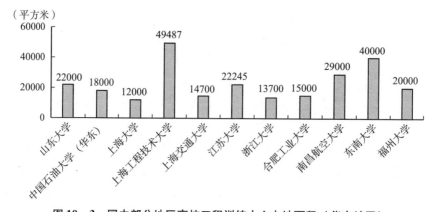

图 10 - 3　国内部分地区高校工程训练中心占地面积（华东地区）

资料来源：笔者整理。

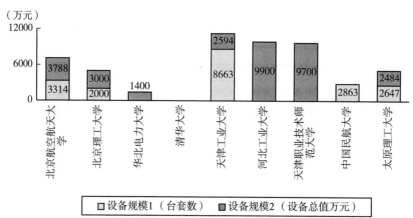

图 10 - 4　国内部分地区高校工程训练中心设备情况（华北地区）

资料来源：笔者整理。

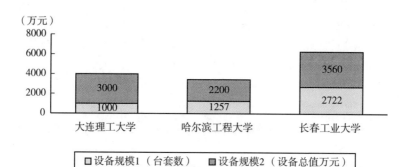

图 10 - 5　国内部分地区高校工程训练中心设备情况（东北地区）

资料来源：笔者整理。

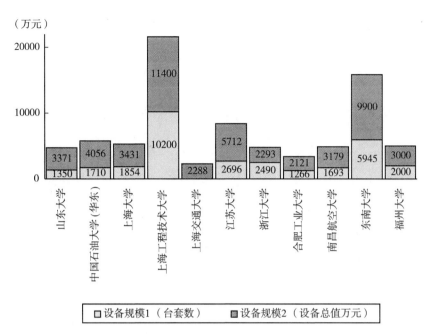

图 10 - 6　我国部分高校工程训练中心设备情况（华东地区）

资料来源：笔者整理。

由图 10 - 1 到图 10 - 6 中，高校工程训练中心面积和设备数据进行分析可知，我国高校的工程训练中心平均面积在 20000 平方米左右，设备平均为 2700 台套左右、均值 4000 万元左右，从硬件方面已经具备了较好的教学条件。但同时应当注意，本书提及的主要是工程训练国家级实验教学示范中心，非工程训练国家级实验教学示范中心大多在教学场地面积、设备方面存在较大的差距。

在工程训练实验教学示范中心的不断建设与带动下，工程实践教学与传统金工实习相比，在教学内容的深度和广度上都发生了深刻的变化，主要表现在以下两点。

10.1.1　工程实践教学的重要性越发凸显

工程实践在学生综合素质和创新能力培养中的不可替代性，在国家层面达成共识。从 2006 年国家启动实验示范中心建设开始，不断地加大投入，加强工程实践教学的软、硬件建设。在学校层面，各级各类学校相继成立了工程训练中心，受益学生从单纯的机械类专业，逐步扩展到近机类、电类、管理类、理科类等大部分专业，教学内容在原来车、铣、刨、磨、钳、铸、锻、焊的传统工艺方法上普遍增加了高档数控加工技术实习、特种加工技术实习等，扩展到电子技术、控制技术等多个学科领域，普遍实现了"量大面广"的教学目标。[①]

以燕山大学工程训练中心为例，燕山大学工程训练中心源于东北重型机械学院机工厂，始建于1958年，经历了东北重型机械学院机工厂、机械厂（金工实习厂）、燕山大学机械厂等历史沿革，于2002年8月更名为燕山大学工程训练中心。为适应新工科建设，服务现代工程技术人才的培养，全面提升大学生的大工程意识和工程创新能力，2019年底，整合了燕山大学计算机教学实验中心、燕山大学电子实验中心的基础实验教学部分，囊括了2个国家级教学示范中心的基础教学部分和1个省级实验教学示范中心，重新组建燕山大学工程训练中心，前所未有地突出了工程实践教学的重要性。

10.1.2 模块化和综合性的教学体系已经初步建立

传统金工实习的培养目标是学生掌握基本工艺知识、提升学生动手能力等，并未脱离制造技术范畴，内容覆盖面小，与相关学科的联系不够紧密，不适应现代工业技术、信息技术等高速发展。现代工业技术的特点是高精度、高复杂性、智能化和信息化水平高，强调多种技术手段的综合和多学科的交叉。这些特点决定了工程实践教学的目标不能停留在工艺知识学习，增强工程实践能力上，而是要全面提升学生的综合工程素质，培养创新精神和创新思维，具有解决复杂工程问题的意识和能力。目前，绝大多数高校的工程训练教学体系已突破了金工实习的范畴，普遍采用项目融合基础模块化专项训练的工程实践教学模式。部分高校采用大二阶段进行模块化基础训练，大三、大四阶段进行工程综合训练的实践教学模式，教学内容覆盖机械加工、电工电子技术、控制技术、信息管理等。

以燕山大学工程训练中心为例，为了摆脱基础实践教学模块之间相对独立、学生机械式学习的困境，自2019年起，在机械类专业的工程训练过程中全面采用综合实训项目引领金工实习教学的实践教学模式，按照"认识－设计－实践－再认识"的认知规律，以组为单位进行项目实施。第1周安排学生进行金工实习基础实训，熟悉各种加工工艺和方法，构思综合项目并形成综合项目实施方案，参加线上理论测验；第2～4周在教师的指导下，完善项目方案设计和工件的加工；第4周最终完成各小组综合装置的加工和装配，并进行项目考核和答辩。图10－7所示为部分学生加工制作的装置，可以看到此装置不仅结构完整、美

---

① 赵艺兵，殷埁生，吴京秋，温秀兰，张颖. 产学研深度融合下应用型本科实践创新能力提升的探索与实践. 中国现代教育装备，2021，（371）：145－147.

观，且具有了一定的传动和运动机构，体现了比较好的综合性，加工方法也涵盖了车削、铣削、钻孔、螺纹加工等机械加工方法和 3D 打印、线切割、激光打标等特种加工及先进加工方法。

图 10 – 7　部分机械类学生工程实践装置

资料来源：笔者整理。

10.2　工程实践教学存在的问题

工程实践作为工程教育的重要组成部分获得了明显的发展，取得了令人瞩目的成绩，在工程教育认证过程中体现了中国特色，成为一大亮点。但是工程实践和工程训练中心的快速发展不能掩盖逐渐显露的一些深层次问题，尤其是各高校由于发展定位不同、发展的侧重点不同而导致的发展水平参差不齐问题。结合笔者的多年工作实践来看，目前工程实践教学的主要问题集中在发展目标定位、教学体系、教师队伍建设等方面。

10.2.1　工程实践教学培养目标不明确

我国工程教育模式长期偏离工程师的培养目标，更多地按照培养科学家和工程学家的模式实施。相较之下，国外的工科大学却旗帜鲜明的将其培养目标定为工程人才。譬如，麻省理工学院（MIT）以崇尚工程教育而著称。该校网页上有这样一句话："如果你想改变世界——真正的改变世界，那就成为一个工程师。"2011 年 6 月，国家级实验教学示范中心电子组美国高校实验教学考察团在考察了斯坦福大学、麻省理工学院和伊利诺伊大学香槟分校之后，总体的印象与体会之一就是我国的工科教育思路并不清晰，实践能力培养的力度与效果远未到位。有人说，科学家是解释世界的，工程师是改变世界的，似乎我们培养的工科学生更愿意选择"解释世界",似乎工程师的光环不如科学家的光环耀眼。在这种模式下培养出来的毕业生,既缺乏专业方面的实践经验,又缺乏动手操作的实践能力。张光斗院士曾指出,本科工程教育的人才培养目标应该十分清楚地确定为工程人才培养。

由于培养目标不明确,工程实践教育失去顶层设计的引领和推动,工程训练缺少长期发展理论指导。在发展方向性不够明确的情况下,各高校工程实践教学和工程训练中心发展模式各异,发展水平极不平衡,可持续发展受到制约。

10.2.2　实践教学内容和教学体系亟须完善

在相当数量的高校中,工程实践教学仍不能主动地融入不同专业的教学计划,与各专业育人需求不能无缝对接,教学内容单一、陈旧、学时不足等现象仍然存在。

据调查,在已经取得国家级实验示范工程训练中心的高校和其他一些兄弟院校中,明确地提出层次化、模块化教学体系的占67.6%,没有特别提出、但思想内容上基本相同的占93.7%,最后一个层次落实到"综合""创新"训练的占100%。制造技术实习教学内容(包括大纲、教案)除学时数略有不同外,其他方面都惊人地相似。从吸纳学生人数和学时数分析,教学体系中金工实习占据全部教学内容的70%以上,有些学校甚至占100%。

科学技术的发展日新月异,新的学科、交叉学科不断地涌现,教学内容仍然以几十年前所进行的金工实习为主,实践教学内不能有效地吸收和反映工程技术的最新发展成果,不能体现现代工业技术的核心要素。我国高校几千所,办学各具特色,专业设置各有所长,侧重有别,培养目标定位各异,或是培养技能型人才,或是培养研究型、领军型人才,但工程训练的教学内容却是惊人地相似,不能与学校特色和专业培养目标有机地结合。这都说明在工程实践教学上的创新不够、教学改革差强人意,不能满足培养创新型人才的需求。

10.2.3　对大学生科技活动服务机制不够健全

部分高校存在"重创新、轻实践""重创新竞赛、轻创新培养""重点、轻面"等问题。大学生科技创新竞赛作为测试学生实践动手能力、综合素质和创新能力的一种方法,能激发他们的创新意识,提高学习热情和自信心,同时为学校取得荣誉,引起学校的重视,增加对工程训练中心的教学投入,这本来无可厚非。但一切为竞赛让路,忽视创新的根源来自实践,甚至用"创新"引领实践,造成实践与创新的关系本末倒置，就会进入新的误区。

究其根源，是不按教育规律办事，跟风赶时髦，创"亮点"，拿"成绩"，直接导致学生创新意识得不到培养，学生工程创新训练失去应有的意义。应当明确工程实践教学的本质是培养工程人才，是面向多数学生的，使大多数学生的整体素质获得提高。在做好工程实践教学的基础上，进一步完善大学生科技竞赛服务机制，做到两者相互促进，协调统一才是真正的工程创新训练。

10.2.4　本科工程实践教学的产学研合作难以深入

工程实践与企业脱节，学生缺乏工程经历，工程实践教学变成校内的"闭门造车"，导致培养的人才与社会需求无法紧密对接。职业院校与行业企业之间具有天然的联系，其教学定位就是为相关行业输送专门技术人才，因此，职业院校一般将学生的实践教学与在企业开展的校外生产实习相结合，开展周期较长的顶岗实习。与职业院校相比，本科院校的工程实践教学时间短，一般在 4 周以下，不适合进行脱产的顶岗实习。同时，引入企业人员与校内教师协同指导实训时，又面临学校设备台套数少、与企业实际情况不一致、校外指导人员考核和薪酬待遇等诸多现实的问题。虽有部分高校已试点开展校企联合工程实践教学，但也很难提供完整的工程实践环境和持续更新的技术装备，还未形成能大规模地推广、应用的校企联合工程实践机制。

10.2.5　工程实践指导教师队伍有待加强

一方面，多数高校工程实践教师队伍更新速度慢，教师数量不足。由于工程训练中心在学科挂靠、职称评定等问题上存在先天的问题，岗位缺乏吸引力，从事实践教学理论研究和实践教学课程设计的高层次研究人员严重不足。

另一方面，工程实践一线教师普遍缺乏工程经历，实践能力和创新能力不足。综合性工程实践课程指导教师不仅需要具有丰富的机械、电气、控制等全面的理论知识，而且应具有从事实际工程项目的经验。但现有教师的普遍状态是重科研、轻教学，教师不愿意去企业培训，主动地学习工程知识的意识差，从而直接影响了实践教学的质量。

10.3　工程实践教学体系建设建议

经过上文分析，目前国内工程实践教学还存在着诸多的问题，这里既有国家层面的共性问题，又有各地区各高校层面的个性问题。共性问题是不正确的教育定位和工程教育思想背离了工程实践教育的实质。解决这一问题就要在工程教育领域回答"钱学森之问"，调整工程教育人才的培养定位，增强工程实践与工程经历，孕育创新意识，将学生培养成真正的工程师。培养的工程人才不仅要具备某一领域的工程设计、工程实践能力，而且要对相关领域具有广泛的了解，能够与上下游企业进行有效的沟通、交流、交叉合作，以及具备一定的创新能力和终身学习的能力。

个性的问题是各地区、各高校发展不平衡的问题，需要各高校结合自身的实际情况提出解决方案和改革途径，按照不同的人才培养定位，建设相适应的工程实践教学体系，构筑完备的工程训练环境，开展合理的工程实践环节。这里仍以燕山大学为例。2019 年，燕山大学将原工程训练中心（机械厂）、计算机教学实验中心、电子实验中心的基础训练部分整合，成立新的燕山大学工程训练中心。在该中心成立伊始，秉承"奋斗基因、工匠精神、卓越品质、家国情怀"的燕山大学学风，按照"锐意创新、重在实践、突出能力、全面育人"的指导思想，制定了燕山大学工程训练中心的发展目标：夯实工程基础训练基地，为卓越工程人才培养服务；搭建工程创新活动基地，为拔尖创新人才培养服务；重塑精益加工基地，为科研提供服务；打造工程文化素质教育基地，为复合人才培养服务，努力建成特色鲜明、国内一流的工程训练中心。为了实现上述目标，中心从四方面开展工作。

10.3.1　结合学校特色重塑专业人才的培养实践教学体系和培养目标

2016 年，作为我国教育部选定的两所高校之一，燕山大学的工程专业国家认证接受了《华盛顿协议》国际专家组的观摩考察，支撑我国正式加入《华盛顿协议》国际工程教育组织。学校现有 15 个工科专业通过工程教育专业认证（评估），标志着这些专业的人才培养质量得到了国际认同，进入全球工程教育的"第一方阵"。燕山大学工程训练中心作为学校最大的校内实践教学平台始终以服务专业人才培养为己任，结合学校特色和定位，构建了具有燕山大学特色的工程实践教学体系（见图 10 - 8）。

为了进一步地发挥中心在机械加工、电控技术和信息控制技术实践教学方面的优势，更好地服务应用型本科人才培养，中心结合办学特色，凝练工程实践教学的核心培养能力和培养目标，统筹设立涵盖机械加工设计、电工电子、自动化、信息控制技术等内容的一级综合实训项目，其中包含的各个模块（机械加工

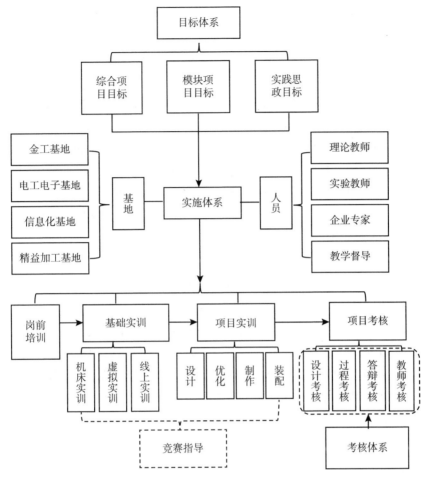

图 10-8　燕山大学工程实践教学体系

资料来源：笔者整理。

设计、电动电子、信息控制等）在相应的金工实习、电工电子实习等阶段以二级模块项目开展，打造跨越空间和时间的综合实践教学模式。

同时，制定覆盖一级综合项目和二级模块化项目教学的全方位教学效果考核办法，加强对学生实践过程的过程考核、项目考核、增益考核以及对指导教师教学效果的跟踪考核。综合考虑不同岗位间的工作差异性、实践教学与创新培养的融合协同，以及教学管理工作的提质增效等，开展全面的多维度分类绩效考核机制研究，充分发挥中心教学人员学历层次高、学科背景多样、教学经验丰富的优势，激发教学热情及工作潜能，切实保障各项实习、实验教学和创新工作的开展。

10.3.2　加强产教融合和产学研合作

加强与企业的联系，保障学校与社会的联系畅通，发挥自身的优势，引进优质资源，搭建实践环境，改革实践内容，探索校企联合工程实践教学的"产教融合"模式。一方面，积极"引智"，针对典型实践教学模块，邀请国内高水平企业的专家参与教学内容、培养目标和项目设计，促使模块教学内容与最新产业发展相适应；积极地进行薪酬绩效方面的改革尝试，探索服务企业专家直接参与中心实践教学的兼职人员聘用和薪酬机制；转变观念，从被动封闭的校内实践走向主动开放，主动要求企业进学校、进专业、进工程训练中心，打造开放的实践教育环境。另一方面，在大学生科技创新竞赛指导方面，邀请有工程实践和创新创业经验的企业人员对参赛师生进行培训辅导，全面地提升中心师生的工程素养和创新能力。

同时，结合学校特色和专业优势，打造精益加工实践教学基地。以提升工程实践教学水平为目标，集中开展高水平数控加工技术、特种加工技术、智能加工、自动控制技术、大学生创新活动等实践内容，使学生在扎实地做好综合实践环节的基础上，进一步地拓宽专业视野、开阔思路，在更高的层面加深对专业知识的理解，建立更加完整的专业知识体系，树立大工程意识。同时精益加工基地向燕山大学师生积极地提供科研装备制造、仪器检测、装置开发等科研服务，助力学校实现内涵式的高质量发展，加快跻身"双一流"建设目标和"特色鲜明、国内一流、世界知名的研究型大学"的建设目标。

10.3.3　加强工程实践教学理论研究和教学改革

科学技术和经济社会发展至今，工业主流技术和社会主导产业已发生了深刻的变化，金属切削和机械制造为主的制造技术"一枝独秀"的格局，随着电子技术、自动化技术、计算机技术、信息化技术等的强势崛起被彻底打破，实践教学的教学内容要突破以金工实习为主要内容的格局，推进教学改革，在教学过程中充分地体现现代工程技术的基本要素，开展现代工程的技术训练。强调工程实践教育的通识属性，逐步面向更多的学生，满足工程素质和创新能力培养的时代要求。

燕山大学（以下简称"燕大"）以服务国家装备制造业、战略性新兴产业、国防科技工业和区域经济社会发展为己任，全校4万余名师生员工意气风发，解放思想，锐意进取，科学发展，正努力地把学校建设成为特色鲜明的一流大学——具有机械、材料等专业领域的世界一流学科，学研产协同和军民融合发展办学特色的中国一流大学。因此，中心在进行一级综合项目工程和二级模块化项目实践教学的过程中，将结合学校办学定位和特色对工程实践教学理论进行深入剖析，通过与机械、电气、材料、信息、管理等多专业、不同领域的专家进行交流、探讨，进一步地锚定中心工程实践教学改革的方向、重点和难点，继承老一辈燕大人在百年耕耘中积累的宝贵工程教学经验、授业精髓和燕大精神。通过校内外教学改革培训交流，拓宽中心教师的教学改革思路，鼓励和引导中心教师申报各类教学改革项目，跨专业合作开展教学改革项目等，推动中心工程实践教学改革的持续深入。

10.3.4　加强实践教师队伍建设和提高指导教师荣誉感

工程实践持续发展的首要问题是教师队伍的建设，要增加工程实践教师队伍用人的灵活性，增强教师的实践创新能力，为此要做到以下三点。

（1）结合学校人事制度调整，谋求更加灵活的机制加强教师队伍的建设。制定优惠政策，鼓励青年教师在实践教学岗位进行一定时期的锻炼，加强青年教师工程能力培养；调整实践教学一线用人制度，保证工程训练中心人员的总量，维持核心教学队伍人员的稳定；允许有志从事实践教学的非教师编制人员以更加灵活的身份进入岗位。

（2）建立创新型工程训练中心，吸引专业教师参与工程训练中心教学和创新工作。实践教学不仅需要大量的一线指导教师，更需要进行实践教学的理论研究、提出教学改革的思想并进行教学改革的高水平教师。在工程训练中心大力建设良好的教学科研环境，营造改革创新、积极向上的工作氛围，吸引相关教师参与中心的教学和创新工作。

（3）加强对中心现有高学历教师的引导和培训力度。结合各类教学改革、培训等，提高教师从事各类工程实践、科技创新和双创指导的专业能力，培育高水平工程实践教学团队。同时，鼓励高学历教师从事与其专业相关的科研工作，积极申报各类科研项目，发表高水平学术和教学论文等，通过科研反哺教学，实现教师个人发展与中心发展的协同统一。

10.4　结　　语

中共中央、国务院在《关于加强和改进新形势下高校思想政治工作的意见》

中提出，要坚持全员、全过程、全方位育人（简称"三全育人"）的要求。在科学技术飞速发展的今天，作为理工类学生实践教学重要组成部分的工程训练教学势必会扮演越来越重要的角色，将会起到越来越重要的作用。各大高校要适应国家高等教育立德树人的根本任务要求，通过加大对工程训练的教学投入、改进工程训练实践教学的教学模式、组建高水平工程训练教师队伍、加强产教融合、建立全面系统的考核体系等，最终健全、完善高质量工程专业人才培养的实践教学体系。

第11章 开发利用文化资源 助力高质量专业人才培养①

中国特色社会主义进入了新时代，出于提升文化自信、实施文化强国战略、优化执政水平、开发文化资源的现实需要，② 社会对文化的创新性表达和人才的创新性培养提出了新要求。以文化人是高校促进专业人才培养质量提升的重要实践方向。③ 新时代背景下，大学生面临诸多发展的新问题和新挑战。因此，应当开发利用文化资源，以思想道德塑造为内核，以知识文化传授为基础，以审美文化涵育为追求，以制度文化建设为保障，不断地提升文化资源开发利用在高质量专业人才培养中的针对性和实效性。

11.1 文化资源与高质量专业人才培养

文化是国家和民族的灵魂。当今世界，各国之间综合国力竞争日趋激烈，文化日益成为民族凝聚力和创造力的源泉，日益成为综合国力竞争的重大要素。进入新时代，习近平同志高度重视文化强国与立德树人，④ 围绕什么是新时代中国特色社会主义文化？如何建设、发展中国特色社会主义文化？作出了一系列重要的论述，提出了一系列有关中国特色社会主义文化的新思想、新表述、新论断，也提出了新时代文化建设的一系列新要求、新举措，有力地推动了中国特色社会主义文化发展；不仅在学校，在会上、在信中，都将"立德树人"作为教育的根本任务反复强调。党的十九大报告更是明确地指出，要全面贯彻党的教育方针，落实立德树人的根本任务。在新时期，中国特色社会主义文化是坚持社会主义办

---

① 本章由谢姝琳：燕山大学图书馆（知识产权信息服务中心）副研究员、科级秘书；袁旭梅：博士，燕山大学图书馆（知识产权信息服务中心）馆长、教授、博士生导师；著。

② 杨铭. 新时代红色文化创新性表达刍议 [J]. 学校党建与思想教育，2021 (8).

③ 陈媛. 以文化人在高校少数民族人才培养中的路径探析 [J]. 学校党建与思想教育，2021 (12).

④ 本书编写组. 党的十九大报告学习辅导百问 [M]. 北京：党建读物出版社，学习出版社，2017.

学方向、紧扣立德树人根本任务的重要纽带。

11.1.1　文化资源的含义

文化资源由"文化"和"资源"两个词构成。国外"文化"本义是对土地进行耕作、开发，后引申为对人的教化、培养等。在我国古代文献中，"文化"多指以文德教化之意。中外关于"文化"一词虽然来源不同，但观点大体相似。《辞海》将"文化"定义为人类的生产能力及其产品，"广义指人类在社会历史实践中所创造的物质财富和精神财富的总和，狭义指社会的意识形态以及与之相适应的制度和组织机构"。①

资源是人类从事一切生产和生活的必要条件。联合国环境规划署（UNEP, 1972）将资源分为自然资源和社会资源。② 《辞海》将资源定义为"资财的来源"，《财经大辞典》将资源定义为"生产资料和生活资料的天然来源"。③ 而在西方经济学文献中，资源则通常用来指"构成一个经济或一个企业的供应能力的生产要素"。④ 卡尔·马克思（Karl H. Marx）在《资本论》（*Das Kapifal*）中指出"形成财富的两个原始要素是劳动力和土地"，⑤ 弗里德里希·恩格斯（Friedrich Engels）进一步地指出"劳动和自然界在一起才是一切财富的源泉，自然界为劳动提供材料，劳动把材料转变为财富"。⑥ 彼得·蒙德尔（Peter Maunder, 2000）在《经济学解说》（*Economics Explained*）中更是明确指出，资源是"生产过程中所使用的投入"。⑦ 可见，资源的本质就是生产要素。

由此，资源大致包括自然资源和社会资源两类。而文化就是一种典型的社会资源，可以体现为有形的物质载体和无形的精神资产。文化转化为资源是伴随着人类社会历史发展而产生的，可以说，文化资源是一种特殊的资源，是具有文化属性的各种资源的总和。当前，学术界对文化资源概念的界定主要可归纳为以下三种代表性观点：一是从文化人类学的视角，认为文化资源是人类发展活动创造的文明成果或精神要素；二是从文化生产劳动的视角，认为文化资源是人们从事

---

① 夏征农. 辞海［M］. 上海：上海辞书出版社，1999.

② 过建春，率肇. 自然资源与环境经济学［M］. 北京：中国林业出版社，2007.

③ 何盛明. 财经大辞典［M］. 北京：中国财政经济出版社，1989.

④ 陆家骝，林晓洁. 新经济资源观与我国新世纪发展的资源策略［J］. 学海，2000（2）.

⑤ ［德］卡尔·马克思；中共中央马克思恩格斯列宁斯大林著作编译局译. 资本论（第1卷）［M］. 北京：人民出版社，1975.

⑥ 中共中央马克思恩格斯列宁斯大林著作编译局. 马克思恩格斯选集（第四卷）（第2版）［M］. 北京：人民出版社，1995.

⑦ ［英］彼得·蒙德尔. 经济学解说［M］. 胡代光等，译. 北京：经济科学出版社，2000.

文化生产或文化活动所利用的各类物质的或精神的各类资源；三是从文化经济的视角，认为文化资源是可用来开发生产并创造财富的生产要素，是从事文化产业开发活动的各类资源。综合上述研究，笔者认为，文化资源是人类劳动创造的物质成果和精神要素，对其进行开发利用是满足文化精神需求，进而实现其社会价值的重要途径。

11.1.2　高质量专业人才培养

人才培养的具体要求，各行各业都有所不同，但总的目标是达到德、智、体全面发展。改革开放以来，我国人才培养与选拔的标准日益趋近社会的现实需求，《国家中长期人才发展规划纲要（2010～2020年）》赋予人才新的定义，即具有一定的专业知识或专门技能，进行创造性劳动并对社会作出贡献的人，是人力资源中能力和素质较高的劳动者。[1]

高等教育的核心宗旨是促进学生的全面发展。因此，高校应该培养具有良好人文、科学素质和社会责任感，学科基础扎实，具有自我学习能力、创新精神和创新能力的人才。已有文献从不同维度对高质量专业人才的核心素养进行了研究：从人格维度来看，应具有强烈的好奇心与求知欲，对专业领域怀有持久不灭的兴趣和坚定的理想信念；从知识维度来看，应在某一领域或某一方面博学多识，拥有丰富的知识储备；从思维维度来看，应具备敏锐的独创思维和勇于探索的工匠精神，能够将创新性思维应用和服务于实践；从能力维度来看，应学会把握时代性、规律性和创造性，养成观察问题的独创视角，分析解决问题敢于实践新方法、新思路。

高质量专业人才培养是高等教育的重要任务，也是推动高等教育内涵式发展的核心要素。人才培养质量有两种评价尺度：一种是学校内部的评价尺度；另一种是学校外部的评价尺度，即社会的评价尺度。高等学校提高人才培养质量，就是提高人才培养对社会的适应程度，提高人才培养与培养目标的符合程度。综上，笔者认为高质量专业人才培养是指对某一学科专业领域的人才进行教育、培训的过程，并通过基础研究和应用研究的训练、科技教育与人文教育的熏陶等，培养具有扎实的基础理论知识和实验技能，动手能力强、综合素质好，掌握科学思维方法，具备较强的获取知识能力，能适应经济社会发展需要且具有探索精神、创新精神、创造能力和优秀科学品质的高级专门人才。

---

① 国家中长期人才发展规划纲要（2010～2020）［EB/OL］．（2021－11－6）．http：//www.gov.cn/jrzg/2010－06/06/content_1621708.htm.

11.1.3 文化资源与人才培养

习近平同志指出，要坚持全员、全过程、全方位育人，各类课程必须要与思想政治教育同向同行，形成协同效应。从协同育人的视角，不断地探索学科协同与创新协同，深入挖掘各类课程和教学方式中蕴含的思政教育元素，将其融入专业课的传授中。习近平同志还强调，坚持文化自信是更基础、更广泛、更深厚的自信。文化自信是推动社会变革与发展的更基本、更深沉、更持久的力量。高校应注重以文化人、以文育人，通过搭建让青年学生广泛参与的平台，推动中华优秀文化的传承，让当代大学生从中汲取精神力量和历史智慧；注重德学兼修，强化工科学生的家国情怀，培养学生"精益求精、追求卓越"的工匠精神；注重培养学生认识社会与服务社会的意识和能力，关注学习成效，建设质量文化，不断提升文化育人的效果，从而塑造学生的核心价值观，形成有利于开展协同教育的物质基础和文化环境，实现知识传授、能力培养与价值引领的有机结合，助力高质量专业人才培养。[①]

高等教育发展水平是一个国家发展水平和发展潜力的重要标志。国家先后提出人才强国战略、创新驱动发展战略等，高质量专业人才的培养引起了全社会的广泛关注，高校在培养高质量专业人才方面的困境愈发凸显，开始竭力探索高质量专业人才培育的整改措施。因此，充分开发利用文化资源更好地服务于我国高质量人才培养，有助于培养出更多优秀的时代新人，是实现文化强国、人才强国战略目标的重要实践路径。

11.2 文化资源在助力高质量专业人才培养中的时代审视

高校作为文化资源传承与传播的重要基地，应该积极地发挥文化资源育人的作用，根据社会发展需要和专业人才培养的方向，结合新时代大学生的身心发展规律，以文化资源为育人载体，依托相应的媒介，通过有效的育人途径使大学生在产生情感共鸣的过程中认知文化资源并积极内化为精神力量，继而在日常学习和生活中外化成高尚行为，达到促进大学生高质量成长、成才，助力高质量专业人才培养的目的。

---

① 习近平：把思想政治工作贯穿教育教学全过程，中华人民共和国教育部政府门户网站（moe.gov.cn）.

11.2.1　意识形态渗透的加剧亟须社会主义核心价值观的强势引领

伴随着我国对外开放的不断深化、信息技术的迅猛发展，各种文化思潮通过网络、卫星电视等平台，图书、影视作品等媒体以及人员的交流往来，对高校大学生进行文化渗透，致使其思想观念受到了一定的影响。一些别有用心的西方国家频频借助民族问题、宗教问题发难，千方百计地在大学生中挑选破坏民族团结的"接班人"。大学生网民群体是西方国家进行有针对性的意识形态渗透的关键人群。西方国家利用个别大学生的不满情绪，大肆宣扬西方的民主宪政，妄图误导大学生将现实问题都归结为政治体制问题；大肆鼓吹西方的制度优越，放大社会问题，蓄意制造民族矛盾，破坏国家的安全稳定；大肆炒作公共舆论事件，妄图诱导网络舆情走向，把大学生的关注焦点从国家引领的价值体系中逐渐剥离开来。这些破坏活动对大学生的价值认知带来一定的消极影响，损害我国高质量专业人才培养。因此，应该充分运用马克思主义的文化和意识形态建设理论，引导大学生坚持多重视角、多元思维的文化观；结合中国实际进行大学生文化自信培育工作；重视大学生意识形态的培养，并且引导大学生脚踏实地将意识形态贯穿于专业教育与社会实践；积极建设中国特色社会主义文化，将中国特色社会主义文化资源的开发与利用作为高质量专业人才培养的重要促进方式。

11.2.2　多元文化的差异亟须更为完善的教育供给体系

我国 56 个民族在漫长的历史发展中共同铸就了灿烂的中华文化。各地区有其独特的文化环境和文化特色，进入高校，大部分的大学生远离家乡和亲人，进入新的文化和生活环境，在思维习惯和文化表达中存在被动调整的过程。他们不仅需要适应大学的学习节奏、生活节奏，还需要整合自身的文化习惯，在饮食传统、节日风俗、日常起居、语言习惯、交往方式等方面与新环境进行妥协和适应。大学生群体的共性就是猎奇心重，思想易受各类信息影响。随着互联网的异军突起，我国步入网络全民化的时代，大学生思想活动的独立性、交互性、选择性、变化性显著增强。大众的话语方式在自媒体世界变得多元，网络的微观生活样态变得越来越成熟，网络微观生活在一定程度上超越了公共性生活的分量，侵占了公共性生活的区域，以其日常性、微观性、去价值性等特性不断地消解国家意识，削弱传统习俗，阻滞国家权威。大学生成长的环境各异，突然面对多样的文化消费样态，容易受到庸俗的消费观念的影响。特别是在运用算法推荐技术的信息传播中，这种"去中心化"的信息推送方式形成了"信息茧房"，其结果就是大学生被信息禁锢思想，视野日趋狭窄，思想偏见日益固化，身心发展受损。思想政治教育的能量在网络空间受到挤压，客观上造成了思想政治教育内容供给不足、影响力削弱、教育目标达成率低的现状，削弱了高校思想政治教育工作者的文化引领力、回应力、感召力。大多数教师只注重对学生专业教育的培养，即使有少部分教师会将文化培育融入日常的专业教学中，但这些文化培育也仅只是表层的渗透，往往对文化的理解缺乏深入的挖掘。

11.2.3 文化适应能力的提升亟须完善的教育环境支持

大学生进入大学，首先面对的就是文化适应问题，跨文化的交流会给部分大学生带来不同程度的焦虑感，"比如，疲劳感、精神压力、食物的合口感、失去同伴的不适应感、对新环境事物的不认同、自己价值观缺乏统一感的不满、角色混乱的不适等"。[①] 同时，有些大学生自我意识较强，容易形成固化的小圈子，极个别学生没有树立正确的民族观和宗教观，打着文化活动的幌子从事一些宗教活动，扰乱正常的生活和学习秩序，逐渐形成与其他学生更深的隔阂。文化适应一般要经历"新奇感期、危机感期、恢复状态期和适应文化期"四个主要阶段。[②] 在大学教育环境中，语言表达、学业成绩和综合能力等仍然是最主要的评价标准，文化适应能力不强的大学生面对突如其来的学业和人际关系压力往往会无所适从。大学生如果在"新奇期"和"危机感期"没有接受有针对性、实效性和长效性的帮扶措施，就有可能会被边缘化。与此同时，部分境外组织利用各种手段绕过国家的监管体系，通过经济资助、活动组织、课题申报、技术研发、社团组建等方式诱骗、拉拢个别大学生，这部分大学生往往被其温情脉脉的表象所迷惑，难以判断其本质，从而逐渐脱离正常的学习生活轨道，有些大学生被敌对分子利用，最终造成难以挽回的后果。反思现阶段的教育环境，大学生教育管理工作还存在许多相对薄弱的环节，管理干部和辅导员仍缺乏把握管理政策的能力，对一些隐蔽性强的政治敏感活动缺乏足够的判断力，对校外组织的政治背景缺乏足够的辨识力，大学生骨干的培养力度仍不够，教育力量还需要进一步整合和凝聚，教育环境还需要进一步优化。

---

① 郑杭生. 社会学概论新修 [M]. 北京：中国人民大学出版社，2003.
② 关世杰. 跨文化交流学：提高涉外交流能力的学问 [M]. 北京：北京大学出版社，1995.

11.3　文化资源对专业人才培养影响的实例分析

以人才培养为导向，营造注重知识创新的文化氛围，建立有序、合理的校园文化和企业文化，不仅能够使学校和企业更好地适应不断变化的环境，推进规范化管理与持续发展，更可以让学校和企业成为激励学生与员工成长发展，凝聚更多的人才干事、创业的家园。

11.3.1　校园文化对专业人才培养影响分析

（1）校训文化对人才培养的影响。大学校训是高校人文精神的高度凝练，是学校历史、建校传统和文化精神的结晶，是学校众多师生、校友和有关仁人志士集体智慧的结晶，更是学校的办学思想、理念和特色的集中体现，是对学校特有的文化内涵的一种简练表达。[①] 一则好的校训，不仅应是打开其历史文化之门的一把"金钥匙"，是了解其精神家园的一扇"窗户"，更应是学校发展的"航标"，为学校的发展指明方向。通过对我国部分高校校训的梳理（见表 11 - 1）发现，校训有的体现大学的办学理念，如南开大学的"允公允能，日新月异"；有的体现学校特色，如中国政法大学的"厚德，明法，格物，致公"；有的体现培养目标，如中国科学技术大学的"红专并进，理实交融"；更多的则是以上多方面内容的综合，如清华大学校训"自强不息、厚德载物"，南京大学校训"诚朴雄伟，励学敦行"等等。这些特色鲜明的校训，引导全校师生树立正确的世界观、人生观和价值观，提升人的理性思考和价值判断的能力，让每个身处其中的人都汇聚一种特殊的精神面貌。

大学校训具有重要的精神形塑功能。首先，大学校训因其主旨的价值导向性，能鲜明地向师生传达倡导什么、推崇什么、反对什么、摒弃什么的价值追求，使师生自觉地规范言行举止。其次，大学校训表达的高度抽象性，有助于进一步处理好诉求的目的性与方式的渗透性，引导学生形成正确的世界观、人生观、价值观。强化以校训为核心内容的校园文化，能够在潜移默化中感染人的情绪，陶冶人的情操，净化人的心灵，从而完成对理想人格的塑造。

营造浓厚的校训氛围熏陶师生。如中山大学校训"博学、审问、慎思、明

---

① 张广宏，刘海龙．"大学校训与高校校园文化建设"研讨会综述 [J]．高校理论战线，2010（10）．

辨、笃行"，是孙中山继承中国教育传统而赋予时代的、革命的、新的教育方针和内容，是近代思想创新的里程碑。1994 年，中山大学重新启用这十字校训，希望以校训所体现的核心价值为理念，致力打造校园文化精品，同时营造一个氛围，让学生潜移默化地接受熏陶，最终达到"润物无声"的育人效果。

以无处不在的校训宣传浸润师生的心灵。如东北大学围绕校训开展了系列的特色校园环境和文化设施建设活动。这不仅使校内师生对校训耳濡目染，而且使每个进入东北大学的人都能在第一时间了解东北大学的精神内核。如今，"以自强不息的精神工作，以知行合一的态度生活"已经成为"东大人"一种自觉的学习生活状态。北京师范大学培养的教师的优势和特点，首先不在于学生基础理论扎实和知识面较宽，而在于北京师范大学独具特色的学术环境和文化氛围，即"教学科研并重"的学术传统、"学为人师、行为世范"的校训精神和"治学修身、兼济天下"的育人理念对学生的熏陶。在历经 110 年形成的这种环境和氛围之中，学生养成了坚定的职业理想、良好的学习能力和探究能力，从而在走上教师岗位后具有更强的发展后劲。

表 11 –1　　　　　　　　　我国部分高校校训梳理

高校类型	高校名称	校训
综合性院校	清华大学	自强不息　厚德载物
	中山大学	博学　审问　慎思　明辨　笃行
	南京大学	诚朴雄伟　励学敦行
	南开大学	允公允能　日新月异
	兰州大学	自强不息　独树一帜
理工院校	中国科学技术大学	红专并进　理实交融
	东北大学	自强不息　知行合一
师范院校	北京师范大学	学为人师　行为世范
	陕西师范大学	厚德积学　励志敦行
财经院校	东北财经大学	博学济世
	北京国家会计学院	不作假账
政法院校	中国青年政治学院	实事求是　朝气蓬勃
	中国政法大学	厚德　明法　格物　致公

续表

高校类型	高校名称	校训
农林院校	中国农业大学	解民生之多艰　育天下之英才
	东北林业大学	学参天地　德合自然
医药院校	中国医科大学	政治坚定　技术优良
	中国药科大学	精业济群
艺术院校	中国传媒大学	立德敬业　博学竞先
	北京舞蹈学院	文舞相融　德艺双馨

资料来源：通过互联网搜索整理。

（2）校园文化园景对专业人才培养的影响。校园文化园景作为校园文化的重要载体，具有记录历史、传播文化、提升品位、美化环境等作用。通过校园文化园景的深层次文化表达，能够引发师生与文化园景之间的精神共鸣，培养师生的文化自豪感与审美情趣，从而在丰富校园文化感染力的同时，提高校园文化的软实力。大学校园园景是具有观赏价值、文化价值与生态价值的空间体系，是大学校园内自然景观和人文景观资源的集合体。也是一所大学最直观的形象和实力的展示。[①] 它立足于校园文化、办学特色和师生需求，具有一定的教育意义。

大学校园园景具有生态、教育、文化等多种功能，以教育功能为核心，各种功能相互协作。大学校园园景所蕴含的文化内涵对生活、学习在其中的师生有潜移默化的教育作用。高质量的校园园景可以启迪思想、激发灵感、影响大学生的思维和行为方式。大学校园园景是由绿化植物、校园建筑、校园雕塑、水体、道路、景观小品等元素组成，其中校园建筑、道路属于基本元素，校园绿化植物属于校园中有生命的元素，校园景观小品属于校园的景观点缀。这些园景从不同方面对学校专业人才培养起着潜移默化的作用。

心理调适功能：校园园景能有效地打破呆板、无趣的环境空间，有效地缓解观众因过度的工作压力或疲劳而产生的焦虑情绪。校园园景与周围景观融为一体、和谐统一，使环境空间更加丰富多彩、层次分明、富有美感。例如，西安美术学院的"贺龙铜像"，此雕塑放置于高大的建筑之前，有效地调节了人与环境之间的尺度关系，具有人文气息，使人感到放松。

文化积累功能：校园园景作为文化的物质载体，是一个精神文明和物质文明

---

① 韩宜辰．大学校园景观设计中环境雕塑的文化表达研究［D］．西安：西安建筑科技大学，2021.

最直观的表现。其中，环境雕塑作为文化的物化形态具有永恒的意义，而其文化积累功能是其他文化形态无法相比的。例如，中国传媒大学的环境雕塑"镜头看世界"，该雕塑坐落在戏曲与影视学院门前，雕塑位置与所处环境的学科特色相符，形象地展示了一个小女孩手持拍摄装备，正在通过镜头或拍摄、或观看，雕塑主题充分地体现了该校的校园文化，具有文化积累的功能，表达了培育新人，眺望未来的美好寓意。

文化表达功能：校园园景可以体现所处时代的文化、审美和经济，所处环境的特定性和材料的耐久性决定了其可以记录、传承历史。优秀的环境雕塑可以有效地反映校园的历史文化，彰显大学校园特色，更为直观地体现学校的风采和面貌。例如，西安交通大学的雕塑"1937 抗战迁陕纪念碑"，是西安交通大学医学部 2018 年所建，以纪念学校迁陕的精神。

文化育人功能：大学的主要使命是教书育人、传授知识，使学生学习技能以服务于社会。苏霍姆林斯基认为"创造良好的育人环境是教育过程中最微妙的领域之一"。大学作为培养新型人才、激发创新能力的"学术圣地"，让学生在文化氛围浓厚和景色优美的校园环境中生活、交往与学习，是每所高校的责任。因此，在校园园景主题选择和个体创作设计中要坚持教育性原则。例如，西北大学的环境雕塑"岳劼恒像"，岳劼恒先生是著名教育家、物理学家，曾任西北大学副校长。该雕塑展现岳劼恒先生翻阅书卷的情景，与周围的假山、树木、铺装及建筑的衬托下，展现了一副认真阅读、学习的画卷。该雕塑放置在物理学系教学楼前，在与学科特色相符的基础上，营造了良好的文化氛围，展现雕塑的教育作用。

文化特色功能：大学校园园景设计应结合大学所在地区的地域文化、自然环境和人文环境，在大学办学理念、学科特色和学科精神的基础上，突出大学的文化特色，创造符合该校校园文化且独具特色的环境雕塑。如综合类院校的校园园景设计应注重学科的交叉融合；艺术类院校的应注重体现其艺术性，营造良好的艺术氛围；理工类院校应突出注重严谨的学科特色等。例如，燕山大学的环境雕塑"国之重器"，包括 1 个 21 米高万吨水压机造型和 4 组人物情景雕塑。雕塑主体是采用学校的标志性科研成果万吨水压机原型，高大硬朗的形象体现着学校为国铸重器的高校担当；雕塑内部采用钢结构龙骨，干挂 GRC 材质外部造型，底部向上逐渐呈现原石堆砌、斧劈体块、粗糙烧毛、精致抛光的效果渐变，同种材质的不同质感变化，体现了燕山大学的重型机械特色，表现了科研工作者们在不断地雕琢中逐渐成形的科学研究精神。

11.3.2　企业文化对专业人才培养影响分析

企业文化是某一特定地域和民族文化背景中，在企业行为中所表现出来的具有相对稳定的行为理念、基本价值观和基本思维方式，具有经济价值、人文价值和社会价值，其特征主要表现为功利性、潜隐性、多元性。[1] 企业文化不是单一元素的事物，而是包括企业所坚守的经营理念、存在的正式或非正式制度以及价值观等元素的组合，在企业中主要担任培养员工刻苦钻研、乐于助人、尽职尽责等品质的理念或约束模式。

人才是企业的核心竞争力。彼得·德鲁克（Peter F. Drucker）曾说过，如果想要仅仅通过所掌握的市场份额、所拥有的资源就让企业获得成功，这在知识型社会中是难以实现的。因为对于企业来说，知识员工的数量与能力决定了企业能否成功。从企业的长期发展而言，企业除了应该处理企业与客户的关系、企业与市场关系，还应该处理与员工、与其他利益主体的关系，注重管理企业文化，提高管理效率，使企业持续发展。

知识经济的大背景下，为加强企业文化建设，培养具有高水平、高素质的专业人才，增强企业核心竞争力，越来越多的企业将文化建设的目光聚焦于后备人才的培养，通过企业文化体系建设、员工培训、企业大学建设等逐步建立起企业文化与人才培养的系统性工程，构建企业可持续发展的战略体系（见表 11 - 2）。比如，联想公司建设了一套系统的"家文化"体系，通过加强企业环境建设（人才筛选机制），将符合企业文化价值观的员工留下；同时在长期的经营中，联想公司形成了一套独特的人才培养机制，认为战略性人才只有通过自己培养，企业文化才会一代代地继承和进化，人才也会逐渐被员工所接受。华为公司的愿景与使命是把数字世界带入每个人、每个家庭、每个组织，构建万物互联的智能世界。目前，华为公司的培训主要有 3 种，分别为上岗培训、岗中培训、下岗培训，已经形成了自己的培训体系，建立了一套完整的针对员工个人的成长计划。海尔公司始终坚持"先造人才，再造品牌""创业、创新"文化及"人单合一双赢"模式，助力每位员工成为自己的 CEO，持续为用户创造价值。通过文化灌输的方式达到"内聚人心"的经营境界，从而为企业发展搭建强大的人才发展平台。万达公司视员工为企业的核心资本，发展成果首先要惠及员工，使员工在万达公司长本事、涨工资、长幸福指数。正泰公司建立了基于企业发展的战略人才

---

① 赵黎明. 当代国有企业文化建设研究 ［D］. 长春：吉林大学，2015.

储备机制，建立了干部培养与员工职业发展"H"型职业发展通道，以支持战略达成为核心使命，通过打造正泰大学堂使自身成长为领先的智慧能源人才生态圈。

表 11 - 2 　　　　　　　　　企业家及企业文化一览

企业家	所在企业（简称）	主要思想	企业文化及人才发展理念
张瑞敏	海尔	"人单合一"管理思想；"三生"体系	企业精神：已形成四代海尔精神、海尔作风 人才理念：人人都是 CEO；坚持非线性发展的可能性
李东升	TCL	既要学习先进的管理方法，又要学会在中国的环境中做事情	企业愿景：成为全球领先的智能科技公司 企业使命：科技创造精彩，畅享智慧生活 核心价值观：当责、创新、卓越 人才发展：成长不设限，培养不停步，贡献有回报
柳传志	联想	搭班子、定战略、带队伍	品牌愿景：智能，为每一个可能 人才发展：内部培养人才，建立人才储备
马化腾	腾讯	人才是腾讯最宝贵的财富；灰度管理法则	愿景与使命：用户为本，科技向善 人才发展：一直高度重视员工的发展
任正非	华为	惶恐才能生存，偏执才能成功	愿景与使命：把数字世界带入每个人、每个家庭、每个组织，构建万物互联的智能世界
董明珠	格力	别太关注企业大小，要关注企业文化；企业一定要走自主培养人才的道路	企业愿景：缔造世界一流企业　成就格力百年品牌 企业使命：弘扬工业精神，掌握核心科技，追求完美质量，提供一流服务，让世界爱上中国造 核心价值观：少说空话、多干实事，质量第一、顾客满意
南存辉	正泰	做精、做专、做好、做强	企业愿景：致力成为全球领先的智慧能源解决方案提供商 企业使命：让电力能源更安全、绿色、便捷、高效 核心价值观：以客户为中心，创新、协作、正直、谦学、担当 人才发展：正泰战略人才储备机制、职业发展通道、正泰大学堂
王健林	万达	人生追求的最高境界是精神追求；企业经营的最高层次是经营文化	企业使命：共创财富，公益社会 核心理念：国际万达，百年企业

资料来源：通过互联网搜索整理。

　　企业大学是指由企业自主建立的，以企业高层管理人员、高校教授和专业培训师为师资，通过教学、模拟、互动等教育手段，培养企业内部中、高层次管理人才和企业合作伙伴，满足企业内外部教育需求的新型教育方式。① 企业大学的出现填补了高校无法满足的知识技能需求空缺，以自办、合办等形式为企业持续不断地输送最符合企业价值观和经营要求的人才。1993 年，摩托罗拉公司中国区大学成立，这是国内开办的第一所企业大学。此后，企业大学如雨后春笋般涌现，为企业文化建设的发展贡献重要力量。其中，海尔大学、中国移动学院、中兴通讯学院、TCL 集团领导力开发学院等成为企业大学的代表。万达公司每年投入上亿元用于员工培训，并在廊坊投资 7 亿元建立了国内领先的万达学院。在深圳，华为公司有自己的培训学校和培训基地，华为公司的所有员工都要经过培训，并在培训合格后才可以上岗。华为公司也有自己的网上学校，通过这个虚拟的学校，华为公司可以在线为分布在全世界各个地方的华为人进行培训。因此，企业文化对员工的成长和专业人才培养发挥着至关重要的作用。

11.4　助力高质量人才培养的文化资源开发利用路径

大学阶段是大学生塑造、完善和升华优良人格的黄金时期，要坚持用"以文化人、以文育人"理念引领和带动大学生人格全面发展，塑造其道德内核，强化专业素养，引导大学生认同社会主义意识形态，提高政治自觉，明确自身所担负的历史责任。

11.4.1　以思想道德塑造为内核，注重价值引领，深化思想教育

高校以育人为本，德育为先。伊曼努尔·康德（Immanuel Kant）在《论优美感和崇高感》（*Beobachtungen uber das gefuhl des Schonen und Erhabenen*）中阐释，"人性自身的美丽和尊严，就在引导着自己的道德生活"。② "教育之为教育，正是它对人格心灵的唤醒，这是教育的核心所在"，③ 在人生的发展过程中发挥道德的引导力量离不开教育的重要作用。中国特色社会主义文化资源开发利用与高校马克思主义信仰教育高度契合，其物质性、制度性和精神性面向，可分别融入高校马克思主义信仰教育的感知认知教育、行为规范教育、理想信念教育。④

---

① 刘刚，殷建瓴，刘静. 中国企业文化 70 年：实践发展与理论构建 [J]. 经济管理，2019（10）.
② ［德］伊曼努尔·康德. 论优美感和崇高感 [M]. 何兆武，译. 北京：商务印书馆，2001.
③ 邹进. 现代德国文化教育学 [M]. 太原：山西教育出版社，1992.
④ 邓鹏. 红色文化融入高校马克思主义信仰教育研究 [J]. 中国高等教育，2019（9）.

我国各地区的优秀传统文化是大学生德育资源的重要来源，要将优秀传统文化作为校本教材的重要素材来源，在传统节日传递民族文化风俗，在文学作品中抒写民族精神，此外，谚语俗语、英雄史诗、经典歌曲、特色舞蹈中也都有很多增进团结和构建和谐社会的文化因子，要深入地挖掘中华民族文化中的德育资源进行氛围营造、加工利用、保护传承。用大学生喜闻乐见的形式，结合文化特性去传播先进的理论，将中华优秀传统文化融入学生教育的全过程，对大学生普及马克思主义中国化的最新研究成果，把中国特色社会主义理论的宣传、教育和学习贯穿大学生思想政治教育的始终，积极引导大学生践行社会主义核心价值观，坚定马克思主义的理想信念以及对国家、社会以及学校的价值认同，深植爱国主义情怀，培养爱党爱国、情怀高远、知行合一的高质量专业人才。

11.4.2　以知识文化传授为基础，夯实学科知识，探索科学真知

开发利用文化资源在内容选择上要做到精准识别，要尊重大学生的生活体验、认知能力和经历阅历；在方式、方法的选择上要做到精准定制，将大学生的群体需求、个性化需求同高校整体的以"文化人"要求进行协同，进行方向明确的资源整合和顶层设计，在教育、教学的方法上要做到精准滴灌、数据化管理、针对性设计、智能化互动、目标性施教。在文化育人融入课程思政建设时，需要将知识传授与立德树人同向同行，思想政治理论课教师与专业课教师同向同行，课程思政与思政课程同向同行，形成中国特色文化资源开发利用代代相传的持久合力。① 要做到传统文化和先进文化的激荡交融，中国文化和外国文化的兼收并蓄。坚持知识传授和价值引领相统一，显性教育和隐形教育相呼应，优势传承和实践创新相结合，让大学生在接受科学知识和专业教育的同时，受到科学精神的熏陶，先进文化的洗礼，在潜移默化中端正其价值判断和思想行为。

广大高校教师不仅是优秀文化的传播者，也是把握时代脉搏、传递时代声音、创作优秀时代作品的主力军。高校教师和大学生应该密切接触，充分融入学生、了解学生、关心学生，从而更容易在教学中总结育人经验，探索育人规律，深化育人理论，提升育人的科学化水平。开拓大学生"以文化人"的课堂新阵地、新思路、新平台，完善网络课程和网络育人平台，把握育人规律和时代特征，学生在哪里，文化育人的阵地就要延伸到哪里，让文化中蕴藏的精神、价值、信仰、情感变得可感、可视、可触、可用，让课堂这个"以文化人"的主阵

---

① 邓艳君. 红色基因融入课程思政建设的三重路向［J］. 思想教育研究，2021（2）.

地发挥实效。

11.4.3 以审美文化涵育为追求，感受文化魅力，提升艺术品位

美育是"以文化人"的重要部分，其目标在于培育大学生的审美意识、审美能力和审美趣味，激发和强化人的创造能力。米盖尔·杜夫海纳（Mikel Dn-frenne）提出："审美经验揭示了人类与世界的最深刻和最亲密的关系，他需要美，是因为他需要感受到他自己存在于世界。"[1] 审美教育是一种润物细无声的陶冶和滋养，是逐渐将高雅的审美趣味根植学生心中的过程。审美活动是一种超越物质生活实践的人生体验活动，获得的是精神的愉悦，境界的提升，人生智慧的积累，人格修养的完善，使自己追求更有意义和高远的人生，实现马丁·海德格尔（Martin Heidegger）所说的"人诗意地栖居着"。中华民族的美育思想可谓一脉相承、源远流长，美育资源丰厚而系统。

在审美文化教育的过程中，要注重美学和人生观、世界观的联系，要积累丰富的艺术欣赏经验，还要有针对性地进行艺术理论的灌输，扩大学生的知识面。高校应该有针对性地完善美育的课程体系，并将美育的元素渗透进高校的教育全过程。挖掘各地域和传统文化中的育人元素，包括一些优秀的文化典籍、舞蹈、戏剧、歌曲、小说、诗歌、绘画、手工艺等作品中的育人资源，举办各类艺术讲座，组织音乐节、戏剧节、诗歌节，运用现代技术网络平台，综合利用短视频、微电影、动漫作品等媒体方式，在浓厚的文化气氛和艺术气氛中各美其美，美美与共，让大学生有更加开阔的胸襟和眼界，从而拥有更加健康的人格和更加高远的精神境界，唤醒大学生的文化自觉，让"以文化人"给大学生植入审美基因，提升"以文化人"的回应力和影响力。

11.4.4 以制度文化建设为保障，加强统筹协调，提升整体效益

开发利用文化资源，助力高质量专业人才培养是一项系统性的工程，内部要素繁杂，只有系统内的诸要素相互协调、彼此配合并在此基础上建立起行之有效的运行机制，才能够保障文化资源育人实践的顺利开展。高校应加强文化资源育人的顶层设计，更新和完善运行机制，通过适当的方式和手段激发全校师生参与文化资源保护、传承弘扬文化资源的热情，[2] 用文化资源的开发利用凝聚起新时代高质量专业人才培养的伟力，为文化资源育人描绘蓝图、指明方向。

---

① ［法］米盖尔·杜夫海纳. 美学和哲学［M］. 孙菲，译. 北京：中国社会科学出版社，1985.
② 徐斌，陈阳波. 红色文化的基因延续与守正创新［J］. 人民论坛，2020（14）.

中华人民共和国建立以来，党的历届领导集体对于如何利用革命文化和传统文化资源进行资政育人以及传承好红色基因进行了积极的探索，逐渐形成了具有中国特色的文化资源传播体系和管理体制。例如：依托党委领导下的校长负责制，助力形成党、政、工、团分工负责又齐抓共管的文化资源育人大格局。同时，要发挥好共青团、学生会以及各种学生社团等群团组织传播文化资源的积极作用，把文化资源传播并渗透至大学生专业学习的方方面面。要从育人主体和客体两个层面更新和完善文化资源育人的激励机制。从育人主体层面来看，完善激励机制，能够充分地调动育人主客体和学校相关人员共同开展文化资源育人的积极性、主动性和创造性，守好教学、管理、服务这三块"责任田"，助推形成协同育人的合力。从育人客体层面来看，高校应通过多种途径激励大学生学习和认知文化资源的兴趣，充分地调动他们践行优良文化传统的积极性，最终使他们追求的个人发展目标与社会的需要相协调一致。在传统的文化资源育人过程中，育人主体是教育活动开展的主导者，育人客体是教育活动开展的受动者，应依据思想政治教育学原理中的"双向主体论"，以行之有效且易于育人主客体接受的途径加强两者之间的互动，积极更新、优化和建构文化资源育人过程中的主客体互动机制，提升育人的实效。比如，育人的主、客体应树立起平等互动的育人理念，高校决策层要积极地打造便于育人的主、客体平等互动的交流平台。总之，制度的作用在于统筹协调，利用各项机制调控好文化资源育人的组成要素，这样才能促进育人整体效益的发挥，提高文化资源育人的实效性，最终形成助力高质量专业人才培养的合力。

第 12 章 高校智库发展及其专业团队建设[①]

　　智库在国家建设事业中发挥着重要的作用。国家高度重视智库的发展，指出要下大力度加强智库建设。高校智库是中国特色国家智库的重要组成部分，这里结合燕山大学的智库发展现状，探讨高校智库发展及其专业团队建设，以期促进智库事业的发展，更多、更好地为国民经济与社会发展建言献策，助力国计民生事业的发展。

12.1　智库作用与国家发展要求

　　随着中国特色新型智库战略的实施，智库理论研究的热度明显上升，党和政府以及社会各界对智库的关注度显著增强。深入理解智库的内涵，剖析智库作用及国家发展的要求，对推进高校智库发展及其专业团队建设具有重要的意义。

12.1.1　智库概念

　　智库（think tank）一词首次出现于第二次世界大战期间，专指由国防专家和军事人员组成的进行战略和作战计划讨论的军情保密室。[②] 第二次世界大战后，这些与美国国防部门有密切关系的非政府研究机构迅速崛起，并取得了丰富的研究成果。同时，随着外在需求多元化，智库范围不断扩充，不再局限于军事和国际关系领域，而是进一步地延伸到政治、经济、社会、科技等公共问题的研究领域。如今，智库已发展成为一种专门为公共政策、公共决策等服务，进行开发性研究的咨询研究机构。[③] 它聚集各领域的专家、学者，运用他们的知识和才能，凭借专业性

---

　　① 本章由周高仪：博士，燕山大学社会科学处处长、副研究员；苏妍嫄：博士，燕山大学经济管理学院副教授；张雅君：燕山大学社会科学处助理研究员、正科级秘书；著。
　　② 潘刚，陈秀敏. 中国特色新型科技智库建设的思考 [J]. 智库理论与实践，2021，6（6）.
　　③ 申静，蔡文君，毕煜. 智库研究的现状、热点与前沿 [J]. 情报理论与实践，2020，43（12）.

和独立性的思想观点为公共领域的发展提供可供选择的满意方案或优化方案。①

我国智库雏形最早可追溯至春秋战国时期的门客谋士。② 如今的智库概念由英文翻译而来，国内也称为"脑库""智囊团"等。国务院印发的《关于加强中国特色新型智库建设的意见》对智库做出如下定义：中国特色新型智库是以公共政策与战略问题为主要研究对象，以服务党和政府科学、民主依法决策为宗旨的非营利性研究咨询机构。中国智库在政府决策、企业发展、社会舆论与公共知识传播等方面做出了重大贡献，是国家"软实力"和"话语权"的重要组成部分。③ 从组织形式和机构属性上看，智库既可以是具有政府背景的公共研究机构，也可以是不具有政府背景或具有准政府背景的私营研究机构；既可以是营利性研究机构，也可以是非营利性机构。

12.1.2　中国智库分类

美国著名的智库研究专家詹姆斯·麦甘（James G. McGann）教授，在《全球智库报告 2020》（2020 *Global Go To Think Tank Index Report*）中，依据智库属性的标准将智库分为以下七类：自治和独立智库、准独立智库、政府所属智库、准政府机构所属智库、大学所属智库、政党所属智库、企业智库。但由于各国国情迥异，这一分类标准在中国特色社会主义的语境下并不完全适用。基于中国智库发展的背景和现状，对中国智库可以做出如下分类。

（1）党政军智库。党政军智库指通过立法或者行政组织条例组建，存在于党、政、军系列内部，并为各级领导层提供决策相关服务的智库机构。党政军智库主要从公共财政获得资源，接受政府委托课题开展研究，其主要工作内容是在党和政府内部，通过内部渠道为领导人或决策人提供直接的决策参考与建议，是党、政、军的"内脑"。进一步地，如果对党政军智库进行层次划分，可以分为中央和地方两个层级。中央的党政军智库以直接参与中央党政决策和负责政府工作报告的"国字号"研究院为主；地方党政军智库则在设立和职能界定上参照中央，可以看作是中央智库"地方化、本土化"的产物。

（2）社会科学院。社会科学院，简称社科院。作为最具有中国特色的智库类别之一，社科院系统的历史可以追溯至 1949 年中华人民共和国成立后，中国科

① 陈升，孟漫. 智库影响力及其影响机理研究——基于 39 个中国智库样本的实证研究 [J]. 科学学研究，2015，33（9）.

② 彭瑛，李树德，曹如中. 我国智库发展的历史追溯、实践探索与提升策略研究 [J]. 图书馆理论与实践，2019（6）.

③ 左雪松. 中国特色新型智库建设的定位思考 [J]. 情报杂志，2018，37（6）.

学院成立的哲学社会科学学部。1977 年，在原中国科学院哲学社会科学学部的基础上，中国社会科学院应运而生。而后各省（自治区、直辖市）也顺应时代趋势接连地设立起地方级社科院；在此基础上，逐渐形成了如今的中国社科院系统。社科院是对政府政策的制定具有重要影响和推动作用的非政府机构，虽然名义上独立于政府，服务对象也不局限于政府机构，但实际上仍与政府部门有着千丝万缕的联系，并与党政军智库类似，同样依靠政府财政拨款或注资建立，并主要接受政府委托的课题开展研究。

（3）高校智库。高校智库是近年来发展势头迅猛的一类中国智库。高校智库通常由大学单独或在其他机构、团体的协助下创建，主要从事政策研究和相关决策咨询。由于高校智库一般并非政府主导，研究人员也多为各高校教师、学者或研究机构研究员等，因此，其服务对象和研究课题相对广泛。同时，由于聚集了大量各学科高层次人才，资料来源丰富，信息沟通顺畅，因此，高校智库已成为新研究方法、新研究思想等诞生的重要"摇篮"。

（4）民间智库。民间智库是指主要由民间出资组织并体现社会公众呼声和政策需求的公共政策研究机构。民间智库大多由企业、私人或民间团体创设，在组织上独立于其他任何机构。它们组织结构相对松散，研究人员大多由专家、学者或者前政府官员组成；规模较大时，设专职人员队伍，规模较小时，只有部分专职管理人员，需要从外界聘请相关的专家、学者。民间智库主要面向社会公众，所发声音大多围绕着社会的公平与正义，能自由选择服务对象和研究课题。民间智库经费来源多元化，主要来自大型基金会或企业赞助，较少或者不受政府资助，但一般也能与政府部门保持密切联系，对政府部门的决策产生一定的影响。

12.1.3　智库作用

中国特色新型智库是党和政府科学决策、民主决策、依法决策的重要支撑，是国家治理体系和治理能力现代化的重要内容，是国家软实力的重要组成部分，具有战略研究、政策建言、舆论引导、人才培养、公共外交的重要作用。

（1）智库有助于推进治理体系和治理能力现代化。智库以战略问题和公共决策为主要研究对象，以服务党和政府进行科学、民主、依法决策为宗旨，从科学性、趋势性、前瞻性、阶段性、方向性上为国家治理过程中面临的问题提供论证报告、对策建议。[①] 同时，作为生产思想和知识的特殊组织，智库因其价值引领

---

① 杨亚琴．中国特色新型智库现代化建设的若干思考——以智库影响力评价为视角的分析［J］．中国科学院院刊，2021，36（1）．

性、智力密集性、思想创新性、政策影响力等能力禀赋，与意识形态治理紧密关联，通过智库思想与意识形态建设凝聚人心，推进理论建设，形成意识形态理论引领力，进而在文化自觉与理论自觉中完善国家治理体系，提升国家治理能力。

（2）智库有助于引导搭建政府与公众思想共识平台。智库具有"集约化"的思维特征。针对民众对政府、政策等不理解、不支持甚至不配合的情况，智库可凭借自身的独立性特征，发挥其公信力强、影响力大的作用，有效地进行民众反馈信息收集以及舆论引导，从而主动地把握社会意识形态走向，将多元的、离散的社会意识统一起来，积极地寻求全社会意愿和需求的最大公约数，为多利益共同主体的充分诉求和理性表达提供公共平台。

（3）智库有助于为社会培养适用性人才。人才是智库生存和发展的关键因素，高校智库作为中国特色新型智库的重要组成部分，在培养具有深厚马克思主义理论素养并熟谙党和国家政策的多层次、全方位人才方面起到了举足轻重的作用。高校智库的建设以优势学科和特色教学资源为依托和根基，以问题为导向，围绕党和国家的重大战略需求，协同创新培养跨学科、跨专业实用型人才。此外，智库还将"出成果"与"出人才"列为同等重要的地位，很多智库内部都设有专门的教学机构，承担培养人才的任务，如北京大学国家发展研究院等。

（4）智库有助于促进国际交流共享人类智慧。随着全球化发展趋势的加快，国际经济复苏乏力，地区热点事件不断，大国关系发生了重要的调整，国际规则和制度发生了许多新变化，现代治理的专业性、复杂性和跨界特征使各国对智库的需求十分强烈，智库也逐渐成为国内外全球化相关问题研究的交流平台。如中国国际经济交流中心每两年举办一次"全球智库峰会"，邀请各国政要、学者和诺贝尔经济学奖得主等国内外主要智库和国际组织的代表参加，就全球热点的经济问题进行讨论，在解析和预测全球经济政策上发挥了重要的作用。中国智库建设虽起步较晚，但进度较快，在近些年的国际问题交流讨论中，充分发挥对外交流合作的优势，通过形式多样的智库外交发出"中国声音"，用"中国学术""中国理论""中国思想"讲好"中国故事"，写好"中国文章"，为中国的持续、健康发展营造良好的国际舆论环境。

12.1.4　智库发展的国家要求

从 2013 年习近平同志对建设中国特色新型智库做出重要的批示以来，党的多个重要文件都将其作为改革发展的一项重要任务。习近平同志明确指示，要从推动科学决策、民主决策，推进国家治理体系和治理能力现代化、增强国家软实力的战略高度，把中国特色新型智库建设作为一项重大而紧迫的任务切实抓好。[①]

（1）以"研究"为本。智库更好地发挥作用的核心根本是研究。这是高端智库开展研究和咨政工作的基础，也是智库的核心能力所在。首先，智库应开展专业且科学的研究。以专业性追求科学性、以科学性引领专业性是倡导高端智库开展研究的根本目的所在。高端智库应开展专业研究，用专业判断引导正确决策，进而实现对策的科学性，从而以最小的成本，推动社会、企业、政府和公众达成共识、形成应对合力。其次，智库应开展精细又精准的研究。精细研究追求的是精准，面对政府精细化治理过程中遇到的问题，智库给出的答案和建议必须精准化，要有效、有针对、切实、可操作。最后，智库应开展前瞻加储备的研究。任何天灾人祸如果能提早预防，必然将减少损失。智库应做好"事前诸葛""观察员"式的研究，以备及时地进行预警、预测，合规地提醒、提示。

（2）以"信息"为要。智库更好地发挥作用的关键支撑是信息。[②] 互联网带来的"信息大爆炸"解决了信息获取的难题，却也增加了紧急时刻信息鉴别的难度。谣言与辟谣信息齐飞、吐槽与赞美之词并存，分散的自媒体和各种各样的官媒都在五花八门的资讯中摇摆沉浮。想要发挥智库的正向作用，如果缺乏灵敏、真实的信息获取渠道，也只能是"巧妇难为无米之炊"。为此，需要处理好灵敏性与真实性的关系，尤其对重点信息要有灵敏反应，及时地捕捉"苗头"并见微知著，做出正确的预见，构筑高端智库与普通观察者之间的实力天堑。

（3）以"咨政"为任。智库更好地发挥作用的价值体现在于咨政。各级政府领导常因需要处理大量行政事务而时间有限，广大民众缺乏专业性，在海量信息中易感手足无措。为此，高端智库需要将林林总总的各种信息去伪存真，迅速地开展专业性的科学研究，形成言简意赅、及时、有效的研究报告，对口咨政，以辅助政府决策。

12.1.5　智库建设的重要性

为深入贯彻落实党的十八大、十八届三中全会精神，贯彻落实习近平同志关于加强智库建设的重要批示，推进中国特色新型高校智库建设，为党和政府科学决策提供高水平的智力支持，教育部印发《中国特色新型高校智库建设推进计划》，指出高校智库应当发挥战略研究、政策建言、人才培养、舆论引导、公共

---

① 加强中国特色新型智库建设［N］. 人民日报，2015 - 1 - 21（1）.

② 罗繁明，袁俊，赵恒煜. 基于大数据的特色新型智库平台建设研究——以广东智库信息化平台为例［J］. 情报资料工作，2020，41（5）.

外交的重要功能。

（1）习近平同志高度重视智库建设。据不完全统计，2013 年以来，习近平同志对智库建设作出的重要论述、指示、批示等达 50 次以上。2013 年 4 月，习近平同志对建设中国特色智库作出重要批示，这是截至当时中央最高领导专门就智库建设做出的最为明确、内涵最为丰富的一次重要批示。在中央全面深化改革领导小组第六次会议上，习近平提出"要从推动科学决策、民主决策，推进国家治理体系和治理能力现代化、增强国家软实力的战略高度，把中国特色新型智库建设作为一项重大而紧迫的任务切实抓好"。① 在哲学社会科学工作座谈会上的讲话中，习近平对智库建设作出专门论述，他指出："智库建设要把重点放在提高研究质量、推动内容创新上。"② 在党的十九大报告中，习近平指出"加快构建中国特色哲学社会科学，加强中国特色新型智库建设"。③

（2）国家"双一流"政策文件重视智库建设。《国务院关于印发统筹推进世界一流大学和一流学科建设总体方案的通知》的第六部分"提升科学研究水平"中提到："打造一批具有中国特色和世界影响的新型高校智库，提高服务国家决策的能力。"教育部、财政部、国家发展和改革委员会关于印发《统筹推进世界一流大学和一流学科建设实施办法（暂行）》的通知第二章遴选条件第七条提道："社会服务方面……形成具有中国特色和世界影响的新型高端智库，为国家和区域经济转型、产业升级和技术变革、服务国家安全和社会公共安全做出突出贡献，运用新知识新理论认识世界、传承文明、科学普及、资政育人和服务社会成效显著。"教育部、财政部、国家发展和改革委员会关于印发《"双一流"建设成效评价办法（试行）》的通知中，第六条第 4 点"社会服务评价"中将"特色高端智库体系的建设成效"纳入其中。

（3）经济社会发展迫切需要智力支持。从全局看，破解改革、发展、稳定难题和应对全球性问题的复杂性、艰巨性前所未有，需要智库解答这些问题。从国内看，高校智库是行业软实力的重要载体，可在政府和学术界之间搭建起沟通的"桥梁"。从国际看，高校智库是国际交流合作的重要纽带，是国际舞台用"中国理论""中国学术""中国思想"，讲好"中国故事"的一支重要力量。

---

① 学习贯彻党的十八届四中全会精神　运用法治思维和法治方式推进改革［N］. 人民日报，2014 – 10 – 28（1）.

② 习近平. 在哲学社会科学工作座谈会上的讲话［N］. 人民日报，2016 – 5 – 19（2）.

③ 习近平. 决胜全面建成小康社会　夺取新时代中国特色社会主义伟大胜利［N］. 人民日报，2017 – 10 – 28（1）.

12.2　燕山大学的智库发展现状

高校智库是中国特色国家智库的重要组成部分，这里以燕山大学智库建设为例，阐述燕山大学智库的发展历程、类型数量以及贡献成绩，进而为探讨高校智库的发展及其专业团队建设相关问题奠定基础。

12.2.1　智库发展过程

燕山大学作为一所"以工为主"的高等院校，智库建设起步较晚。2010 年12 月，为全面贯彻落实科学发展观，鼓励和支持社科研究人员深入研究河北省经济社会发展中的重大问题，提升社科研究服务决策、服务基层、服务群众的能力和水平，燕山大学与河北省社会科学界联合会协同共建了"河北省地方政府改革与发展研究基地"。这是燕山大学的第 1 个省级哲学社会科学研究基地，是智库建设的开端。研究基地在河北省社科联和燕山大学的领导下，依托学校哲学社会科学专业开展工作，基地成立了管理委员会，并下设文科学科梯队，且各学科梯队具有合理的职称结构、年龄结构、知识结构和学缘结构。研究基地涵盖经济管理学院、文法学院、马克思主义学院、外国语学院、艺术与设计学院和体育学院等 6 个文科学院以及 20 多个哲学社会科学相关专业。设有管理科学与工程、工商管理、公共管理 3 个管理类博士点；设有行政管理、政治学理论、管理科学与工程等 20 多个文科类硕士点；设有公共管理硕士（MPA）和工商管理硕士（MBA）、旅游管理硕士等 6 个人文社科类专业学位点。研究基地紧密联系中国地方政府改革与发展实际，尤其注重河北省、市、县政府改革与发展的实际问题。设有地方电子政务研究、地方政府行政管理研究、地方教育经济与管理研究、地方公共危机治理研究、地方劳动与社会保障研究、比较政治与比较行政研究等研究方向。

地方政府改革发展研究基地运行稳健，学科方向得到了凝练，哲学社会科学服务社会的导向力逐渐增强，带动了一批专业智库的成立与建设。十年间，燕山大学共建立了省级科研平台 14 个，涉及政策评估、区域经济、工业设计、港口物流、创新创业等多个领域。在年度考评工作机制推动下，不少研究平台已经实现规范运行，项目开发和决策咨询能力不断增强，服务地方经济社会建设的作用逐渐显现。

随着省级智库的规范运行，燕山大学着手下一步如何规划省级智库的培育建设工作。2015 年，学校出台了《燕山大学人文社会科学研究机构管理办法》，旨在充分地发挥研究机构在学科建设、人才培养、成果产出、文科繁荣发展等方面的重要作用，加强了各级人文社科研究机构的管理，通过整合、撤并、优化等方式，努力建成一批高效、精干富有特色的校级人文社科研究机构，为培育省级、国家级研究机构夯实基础。管理办法对文科研究机构实行"自由申报、集中受理、定期评估、动态调整"的管理，规定了校内研究机构的申报与审批、运行与管理、检查评估及总则细则。在政策导向和评估激励下，学校共建成了 45 个校内研究机构，几乎涵盖了社科类的所有学科，研究机构通过和省（市）相关部门的对接，充分发挥了燕山大学的各级各类智库咨政建言，服务地方政府经济社会发展的作用。

12.2.2　智库类型数量

燕山大学现有人文社科类研究机构 59 个；其中，省级研究机构 14 个，主管部门包括：河北省委宣传部、河北省社科联、河北省科学技术厅、河北省教育厅、河北省工业和信息化厅和河北省文化厅。2015 年，学校组织完成了校内首批研究机构的设立工作，设立了 22 个燕山大学人文社科研究机构；2017 年，第二批校内研究机构设立了 13 个；2018 年，第三批校内研究机构设立了 1 个；2019 年，第四批校内研究机构设立了 4 个；2021 年，第 5 批校内研究机构设立了 6 个（省级研究机构见表 12 – 1）。

表 12 – 1　　　　　　　　　燕山大学省级人文社科研究基地一览

序号	机构类型	基地名称	成立时间（年）	管理部门
1	河北省哲学社会科学研究基地	地方政府改革与发展研究基地	2010	河北省社科联
2	河北省工程技术研究中心	河北省现代港口煤炭物流工程技术研究中心	2011	河北省科技厅
3	河北省软科学研究基地	河北省"服务经济与管理"软科学研究基地	2012	河北省科技厅
4	河北省工业设计中心	河北省工业设计创新与发展研究中心	2013	河北省工业和信息化厅
5	河北省非物质文化遗产研究基地	河北省非物质文化遗产研究基地（文法学院）	2013	河北省文化厅

续表

序号	机构类型	基地名称	成立时间（年）	管理部门
6	河北省非物质文化遗产研究基地	河北省非物质文化遗产研究基地（艺术学院）	2013	河北省文化厅
7	河北省高等学校人文社会科学重点研究基地	燕山大学京津冀协同发展管理创新研究中心	2014	河北省教育厅
8	河北省高等学校人文社会科学重点研究基地	燕山大学区域经济发展研究中心	2014	河北省教育厅
9	河北省高等学校人文社会科学重点研究基地（培育）	燕山大学工业设计产业研究中心	2014	河北省教育厅
10	河北省中国特色社会主义理论体系研究基地	河北省中国特色社会主义理论体系燕山大学研究基地	2015	河北省委宣传部
11	河北省第二批"2011 协同创新中心"	河北沿海地区临港产业发展	2016	河北省教育厅
12	河北首批新型智库试点	河北省公共政策评估研究中心	2016	河北省委宣传部
13	河北新型智库重点培育	河北省设计创新及产业发展研究中心	2017	河北省委宣传部
14	—	燕山大学全面依法治省研究院	2020	—

资料来源：笔者整理。

12.2.3　智库作为贡献

近年来，燕山大学深入贯彻习近平同志对建设中国特色智库的重要指示和中央《关于加强中国特色新型智库建设的意见》的文件精神，服务于省（市）决策部门工作，发挥燕山大学在省级决策中的"思想库"作用，创造性地开展咨政工作，取得了显著的成效。"十三五"期间，共有 133 件咨政成果获得省（市）领导肯定性批示，是"十二五"期间的 4.9 倍。近期，学校采取多项举措加强新型智库建设，一是创办"社科讲坛"，先后邀请政府、高校的领导专家进行咨政报告专题辅导讲座；二是创立《燕大新型智库工作简报》，宣传相关政策，搭建沟通平台；三是拓展报送渠道，广泛动员、定向征集智库报告；四是组织专家对咨政报告质量把关；五是加强校地合作，与多部门对接，开展智库项目合作。

燕山大学自 2020 年至今，共发布《燕山大学智库成果专报》51 期（92

篇），共有 71 篇报告获得领导的批示或采纳，其中 1 篇获得副国级国家领导人、我国政协副主席的肯定性批示，19 篇获得正省级领导批示，29 篇获得副省级领导批示，1 篇被教育部采纳，2 篇被《侨情专报》采纳，13 篇作为建议由河北省我国人大代表提交第十三届我国人民代表大会，3 篇获得民建中央采纳，2 篇被国务院参事室选用，1 篇被中国民主同盟河北省委员会采纳。

12.3　高校新型智库专业团队建设

高校智库是行业软实力的重要载体，可在政府和学术界之间搭建起沟通的"桥梁"。同时，高校智库还是国际交流合作的重要纽带，是国际舞台用"中国理论""中国学术""中国思想"讲好"中国故事"的一支重要力量。为此，针对高校智库不足或薄弱之处，积极响应国家要求，提出加强智库团队建设的如下举措。

12.3.1　以创新机制激发智库研究创新活力

高校新型智库应深入贯彻习近平同志对建设中国特色智库的重要指示和中央《关于加强中国特色新型智库建设的意见》的文件精神，加强组织领导，创新体制机制，完善顶层设计，以制度建设确保咨政质量"生命线"，进而发挥高校在省（市）决策中的"思想库"作用，创造性地开展咨政工作。

（1）完善组织机构建设。成立由高校校领导牵头，相关学院、相关职能处室负责同志及智库负责人为主要成员的新型智库建设领导小组，领导小组下设办公室。同时，建立完善工作推进机制，明确任务分工，加强统筹协调，形成工作合力。

（2）建立、健全激励机制。为调动教师广泛参与的积极性，建立决策咨询成果奖励机制，统一纳入学校奖励性绩效工资中的职业业绩奖励及工作量体系。完善以贡献和质量为导向的绩效评估办法，牢固地树立质量第一的评价导向，实施科学、合理的分类评价标准，把围绕省委、省政府中心工作的实际贡献度作为核心标准。

（3）加强日常管理。为新型智库管理配备专门的负责人和工作人员，提供专门的设备，进行智库网站、信息库等建设和日常管理。同时，设立专门电子邮箱和联络群，方便科研人员之间的交流和成果报送。

（4）设立专项经费。将新型智库建设纳入专项规划，设立专项经费，立项支持专业智库建设，组织科研人员开展专题研究，根据项目任务的需要给予一定启动经费和课题研究资助，促进智库成果的产生和孵化。

12.3.2 发挥高校优势，服务人才培养

人才是智库生存与可持续发展的关键因素。高校智库应将育人纳入重点工作之中，充分发挥人才培养优势，努力培养复合型智库人才，为中国特色新型智库建设提供有力的人才保障。

（1）制订人才培养方案。高校智库应以开放性、战略性视角，围绕智库建设系统制订人才培养方案，将人才培养与科学研究有机结合，充分利用高校优质的教学科研平台，通过传、帮、带以及科研训练等方式，培养一支能够担当时代使命，充满家国情怀，学术造诣深厚，理论基础扎实，充满活力和创造力的新型智库高端人才。

（2）加强职业道德培养。引导智库人才以服务国家、服务人民为根本出发点，以满足和实现人民日益增长的美好生活需要为根本的奋斗动力，将自己的奋斗目标与国家发展战略相结合，实事求是、严谨治学，用实际行动展现智库人员攻坚克难、潜心治学的人生价值。

（3）注重后备人才培养。首先，营造崇尚科学、合作共享的良好氛围，为智库后备人才提供良好的发展平台。其次，实行导师制培养，选择资深研究员担任导师，形成以老带新的培养模式，通过课题研究提升后备人才的科研能力。最后，选派优秀的后备人才前往政府等有关部门挂职锻炼，提升解决现实社会问题的能力。

12.3.3 培育组建专业化智库人才队伍

高校应充分发挥多学科协同、文理工结合的优势，整合优质资源，打造若干个不同研究方向、富有品牌特色、稳定的智库研究团队，为国家和省经济社会发展解决实际问题，并以此实现学科建设、学术研究、人才培养、服务社会能力的整体提升。

（1）建立智库核心人才库。为扩大智库研究群体，学校应积极整合优势资源，大力推动新文科及新型智库建设，充实、壮大智库的核心人才队伍。

（2）组建多学科背景的咨政研究团队。一方面，加强经济学、管理学、法学等传统学科之间的交叉研究；另一方面，考虑到问题导向下传统学科与人工智能、大数据等新兴学科之间的紧密耦合效应，为促进"新文科"建设和创新发

展，可组建多学科背景的咨政研究团队，推动跨学科、跨领域、跨单位合作，实现优势组合，形成校内、校外协同攻关。

（3）突出研究重点和特色。一方面，发挥学校的学科优势，整合校内外优势资源，构建专业智库团队，推动高层次项目和智库团队多元化、专业化发展；另一方面，智库团队还应围绕国家和河北省的工作重点、要点，以及领导的关注点和社会亟待解决的热点、难点问题进行重点课题和应急课题的研究。

12.3.4　以高端平台提升智库品牌影响力

高校应积极地构建高端平台，及时获取党政机关及其他企事业单位的现实需求，并为之提供良好的决策信息、支撑数据和政策解决方案，以期在智库建设中起到示范作用，成为省内乃至国家有重大影响的思想库和创新源，进而提高社会贡献度以及智库品牌影响力。

（1）构建供需对接平台。第一，由高校相关职能部门负责，构建学校、学院、科研机构、项目团队等多级联动的组织网络。第二，加强科研信息员队伍建设，确保咨政需求信息能传达至相关领域的专家学者。第三，开展科研对接服务，及时提供政府、企事业单位的需求信息，畅通智库信息发布者与研究者、智库源与需求者之间交互性的沟通渠道。

（2）拓展多途径报送渠道。第一，加大报送力度，拓展报送渠道，建立定向征集、分类报送的工作机制。第二，根据形势需要，组织相关领域的专家、学者撰写文章，在大报、大刊上集中发表。第三，开设智库网站、微信及其他媒体平台，介绍学校科研能力、研究方向、服务领域及智库成果。

（3）积极开展学术交流。一方面，定期举办有影响力的智库沙龙或高端论坛，建立与政府、媒体、校内外学术精英等的交流渠道；另一方面，邀请政府有关部门的领导和专家来校讲座培训，定期对咨政建言的撰写进行指导，及时了解政府决策需求，瞄准社会经济发展需要，提升智库报告的针对性和可操作性等。

第13章 高校教师教学效益的多维性与评价考核[①]

深化我国教育评价改革关乎教育的发展方向。2018 年以来，"新时代全国高等学校本科教育工作会议""全国教育大会""全国研究生教育会议"相继召开。2020 年 10 月，中共中央、国务院印发的《深化新时代教育评价改革总体方案》吹响了我国教育综合改革攻坚战的号角。但是，科学的教育评价需要科学的评价理论支持，而目前的教育评价理论并不完备，科学性水平还比较低。本章以近年来国家颁布的高等教育领域系列改革文件为指导思想，以高校教学效益评价为研究主题，运用系统评价学基础理论的研究成果，探讨新时代高校教师教学效益考核的方法论问题。

13.1 效益与教学效益

效益是反映人的实践活动状况的专门术语，《现代汉语词典》对效益的解释为效果和利益。因社会活动的主体单位、考察角度和范围等不同，效益可分为职业效益、企业效益、经济效益、社会效益等。从一般意义上说，效益是人的实践活动的成效、益处，也就是人的活动追求的好处，是满足个人与社会需要的利益所在。

效益追求的基本内涵是当事人用较少的花费求得较多的利益好处，但在不同的社会条件下，效益内涵的要点有所不同。在自然经济社会条件下，自需、自劳、自给、自消，其内涵是当事人追求用较少的花费和实际的投入获得较多的个体实际收获，除特殊情景外，与大社会联系不紧密。在近现代私有制市场经

---

① 本章由刘新建：博士，燕山大学经济管理学院教授；房俊峰：燕山大学经济管理学院副研究员、研究生与科研秘书；著。

济社会中，人们分工协作、钱物互易、市场竞争，职业人追求用较少的劳动和货币投入获得较多的货币收入，个人收入与社会关系紧密相关。在中国社会主义市场经济中，个人职业活动与社会公共活动相互融合，市场运作与政府管理有机结合，个人利益与他人和社会公共利益联系在一起，效在多方、益在多处。①

高校教师作为一类特定职业，其职业活动包括教学、科研和社会服务三个领域。对大多数教师来说，教学是其中心工作。教学效益是教学价值的体现，指的是教学及其结果与社会和个人发展的需求是否吻合以及吻合的程度。是否吻合是对教学效益质的规定，吻合程度是对教学效益量的把握。② 从教学的微观层面看，所谓教学效益是指教育教学的效果与收益，其主要内涵是包括教学质量在内的实际教育教学效率、教学效果和教与学等各相关主体的收获与得益。③ 现有文献的研究更多地聚焦于课堂教学效益，如认为课堂教学效益是在单位课堂教学的时间中，教学达成教育目的的综合水平。④

13.2　教学效益考核的三维体系

一个评价方案的核心是评价模型，评价模型的制定需要考虑三个维度，包括时间维度、主体维度和内容维度。内容维度是指评价的指标体系，主体维度是指评价涉及的价值主体和价值客体、评价主体和评价对象，时间维度是指评价对象的评价内容发生的时间。高校教师教学效益评价模型的建立也需从三维体系考虑才能结构清晰。

对于教师水平的评价，破除"五唯"，需要坚持全面衡量教师高尚的师德、教书育人的能力、敬业的职业态度等多维尺度。对于教师的评价，要重申教师最主要的职责是教书育人，将教书育人摆在更重要的地位，把学生能力的提升、科研创新力的增强、服务社会水平的提高作为重要的参考因素，把对教师的评价推向多元、综合、全面的方向发展。本章构建了包含时间维度、层次（主体）维度、内容维度的教学效益考核三维分析框架（见图13－1）。

---

① 齐经民，杨诗维. 效益考核与绩效考核的比较分析及其转换［J］. 开发研究，2016（5）.
② 余文森. 从有效教学走向卓越教学［M］. 上海：华东师范大学出版社，2015.
③ 马广柏. 基于教学效益理念的课堂要素论［J］. 教育探索，2012（6）.
④ 傅维利. 课堂教学效益评价改革的基本方向［J］. 中国教育学刊，2013（11）.

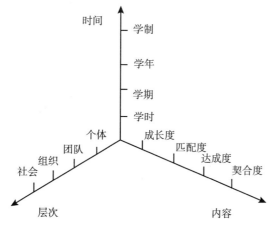

图 13 - 1　教学效益考核的三维分析框架

资料来源：笔者绘制。

13.2.1　时间维度

十年树木、百年树人，教学效益是个具有时间范畴的概念，其时间单位包括学时（课堂）、学期（课程）、学年（专业）以及学制（不同的教育阶段），此外，还需考虑职称评聘、专业建设、学科建设、教育规划等周期年限设置，如高校高级职称评聘中任现职期限一般不低于 5 年、学科评估由 4 年调整为 5 年、教育规划周期为 5 年等，教学效益的考核周期更是风物长宜放眼量，充分考虑教学周期、岗位聘期、评估周期、规划周期，兼顾效益显现的长期性特征。

13.2.2　主体层次维度

所谓教学效益考核的层次性是指评价任务中各种行为主体的多层次结构，主要包括价值主体的多层次、评价对象的多层次和评价主体的多层次。所谓价值主体指教学的受益主体，从个体到社会依次有学生个人及其家庭、学院或系、学校、政府教育行政部门、社会。所谓评价对象指接受评价的主体，有课堂、课程、教师、教学团队、系室或学院、学校等。所谓评价主体是指评价活动的实施方，在教学效益考核中就是发起和主持考核的机构，一般是校、院两级，政府教育行政部门也可以组织专门的考核项目。

（1）个体。教学效益的个体主要包括教学实施的教师与学生。学生是教学活动的直接受益主体，在教学效益考核中具有基本的参与权。现在，各个高校都开展了学生评教活动。在各层次的教学效益考核中，对学生受益的考核也是最基本内容，学生受益会传递给学生的家庭受益，"教学相长"使教师也会从教学中受益。首先，随着教学经验的积累，教师的教学能力不断提高；其次，在向学生的教授中，对专业概念和专业问题的认识不断加深，提高了学术能力。在教学效益考核中，教师既是教学的实施者和对学生效益的考核者，也可以作为对教师职业效益考核的一部分，作为受益方来考核。

（2）团队。这里的团队指教学团队。在大学中，教学团队既包括教授同一门课的教师集合，也指相关课程组成的教学团队，还可以是一个基层专业教学单位。作为一个团队，可以实施对本团队教学效益的自我考核，也可以接受外部对本团队教学效益的考核。在《教育部关于一流本科课程建设的实施意见》中提出，组建优秀教师团队，建设一流本科课程；注重将个人评价与团队评价相结合，考察团队合作及社会效益，尊重和认可团队所有参与者的实际贡献。

（3）组织。作为考核的实施者，组织是评价主体，包括学院、学校、政府部门、第三方机构。作为一个整体，学校可以对院系的教学工作进行考核，政府和第三方机构可以对学校的教学工作进行考核。不同层次的考核者从不同的利益角度出发会提出不同的考核框架和考核标准。

（4）社会。教学效益的社会范围包括所属地区、国家和人类共同体，是从评价的价值主体即受益主体划分的社会层次。教学的最终受益对象是教育系统的外部社会。提高人才培养质量，是教书育人社会效益的集中体现。实现党和政府在"两个大局"中培养担当民族复兴大任的高层次时代新人的战略需求；满足用人单位的需求，促进人岗相适，需要共同营造教育发展的良好生态。

13.2.3 内容维度

从考核内容的角度考虑，主要是对于一堂课和一学期的一门课或一年的教学工作考核。高校教学工作的长久效益不宜在这样短周期的考核中实现。在这样的考核性评价中，居于主导的价值主体和评价主体是学校和基层教学单位。

对于一堂课的考核，从主导性价值主体考虑，教学效益表现为两个维度和两个层次。首先是课堂秩序，其次是教学效果。教学效果又表现为两个层面：学生感受方面和教学内容目标方面。学生感受既有感性成分也有理性成分。作为专业课的初学者，对于相关知识的科学价值、未来应用和理论深度是很懵懂的，对于大多数的学生只能从初步的感性认识去体会教学的效益。

对于一学期的一门课考核，教学效益在不出教学事故的情况下，考核的内容就是教学效果，其表现同样包括学生感受和教学目标两个方面。这时的教学目标比一堂课更具有广度和深度。从广度上说，考核的教学内容是整个教学大纲的规定；从深度上说，不仅考核知识内容，还有能力内容。在能力内容上，不同课程目标不同，有的侧重操作技能，有的侧重抽象思维能力，有的侧重情感思想。在拥有完备的教学大纲的情景下，根据教学大纲设计教学效益评价方案是最正确的途径。

对于教师一个学年的教学工作考核，更具有全面的综合性。首先，一个教师在一学年中通常要教授多门课程，考核是对全部课程的综合考核；其次，教学工作不仅是课堂教学，还有多种实践环节（实验、实习、课程设计、综合训练、毕业论文等）指导，另外，还有导师工作（现在许多学校为本科生配备了导师）和课外活动指导等。对不同层次（本科生、硕士生、博士生）和不同年级学生的教学效益评价，评价内容也会有所不同。

由于教师教学工作的多样性，效益的表现形式具有较大的差异性。为了综合教学效益的不同方面，目前的评价中使用了一些高度抽象的综合性指标，如满意度、成长度、达成度、契合度。

（1）满意度。满意度是一种具有高度综合性的主观评价感性指标。以一堂课的教学效益评价为例，假设一级评价指标包括课堂秩序、教学内容和教学方法三个指标。当采用基于学生调查的评价方式时，既可以让学生评价总指标：对这堂课的满意度，也可以分三项指标分别评价，然后在需要时进行综合。在总指标的设置上，可以有不同的观察角度。比如可以让学生感知听课的收获，从收获的角度评价满意度，也可以根据自己对教学质量的理解，从教学质量的总体感知角度做出评价。从学生个体的评价到学生总体的评价采取简单算术平均值就行，其中，可以去掉一个最高分和一个最低分。目前对教学效益考核指标和影响因素的认识尚未统一，如高校形象、学生期望、感知质量、感知价值、学校口碑、学生活动、学生抱怨、数字技术、学生忠诚，等等，[①] 还没有建立起科学的规范。

（2）成长度。成长度是一个价值主体受到价值客体的影响而形成的自身素质的增长量。在教学效益考核中，比较适合成长度指标的评价活动有课堂教学效益考核和课程教学效益考核，适合的价值主体主要是学生和教师。对教师来说，成长度指在一定时期内教师教学和学术能力的提高程度，通过教学过程实现教师个人职业成长。从学生效益的角度考虑，学生在教学过程中获得的主要是知识的增长和技能的提高，而思想的变化是一种连带成果。成长度的评定中有量的指标，如考试成

---

① 夏宁满 . 翻译硕士专业学位研究生教学质量满意度调查研究 [J]. 外语电化教学，2021（5）.

绩，但在执行过程中有强烈的主观感性认知，其内容比较复杂，考核难度较大。

（3）达成度。达成度是相对于目标值的达成情况，在教学效益考核中包括课程目标达成度、毕业要求和培养目标达成度等。在专业课程教学中，普遍容易存在"重授课、轻育人""重成绩、轻过程""重评价、轻改进"等现象。有学者提出引入期望达成系数，从课程成绩评价、用人单位评价、毕业生自评三个维度对毕业要求达成情况进行评价。[①]

（4）契合度。契合度是对某种事物与主体价值导向一致性的评价。广义而言，因为评价就是价值主、客体的价值关系状态的评定，所以，所有的评价都是契合度评价。在教学效益考核中，从教育的价值观培养属性考虑，契合度评价主要指教学活动引起的主、客体变化与社会主导价值的一致性判断，就是与我国社会主义核心价值观、与培养中国特色社会主义劳动者的社会要求的一致性判断，所以，其核心是政治正确性。另外，从机构管理角度考虑，可以对与单位发展目标要求的一致性进行评判。

13.3 教学效益考核的评价理论

教学效益考核属于职业效益评价的一种，其评价方法思想与一般职业效益评价方法论是相通的，[②] 下面简要论述七个评价要素。[③]

13.3.1 评价项目属性

学校中进行的教学效益考核一般应是正式评价，也有一定的规范，通常有定期考核和不定期考核。不定期考核如督导听课，虽然不定期，但一般有规范的评价方案。定期考核有课程结课考核、学期考核和学年考核。

13.3.2 评价目的

评价目的的确定是评价活动的关键环节。对于不同的教学效益考核项目，评

---

① 向福，王锋，项俊. 师范类专业认证背景下课程目标达成度评价及持续改进策略 [J]. 中国大学教学，2021（7）.

② 完整的职业效益评价理论请参见：齐经民，刘新建. 职业经济解析——国计民生基本问题研究 [M]. 北京：经济科学出版社，2018.

③ 刘新建. 层位评价理论——一种合理的评价思想 [C]. 2003 年中国管理科学学术会议论文集，2003.

价目的会有所不同。不定期督导评价的评价目的是考核教师的课堂教学过程，通过过程判断其教学效益，也会对一堂课的教学效益做出个人评价。多次的课堂督导评价会成为一门课的学期教学效益评价的基础资料，因此，督导评价方案应严肃、科学地制定。

课程教学效益考核是课程教学评价的组成部分，一次性课程教学效益考核的评价目的是考察经过一个教学循环达到的教学效果。对一位教师的总体教学效益评价的评价目的是对教师长期教学生涯的总体效果做出判断，为树立典型教师服务，应建立在充分的课程教学效益考核的历史资料基础上。

由上级教育行政部门对一所学校的教学效益考核的评价目的是评估一所学校的总体教学效果，总结优秀的教学管理模式，为全面提高国家或区域内学校的教学水平提供实践经验或发现教学管理中存在的问题。

有效的教学效益考核必须设立正确的评价目的，不能把考核简单化为奖惩！

13.3.3　总指标

总指标是对评价内容的最高概括，是正式规范评价的必备要素。教学效益考核的总指标就是教学效益。严谨地说，教学效益应该是一个总量。比如，在同一门课中，30 位学生的教学效益与 50 位学生的教学效益在个体学生的教学效益平均数相同的情况下是不相等的。但是，教学效益考核的内容多是难以准确量化的指标，所以，教学效益的考核在量与质的结合上需要综合平衡。

13.3.4　评价目标

评价目标与评价目的不是同一个概念。评价目标规定具体一项评价工作结束时，对评价对象做出的评价结果的表现形式，如评价分数、排名、分级、分类等。评价目标的实现一般依据评价的总指标进行，有时也依据一级评价指标集实现。

根据前述评价目的，教学效益考核的评价目标不宜用绝对量化指标进行衡量，也不宜对所有教师和所有课程进行完全排序。在教师教学效益考核上只要做出基本达标、良好和优秀就可以了，个别出现严重问题的可以考核为"不及格"。对学校整体的考核只用合格和良好就可以，个别成绩突出的可以树为典型，个别存在严重问题的则予以警戒，重点是总结经验教训，提出改进措施。

13.3.5　价值关系

如果一种事物对人或人的集合体有价值，就可以说在该事物与人或人的集合体之间存在价值关系。所谓有价值就是事物能够以其某种或某些属性满足人或人的集合体的一种或多种需要。评价就是对这种价值大小的确定。价值关系包括价值主体和价值客体。

在教学效益考核中，不同类型和不同评价目的的价值关系结构不同。在以课程和教师为中心的个体教学效益考核中，价值客体和评价客体是由教师和课堂组成的教学系统，但一般简单地说就是教师；直接的价值主体是全体学生，但在评价标准的设计中包括或应考虑社会、政府和教育行政部门的价值需求。教学效益考核的评价主体包括基层教学单位、学校和上级教育行政部门三级，具体可能委托给一个专家组。评价方案的建立应当详细具体地考虑所涉及的价值主体的价值需求及其恰当的反映指标。

13.3.6 评价对象

评价对象也称为评价客体，与评价主体相对，是被评价者，一般仅指价值客体。在职业效益评价中，评价对象有五类：职业人个体、职业人集体、职业人群体、职业和岗位。在教学效益考核中，基本评价对象包括教师、基层教学单位、学校三个层级，根据具体的评价目的确定。

13.3.7 评价主体

评价主体是评价活动的主持者，一般与价值主体不一致。评价活动的顶层评价主体可以直接是评价任务的提出者，也可以是任务提出者委托的第三方评价机构。通常来说，最终评价结果的确定和发布是评价任务提出者的责权。

13.4 两种不同类型的教学效益考核

不同的评价目的、不同的价值角度要求不同的评价模式。下面讨论两种不同类型的教学效益评价。

13.4.1 基于教师职业发展的教学效益评价

高校教师的基本职业活动包括教书育人和格物致知。教学活动以教师的才学为基础，以人才培养为目标。教学效益考核应把握高校教师成长的规律和工作特点，以德、能、绩、效为导向，不断地完善评价标准，创新评价机制，做出科学、客观、公正的评价。教师的教学效益水平是一个发展的过程，与教师的专业、学科和经验积累相关。考核应增强教师的获得感和成就感，激励教师人人发挥其才能，避免挫败感。

建立评价标准体系是评价活动的基础工作。教学效益考核要结合学校的特点和类型，针对不同类型、不同层次的教师，建立科学、合理的分类、分层评价标准。

（1）高校类型。我国的高等教育由高等学校和其他高等教育机构实施。高等学历教育分为专科教育、本科教育、硕士生教育和博士生教育。不同的学校承担的学历教育层次不同，有的只承担专科教育，有的只承担本科教育，有些机构只承担研究生教育。我国的高等教育还分全日制高等教育和非全日制高等教育。在学校层面的教学效益考核中，应为不同类型的学校制定各自的标准和考核方案。不同层次教育的教学效益考核也需要考虑各自特殊的要求。

（2）学科专业。学科和专业是高等教育中的两个重要概念，应注意其区分。专业是以学生毕业后从事的职业岗位划分的，本专科教育以专业划分。学科是以科学技术研究的领域划分的教育领域，研究生教育主要以学科划分。在本科教育的大类上，传统上有理、工、农、医、史、地、文，再加艺术类和体育类，还有后来的管理类。教学效益的考核对不同类型的学科专业应有不同的方案。对教师个体的教学效益考核需要根据教授的不同学科选择考核方案，对不同的学院和学校的教学效益考核则应以专业进行区分。同一学院的不同专业差异比较大时，也需要不同的考核方案。

（3）岗位类型。高校教师现在区分不同的岗位类型，如教学型教师、科研型教师和教学科研型教师，或许还分成果转化型（或称社会服务型）、实验类、学术理论型等。这里应注意区分教师考核和教学考核，二者的考核内容不同。从教学效益考核的角度考虑，不同岗位类型教师的差异较弱，主要的差异应在课程学科类型。

（4）层级设置。高校教师的职称一般分为初级、中级、副高级和正高级。对课堂教学效益的考核从学生和社会价值主体的角度考虑，考核方案不需要区分教师级别。但是，如果以教师个体为教学效益的价值主体，则不同层级教师的考核标准会不同。

13.4.2　基于课程——专业或学科——学校的教学效益评价

课程是高校人才培养的核心要素，专业和学科是人才培养的基本单元，学校是具体落实"立德树人"根本任务的办学主体。近些年，国家有关部门在进行一流本科课程建设、一流本科专业建设、第五轮学科评估、"双一流"高校建设中，提出了一系列与教学效益有关的考核指标（见表 13 – 1）。

表 13 – 1　　国家相关项目中基于课程—专业或学科—学校的教学效益评价指标

评价类型	评价维度	评价内容
一流本科课程建设	教学理念先进	坚持立德树人，体现以学生发展为中心，致力于开启学生内在潜力和学习动力，注重学生德智体美劳全面发展
	课程教学团队教学成果显著	课程团队教学改革意识强烈、理念先进，人员结构及任务分工合理。主讲教师具备良好的师德师风，具有丰富的教学经验、较高学术造诣，积极投身教学改革，教学能力强，能够运用新技术提高教学效率、提升教学质量
	课程目标有效支撑培养目标达成	课程目标符合学校办学定位和人才培养目标，注重知识、能力、素质培养
	课程教学设计科学合理	围绕目标达成、教学内容、组织实施和多元评价需求进行整体规划，教学策略、教学方法、教学过程、教学评价等设计合理
	课程内容与时俱进	课程内容结构符合学生成长规律，依据学科前沿动态与社会发展需求动态更新知识体系，契合课程目标，教材选用符合教育部和学校教材选用规定，教学资源丰富多样，体现思想性、科学性与时代性
	教学组织与实施突出学生中心地位	根据学生认知规律和接受特点，创新教与学模式，因材施教，促进师生之间、学生之间的交流互动、资源共享、知识生成，教学反馈及时，教学效果显著
	课程管理与评价科学且可测量	教师备课要求明确，学生学习管理严格。针对教学目标、教学内容、教学组织等采用多元化考核评价，过程可回溯，诊断改进积极有效。教学过程材料完整，可借鉴可监督
一流本科专业建设	定位明确	服务面向清晰，适应国家和区域经济社会发展需要，符合学校发展定位和办学方向
	专业管理规范	近三年未出现重大安全责任事故
	改革成效突出	以新理念、新形态、新方法引领带动新工科、新医科、新农科、新文科建设
	师资力量雄厚	教育教学研究活动广泛开展，专业教学团队结构合理、整体素质水平高
	培养质量一流	毕业生行业认可度高、社会整体评价好

续表

评价类型	评价维度	评价内容
第五轮学科评估	人才培养质量	思想政治教育特色与成效、出版教材质量、课程建设与教学质量、科研育人成效、学生国际交流情况、在校生代表性成果、学位论文质量、学生就业与职业发展质量、用人单位评价
	师资队伍与资源	师德师风建设成效、师资队伍建设质量、支撑平台和重大仪器情况
"双一流" 高校建设	建设一流师资队伍	深入实施人才强校战略，强化高层次人才的支撑引领作用，加快培养和引进一批活跃在国际学术前沿、满足国家重大战略需求的一流科学家、学科领军人物和创新团队，聚集世界优秀人才。遵循教师成长发展规律，以中青年教师和创新团队为重点，优化中青年教师成长发展、脱颖而出的制度环境，培育跨学科、跨领域的创新团队，增强人才队伍可持续发展能力。加强师德师风建设，培养和造就一支有理想信念、有道德情操、有扎实学识、有仁爱之心的优秀教师队伍
	培养拔尖创新人才	坚持立德树人，突出人才培养的核心地位，着力培养具有历史使命感和社会责任心，富有创新精神和实践能力的各类创新型、应用型、复合型优秀人才。加强创新创业教育，大力推进个性化培养，全面提升学生的综合素质、国际视野、科学精神和创业意识、创造能力。合理提高高校毕业生创业比例，引导高校毕业生积极投身大众创业、万众创新。完善质量保障体系，将学生成长成才作为出发点和落脚点，建立导向正确、科学有效、简明清晰的评价体系，激励学生刻苦学习、健康成长

　　资料来源：《教育部关于一流本科课程建设的实施意见》《教育部办公厅关于实施一流本科专业建设"双万计划"的通知》、教育部学位与研究生教育发展中心关于公布《第五轮学科评估工作方案》的通知、国务院印发《统筹推进世界一流大学和一流学科建设总体方案》。

　　表 13 - 1 中的指标为建立适应各种管理目的需要的教学效益考核指标体系提供了重要的参考，但是，具体考核方案还需要专门的研究以适应不同类型学校、不同类型专业、不同类型课程、不同类型学科的特点，需要进行专门的专业研究。考核方案首先应该由评价专家按照科学的专业程序主持研制，在广泛征求意见的基础上，集体研究决定，再由行政主管部门统一发布。

13.5　教学效益考核的进一步探讨

　　教学效益考核作为高校教学管理研究的新领域，基础理论尚需建立，基本经验尚需总结，有大量细节问题尚待深入研究。

13.5.1 效益考核、绩效考核与人力资源开发

效益与绩效有内容交叉的方面，同时又有不同的适用情境。效益侧重于经济学视角，基本内容包括效果和收益，偏重于宏观层面；绩效侧重于管理学视角，基本内容包括个人绩效和组织绩效，偏重于组织期望。二者的区别与联系类似于人力资本与人力资源两个概念。

效益考核与绩效考核都离不开对考核对象的人性假设。在工业经济时代，有关注"经济人"，以效率为导向追求理性与规范的第一代管理——科学管理派；在服务经济时代，有聚焦"社会人"，关注人的动机与需求的第二代管理——行为管理派；在信息经济时代，有以"知识人"为中心，关注知识的创新和发展的第三代管理——知识管理派；面对正在开启的智能数字经济时代，出现围绕"伦理人"，以幸福和意义为导向的第四代管理范式——意义管理派。① 以历史唯物主义的观念观察，任何现实的管理思想都是特定社会时代的产物，背后是导向分明的价值观立场。在中国特色社会主义的制度下，对人力资源的管理也要体现以人民为中心，以中华民族伟大复兴为责、权、利的基准指导，既考虑管理者绩效，又关照劳动者个人效益，更要考虑社会发展效益。

13.5.2 教学效益与教育效益、教育职业效益的关系

要全面落实"立德树人"的根本任务，教学是教育的基础，教学效益是教育效益的重要组成部分，并融入教育职业效益之中。教学的教育职业效益指的是教师的教育职业活动的成果状态，是教师从事教育职业活动追求的效果利益。提高教育职业效益，就是教师用较少的消耗取得较多的包括教师本人在内的有关人员获得的利益。其中，有关人员主要包括从业的合作者、学生、家长、地区社会与国家，合作者主要有分担课程的教师、教务管理人员，学生是教育的对象，家长是供给保障学生学习条件并寄予教师厚望的利益相关者，各级地方机构、社会组织与国家是代表公共利益的管理者。这些有关人员都有利益所在及其要求，需要兼顾协调，体现了效在多方、益在多处。②

按照教育部等六部门共同发布的《关于加强新时代高校教师队伍建设改革的指导意见》（2020 年 12 月 24 日），教学效益考核应强化教学业绩和教书育人的实效，多维度考评教学规范、教学运行、课堂教学效果、教学改革与研究、教学

---

① 陈劲. 有意义管理的兴起［J］. 清华管理评论，2021（11）.
② 齐经民，郑涛，等. 效在多方益在多处——公民职业经济学［M］. 北京：经济科学出版社，2016.

成果等教学工作实绩，引导广大教师坚持"四个相统一"（教书和育人相统一、言传和身教相统一、潜心问道和关注社会相统一、学术自由和学术规范相统一），争做"四有"（有理想信念、有道德情操、有扎实学识、有仁爱之心）好老师，当好"四个引路人"（学生锤炼品格的引路人、学生学习知识的引路人、学生创新思维的引路人、学生奉献祖国的引路人）。

第14章 高校教师压力来源分析与职业保障措施[①]

2021年4月19日，习近平同志回到母校清华大学考察，并发表了重要讲话，指明我国高等教育发展和一流大学建设的方向，明确指出随着信息科技的高速发展，获取知识的渠道与方式，授业和学习的关系发生了颠覆性的变化，这些变化要求教师队伍拥有更高的业务能力和教育水平。习近平同志高瞻远瞩地指出：教师队伍素质直接决定着大学的办学水平，新时期的教师素质要求为：政治素质过硬、业务能力精湛、育人水平高超。[②] 在新的经济发展形势下，高校教师队伍全面素质提升的进程中会面临哪些压力？应提供哪些职业保障措施促进高校教师业务能力与教育水平？这是学界与政策制定者普遍关注的问题。

14.1 研究背景与已有研究回顾

依据2021年8月27日我国教育部最新颁布的《2020年我国教育事业发展统计公报》可以看出，截至2020年底，我国普通高等学校共计2738所，同比增加50所；其中，本科院校有1270所，同比增加5所；专科（高职）共计1468所，同比增加45所；培训研究机构共计827所。就目前高校发展情况而言，2020年，我国本专科院校招生规模为967.45万人，较2019年增加近53万人，增长率为8.40%；同年，我国研究生院校招生规模为110.66万人，较上年增长近19万人，增长率为20.70%。值得注意的是，2020年，我国普通高等院校教职员工规模为266.78万人，较2019年增加近10万人，增长率为5.41%，普通高等院校师生比为

---

　① 本章由苏英：博士，燕山大学经济管理学院教授，中国科学学与科技政策研究会理事；郭书良：燕山大学经济管理学院金融专业硕士研究生；著。

　② 第一观察. 何为教？何为师？读懂习近平的教育观 [EB/OL]. 新华网，http://www.news.cn/politics/leaders/2021-9-10/c_1127850210.htm.

1∶18.37；其中，本科院校数据为 1∶17.50，专科（高职）为 1∶20.78。[①] 高校数量的增加，本、专科院校招生规模的扩大，大大地推进了我国人力资本素质的提升，是我国经济高速增长最重要的动力；其中，教师的综合素质起到了核心主导作用，但近年来高校教师过度劳累、学术不端和恶性伤害事件频发，引起社会广泛关注，高校教师职业压力的来源问题，以及通过哪些措施保障高校教师综合素质提升，并规避一系列的不良影响是笔者关注的问题。

高校教师群体所面临的压力主要来源于高等教育行业整个生态环境的转变，也来自高校教师个体任职的各个高等教育机构的改革进程。[②③] 从全球范围来看，高等教育行业在近二十年的发展中经历了从专业主义逐步向管理主义的转变。管理主义意味着"基于绩效管理控制、市场导向，经济回报最大化作为主要产出目标"，[④] 这一目标导向与基于专业知识挖掘、寻求社会与自然客观规律的学术活动存在着矛盾。[⑤] 以中国高等教育发展实践为例，20 世纪 90 年代，我国部分高校就开始践行新管理主义的理念，绩效评价和"非升即走"的管理模式逐步在高等教育行业普及。[⑥]"双一流"战略的提出标志着我国高等教育行业发展进入新的时期，也激励不同层次的高校重新审视自身问题，如何能够合理地安排教学、科研，行政管理与学术自由探索之间的关系，同时较好地应对来自监管机构的各类评估。[⑦]

在这种大背景下，高校教师的考核指标不断地多元化，从教学与科研扩展到社会服务和经济效益，为适应社会与政策需求，进一步地延伸到创新创业等方方面面。[⑧] 在考核指标的具体落实中，很多高校制定了"非升即走"的绩效考核管理模

---

①　2020 年我国教育事业发展统计公报 - 中华人民共和国教育部政府门户网站，2021 年 8 月 27 日发布 http：//www. moe. gov. cn/jyb_sjzl/sjzl_fztjgb/202108/t20210827_555004. html.

②　Hessels L，Van Lente H. Re - thinking new knowledge production：A literature review and a research agenda [J]. Research Policy，2008，37（4）.

③　Tapanila K，Siivonen P，Filander K. Academics' social positioning towards the restructured management system in Finnish universities [J]. Studies in Higher Education，2020，45（1）.

④　杨秀芹，戢锐，李婷. 高校青年教师学术生态：危机与平衡 [J]. 当代教育科学，2020（2）.

⑤　林静雅，胡亚天. 边界理论视角下地方高校青年教师发展探究 [J]. 扬州大学学报（高教研究版），2021，25（3）.

⑥　李连梅，姜林. 中国大学"准聘 - 长聘"制度的缘起、困境与走向 [J]. 现代教育管理，2021（7）.

⑦　任美娜，刘林平."在学术界失眠"：行政逻辑和高校青年教师的时间压力 [J]. 中国青年研究，2021（8）.

⑧　姚翔. 助推"双一流"战略发展的高校教师绩效管理体系探讨 [J]. 国家教育行政学院学报，2017（2）.

式，促进了高校的科研产出；① 但这种考核方式与新管理主义的价值观并不吻合，新管理主义强调的市场导向、经济效益最大化的产出目标，② 更多地注重社会服务与创新、创业的参与度，矛盾的价值导向在行政管理、教学以及科研的组织安排中存在种种冲突，导致高等学校教师特别是青年教师无所适从，工作满意度降低，职业倦怠感增加，大大地影响了高校教师整体素质的提升。③④ 高校教师的职业压力也逐步渗透到家庭环境中，高压的教学与科研考核，导致高校教师特别是青年教师不能很好地平衡家庭与工作的关系，家庭角色与职场身份成为一组矛盾变量，特别是对于女性教师来说，生育角色与职业发展的矛盾更加突出，这不仅不利于高校教师的职业发展，也不利于高校教师的身心健康，严重地阻碍了高校教师职业素养的提升。⑤

综上所述，由于宏观与微观环境的变迁，对高校教师职业素养的评价趋于多元化，高校教师在承担多重角色的情况下，工作满意度下降与职业倦怠情绪提高，不利于高校教师职业素养的提高。笔者重点从个人层面、组织层面探寻高校教师面临的压力来源，同时重点就职业保障措施对提高工作满意度、降低职业倦怠情绪的作用进行测度。笔者借鉴前辈学者的量表，从学术研究、教学评估、晋升空间、组织态度、个人发展与人际能力六个维度对高校教师的工作压力来源与工作满意度进行测量，并通过多元回归与因子分析，探寻工作压力来源与工作满意度之间的关系，判断现阶段高等教育机构普遍采用的职业保障措施作为保健因素与激励因素的作用，为社会以及各级政府制定高校教师职业素养方案提供理论依据。

14.2　研究方法及指标选择

笔者的研究思路如下：首先借鉴我国学者李虹编制的大学教师工作压力量

---

① 陈先哲. 捆绑灵魂的卓越：学术锦标赛制下大学青年教师的学术发展 ［J］. 教育发展研究，2014（11）.

② 万利，杨河清. 高校青年教师科研绩效压力对过度劳动的影响——职业紧张与焦虑的中介作用 ［J］. 中国劳动关系学院学报，2018，32（6）.

③ 张蓓，文晓巍，盘思桃. 基于 Karasek 模型的高校青年教师工作压力成因分析与对策研究 ［J］. 高教探索，2017（10）.

④ 童锋，张荣华. 广东本科院校科研人员职业满意度的实证分析 ［J］. 科技管理研究，2020，40（16）.

⑤ 任可欣，余秀兰. 生存抑或发展：高校评聘制度改革背景下青年教师的学术行动选择 ［J］. 中国青年研究，2021（8）.

表,[①] 以及曾晓娟编制的大学教师工作压力源与压力反应量表,[②] 对高校教师的压力来源进行测度,随后通过因子分析与多元回归分析探寻不同的压力来源与高校教师压力反应之间的关系,最后提出能够有效地降低高校教师的工作压力,提高工作绩效的职业保障措施。

14.2.1　调查问卷设计

本调查问卷分为三个部分,第一部分主要为受访高校教师的人口学特征信息,涉及性别、年龄、教龄、学位、职称和所在高校层次六个维度(见表 14 - 1)。

第二部分研究问卷的设计主要借鉴我国学者李虹编制的大学教师工作压力量表,以及曾晓娟编制的大学教师工作压力源量表进行问卷设计,确定教研层面、组织层面以及个人层面三个维度,将教研层面设定为学术研究与教学评估,组织层面为晋升空间与组织态度,个人层面为个人发展与人际关系六个角度。

主要问题设计思路,学术研究(1~6 题)以"主动进行科研交流活动,经常参加学术会议"等题目来展现教师在从事学术方面的压力,采用负向指标更能具象化地量化压力系数;教学评估(7~12 题)以"学校评价体系调整过于频繁"等问题来测量教师所在高校教学工作制度带来的压力;晋升空间(1~18 题)以"不同学科评价标准单一"等问题来侧面反映教师升职渠道的宽窄程度,进一步探寻其压力来源;组织态度(19~24 题)以"当我在工作中遇到困难时,学校、学院会帮助我"等问题来研究所在高校对于教师的重视程度,采用负向指标更精准地测量压力指数;个人发展(25~30 题)以及人际能力(31~36 题)主要通过"缺乏子女教育保障机制""同事之间不能进行有效沟通"等问题来挖掘教师本身对工作的抗压程度以及探求其工作之外的压力来源,全方位地展示其应对压力的态度,共计 36 个问题(具体问卷内容见表 14 - 1)。

表 14 - 1　　　　　　　　　　　　六个角度问卷选取的问题

六个角度	正向/负向	调查问卷题目
学术研究	负向	Q1:主动进行科研交流活动,经常参加学术会议
	负向	Q2:有相当数量的高级别论文或论著
	负向	Q3:努力使科研成果有很好的应用前景

---

① 李虹. 大学教师工作压力量表的编制及其信效度指标 [J]. 心理发展与教育, 2005 (4).
② 曾晓娟. 大学教师工作压力研究 [D]. 大连: 大连理工大学, 2010.

续表

六个角度	正向/负向	调查问卷题目
学术研究	负向	Q4：愿意从事科研成果回收周期长项目
	负向	Q5：主动申请和参与科研立项
	负向	Q6：在科研条件差情况下克服困难坚持研究工作
教学评估	正向	Q7：学生对教师的教学质量评价极端化
	正向	Q8：评价体系中"一刀切"，不考虑学科的特点
	正向	Q9：考核与评比频繁
	正向	Q10：学校评价体系调整过于频繁
	正向	Q11：额外任务较多（如教学与学科评估等）
	正向	Q12：教学与科研评价指标过于繁杂，常感到疲倦
晋升空间	正向	Q13：晋升指标比较繁杂，常常感到晋升路径不明
	正向	Q14：晋升机制不合理，科研指标占比过大
	正向	Q15：晋升过分强调学历
	正向	Q16：不同学科评价标准单一
	正向	Q17：教学与科研、工作、深造常常发生冲突
	正向	Q18：缺少满足自身需要的进修学习机会
组织态度	负向	Q19：学校、学院关心我的福利
	负向	Q20：学校、学院尊重我的意见
	负向	Q21：当我在工作中遇到困难时，学校、学院会帮
	负向	Q22：学校、学院重视我的目标和价值
	负向	Q23：学校、学院能及时表彰并奖励我的工作成绩
	负向	Q24：学校、学院经常组织工作满意度调查
个人发展	正向	Q25：工资、福利待遇偏低
	正向	Q26：住房保障机制不完善
	正向	Q27：所承担的工作与所得到的报酬不成正比
	正向	Q28：总是担心自己失业
	正向	Q29：赡养老人的压力偏大
	正向	Q30：缺乏子女教育保障机制
人际关系	正向	Q31：领导总是提出一些与我本职工作不相关要求
	正向	Q32：不同层级的领导给我下达各种任务
	正向	Q33：缺乏与领导经常沟通的合理机制

续表

六个角度	正向/负向	调查问卷题目
	正向	Q34：同事之间能进行科研合作
学术研究	正向	Q35：同事之间能进行有效沟通
	正向	Q36：与不同年龄的同事能有效交流

资料来源：依据笔者设计整理。

　　每个问题都利用 5 级评分法（即从"非常符合"到"非常不符合"）进行压力感受值测量，每题分数为 1 ~ 5 分（正向问题中"非常符合"选项为 5 分，反向问题中"非常不符合"选项为 5 分）。该问卷包括 2 个角度的反向问题（分数越高，压力越大）、4 个角度正向问题（分数越高，压力越大）。

　　第三部分是高校教师面对压力时的压力反应问卷（见表 14 - 2），本研究主要测试高校教师的压力反应状况，分消极压力反应和积极压力反应两个方面。消极压力反应问卷在访谈基础上参照石林教授的中小学教师工作压力量表，[①] 积极压力反应问卷在访谈基础上参照 Simmons 和 Nelson 测量积极工作压力反应的指标。[②] 压力反应问卷有 6 个问题，其中前五个为积极问题，最后一个为消极问题。

表 14 - 2　　　　　　　　　　　工作压力反应问卷

第三部分	积极/消极指标	调查问卷题目
	积极	基本没有想过离开现单位
	积极	对目前工作待遇满意
工作评价	积极	有内在动力驱使自己工作
	积极	有长期性、连贯性的工作计划
	积极	对目前工作前景充满信心
	消极	对现有工作产生职业倦怠

资料来源：依据笔者设计整理。

14.2.2　调查问卷的实施

　　本次问卷面向包括燕山大学、吉林大学、河北大学等华北与东北地区的 11

①　石林. 职业压力与应对 [M]. 北京：社会科学文献出版社，2005.
②　卡尔. 积极心理学关于人类幸福和力量的科学 [M]. 郑雪等，译校. 北京：中国轻工业出版社，2008.

所高校，采用问卷星软件通过网络发布，共计 250 份，最终获得的有效样本 202
份，总回收率为 80.8% 。受访教师的人口学信息情况见表 14 - 3。

表 14 - 3 　　　　　　　　　　受访高校教师人口学信息统计

项目	类别	人数（人）	百分比（%）
性别	男	106	55.48
	女	96	44.42
职称结构	助教	8	3.96
	讲师	40	19.80
	副教授	91	45.05
	教授	63	31.19
学位	本科	15	7.43
	硕士	50	24.75
	博士	137	67.82
年龄	30 岁及以下	15	7.43
	31~40 岁	61	30.20
	41~50 岁	78	38.61
	51 岁及以上	48	23.76
教龄	10 年以下	53	26.24
	10~20 年	80	39.60
	20~30 年	36	17.82
	30 年以上	33	16.64
所在高校	"985" 学校	29	14.36
	"211" 学校	33	16.64
	"双一流" 学校	26	12.87
	其他	136	67.33

资料来源：依据调查数据整理。

14.3　高校教师压力来源与压力反应测试结果分析

高校教师长期承受过度压力，不仅影响其身心健康，还会造成高校教师的认知偏差、注意力不集中、判断能力与社会适应能力降低，导致高校教师消极不满情绪以及高离职率和综合素质下降等问题，影响教学质量与学校的正常管理。在此基于量表的调查结果，分析高校教师的主要压力来源以及与压力反应结果的关系，为提出有益于高校教师身心健康的压力管理策略提供理论依据。

14.3.1　高校教师压力来源问卷的信度效度检验

首先对工作压力源问卷进行信度、效度检验，包括 36 个问题，利用 Cronach α 系数值检验信度，对样本以 KMO 与巴利特（Bartletts）检验进行效度检验。通过对 202 份样本分析，得出以下结果（见表 14 - 4、表 14 - 5）。

表 14 - 4　　　　　　　　　　高校教师压力源问卷各因素的信度值

因子	α 系数	标准化后的 α 系数
学术研究	0.962	0.962
教学评估	0.925	0.924
晋升空间	0.945	0.944
组织态度	0.890	0.885
个人发展	0.846	0.846
人际能力	0.871	0.861
总指标	0.962	0.960

资料来源：依据调查数据整理。

表 14 - 5　　　　　　　　　　高校教师压力源问卷各因素的效度值

因子	KMO 值	巴利特值	P 值
学术研究	0.917	785.83	0.000
教学评估	0.878	761.63	0.000
晋升空间	0.873	528.03	0.000
组织态度	0.908	947.76	0.000
个人发展	0.836	506.49	0.000
人际能力	0.843	707.623	0.000
压力指数	0.935	6305.063	0.000

资料来源：依据调查数据整理。

通过 SPSS 22.0 输入数据可以看到，该问卷的总 α 系数为 0.962，其中六个角度中的学术研究的 α 系数为 0.95，教学评估的 α 系数为 0.925，晋升空间的 α 系数为 0.944，组织态度的 α 系数为 0.890，个人发展的 α 系数为 0.846，人际能力的 α 系数为 0.871，整体因素的 α 系数为 0.962，反映出选取的六个压力因素以及评价指标的有效性较高，收集数据可靠，问卷设计比较合理。

根据检验证明，KMO 值取样总指标结果是 0.935，此结果比较接近于 1；P 值检验为 0.000；其他六个维度的 KMO 值均大于 0.8，且 P 值检验均为 0.000，证明其数据已经达到显著性水平，所收集的数据有效，可进行下一步研究。

14.3.2　因子分析结果

公因子方差是各个公因子方差的累计贡献率，累计贡献率越高，说明提取的这公因子对于原始变量的代表性或者说解释率越高，整体的效果就越好。通过对各个问题公用度取值来更深层次地对因子分析的适用性进行研究。通过表 14 - 6 可以看出，所有的问题公因子方差系数均在 0.6 以上，在可接受范围内说明所有问题被提取的公因子解释水平较高，进一步分析各因子的解释程度，有助于挖掘高校教师压力来源。

表 14 - 6　　　　　　　　　　　问卷各问题公因子方差

问题编号	公因子方差	问题编号	公因子方差	问题编号	公因子方差
Q1	0.760	Q13	0.677	Q25	0.731
Q2	0.772	Q14	0.848	Q26	0.732
Q3	0.807	Q15	0.807	Q27	0.761
Q4	0.732	Q16	0.603	Q28	0.698
Q5	0.762	Q17	0.678	Q29	0.731
Q6	0.743	Q18	0.814	Q30	0.658
Q7	0.629	Q19	0.729	Q31	0.686
Q8	0.678	Q20	0.721	Q32	0.745
Q9	0.815	Q21	0.524	Q33	0.673
Q10	0.774	Q22	0.773	Q34	0.756
Q11	0.785	Q23	0.702	Q35	0.820
Q12	0.772	Q24	0.723	Q36	0.863

资料来源：依据调查数据整理。

　　笔者采用多元回归分析法，在做因子旋转前选择特征根大于 1 的因子，即筛选出最能代表压力来源的 6 个因子来进行系数分析，保证涉及内容具有普遍性。其中，因子累计方差解释率为 73.51%（具体数据详见表 14 - 7），学术研究的方差解释率为 41.15%，教学评估的方差解释率为 13.60%，晋级空间的方差解释率为 7.70%，组织态度的方差解释率为 4.89%，个人发展的方差解释率为 3.31%，人际交往的方差解释率为 2.86%；可以看出，学术研究要素对整体方差解释率最高，证明在因子分析法中 F1 因素占主导解释地位。

表 14 - 7　　　　　　　　　　**因子特征根及方差解释率**

旋转后因子结构	学术研究	教学评估	晋升空间	组织态度	个人发展	人际关系
特征根值	8.91	4.59	3.49	2.53	1.76	1.49
方差解释率（%）	41.15	13.60	7.70	4.89	3.31	2.86
累计解释率（%）	41.15	54.75	62.45	67.34	70.65	73.51

资料来源：依据调查数据整理。

　　再结合各个成分的碎石图可以看出，前面 6 个公因子的特征值相对较大，虽然在第 7 个公因子之后才显著小于 1，但出于量化可便性和保持有效性的综合考量。所以，笔者选择在第 6 个公因子处截取确定因素个数，为其提供充分的理论依据（见图 14 - 1）。

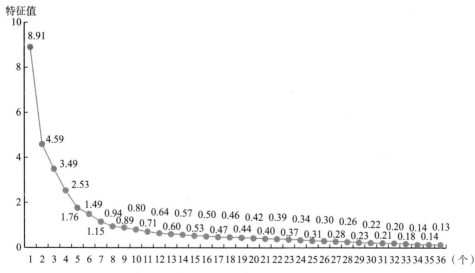

图 14 - 1　主因子碎石分布

资料来源：依据调查数据整理。

14.3.3　高校教师压力源与压力反应相关性分析

回归分析法，是指在特定场景内，基于解释变量和被解释变量之间相关关系，来构建变量之间的线性回归方程，来分析各个要素之间对被解释变量的解释程度。然后，将其作为预测模型，根据解释变量在预测期的系数来预测和判定被解释变量的发展趋势。通常情况下，用来解决问卷以及经济问题中因素的贡献问题，来探求压力源对高校教师的作用程度，以便进一步解决所存在的问题。

回归分析之前，必须使用箱盒图查看是否有异常数据，或利用正态性观察来探求残差值的分布情况，验证选取的数据是否具有异方差的情况。因样本容量大于 50，故选用 $S-W$ 检验。具体步骤为：先判断统计量是否出现显著性即 P 值小于 0.05 或 0.01；如未出现显著性则为数据符合正态分布，反之，则须验证其是否满足峰度绝对值是小于 10 而且偏度绝对值小于 3 的条件，如满足则可认为数据虽然不服从绝对正态，但基本可接受为正态分布。根据表 14-8 可以看出，X_1、X_2、X_3、X_4、X_5、X_6 与 Y 均不服从完全正态分布，但基本可接受为正态分布，可进行线性回归。

表 14-8　　　　　　　　　　　　问卷因子正态分布检验

变量	标准差	偏度	峰度	$S-K$ 检验 P 值	W 值	P 值
学术研究	1.078	1.876	6.476	0.000 **	0.865	0.000 **
教学评估	1.018	1.702	7.118	0.000 **	0.870	0.000 **
晋升空间	1.022	1.196	3.689	0.000 **	0.908	0.000 **
组织态度	1.131	0.628	1.903	0.000 **	0.943	0.000 **
个人发展	1.037	1.052	3.188	0.000 **	0.916	0.000 **
人际能力	1.048	0.901	3.370	0.000 **	0.927	0.000 **
Y	0.886	1.163	5.155	0.000 **	0.910	0.000 **

注：* 为 P 值在 5% 的水平上显著，** 为 P 值在 1% 的水平上显著。
资料来源：依据调查数据整理。

通过多元回归分析可以看出（详细数据见表 14-9），解释变量在高校教师工作压力指数的回归系数的 F 值为 4.954（$P=0.000$），证明其 6 个因素在压力指数上达到了统计学上所要求的显著性。通过进一步的显著性检验得知，其 6 个解释变量在压力指数上的解释水平达到了预期的显著性，所有的 T 检验指标均大于 3.2，P 值也均小于 0.01（除 $F5$ 因素的 P 值外均为 0）。其中，用来衡量拟合效果的 R^2 系数也大于 0.9，证明该模型设立比较贴合实际情况，拟合效果较好。此外，依据其标准化和非标准化的 $Beta$ 系数可以看出，$F1$ 因素和 $F4$ 因素与 Y 呈负相关关系，其他因素与 Y 呈正相关关系，这一系数与上述相关系数检验和题目设计结果一致，证明这 6 个因素与 Y 呈线性关系，满足其假设条件。值得注意的是，$F1$ 因素的 $Beta$ 值较其他因素系数高，代表着就高校教师压力指数来说，学术研究因素为压力的主要来源，高校应该对这方面的工作予以重视，给高校教师减负。根据多元回归方程可以将其模型列为；$Y = -0.318 \times X_1 + 0.257 \times X_2 + 0.218 \times X_3 - 0.296 \times X_4 + 0.299 \times X_5 + 0.180 \times X_6 + 1.666$。

表 14 – 9 高校教师压力系数线性回归

变量	非标准 β	标准 β	标准误	T 值	P 值	调整 R^2	F 值
常数	1.666	0.435	—	3.833	0.000**		
学术研究	-0.318	0.087	-0.304	4.350	0.000**		
教学评估	0.257	0.117	0.214	5.186	0.000**		
晋升空间	0.218	0.099	0.198	4.190	0.000**	0.906	4.954
组织态度	-0.296	0.075	-0.273	3.917	0.000**		
个人发展	0.299	0.099	0.254	3.032	0.003**		
人际能力	0.180	0.094	0.160	3.550	0.000**		

注：* 为 P 值在 5% 的水平上显著，** 为 P 值在 1% 的水平上显著。
资料来源：依据调查数据整理。

14.4   结论与建议

依据调查问卷内容以及数据回归结果显示，当前高校教师承受着各种不同维度的压力，相应压力也造成职业倦怠感、离职率高等问题，影响高校教师职业素养的提高，为了激发高校教师的工作积极性，需要了解高校教师的压力来源，同时，切实改善高校教师的薪资水平、职称晋升途径与外部协作条件，优化高校教师的职业保障环境。

14.4.1　高校教师主要压力来源

依据本研究中的量表测量与分析结果，高校教师主要压力来源于不合理的绩效考核、行政管理干预过度以及发展空间受限等问题。

（1）学术压力较大，教学评估频繁。依据本研究高校教师压力来源测试量表的测度结果与分析，从方差贡献率以及多元线性回归的结果来看，因子 $F1$ 因素（即学术研究）是高校教师压力最主要的来源。从统计学的角度来看，学术研究的压力较大一直是困扰高校教师的难题。根据多元线性回归的 β 值可以看出，学术研究任务每增加 1%，高校教师的压力指数便会增加 0.318%，足以看出其影响之大。从现实角度来看，高校及其学院大多数通过要求教师们发表论文、申请专利以及研究科研成果来提高教师相关的物质待遇。但由于研究成果耗时耗力、论文发表审核期长以及专利发明难度高，使得不少高校教师虽热心地投入其中，但所取得的成就有限，让更多的教师们的待遇始终无法得到有效的改善。

另外，高等院校是我国人力资源培养的重要基地，高校教师必须承担教书育人的主要职责，为了促进教学水平的整体提升，大多数高校开展频繁的教学评估活动。近年是绩效考核主导多元化的评价模式，教师不仅要受到管理机构的督导，还要接受学生的教学评价，同时还有同行的评价。多方位的教学评价可以督促教师素质的全方位发展，但在落实中又难免会出现指标设计相互衔接不合理，评价主体对评价指标理解不到位，不能认真对待每位评价个体，出现评价结果不能反映客观事实等一系列的问题，进一步地给高校教师造成压力。根据多元线性回归的 β 值更可以看出，教学评估活动每增加 1%，高教压力的指数便会增加 0.257%，突出教学评估活动过于频繁将严重影响正常的教学秩序，对高校教师的身心造成不良影响。

（2）晋升渠道单一，组织关怀不足。根据问卷调查结果显示，晋升因素期望值（统一进行负向处理）明显高于其他因素的期望值，表明教师对晋升问题高度关注，是主要压力源，高等院校作为社会与自然规律发现的主要研究基地之一，科研成果应该作为其职称评定的核心指标之一。但科研考核指标应该与高等院校的实际情况相结合，不同的高等院校应该审视本学校教师的总体水平，以及高校本身的定位，在职称晋升中确定恰当的科研考核指标。根据多元线性回归的 β 值更可以看出，晋升空间每被压缩 1%，教师的压力指数便会增加 0.218%。相对全体教师该项指标，青年教师在此方面的压力更大。

值得注意的是，在科研与教学考核任务较重的情况下，高校所应该给予的组织关怀却非常有限。一方面，领导身兼数职，不仅要承担行政工作，还需要承担教学工作，很难有时间和精力与教师进行良好的沟通；另一方面，学院以及学校职能交错，部门庞杂，很难有效、及时地倾听教师的诉求，加之大多数高校能够自由支配的资源非常有限（包括资金、人力与物力资源），则很难对教师关切的实际福利进行落实，使得无法与其形成良性互动。根据多元线性回归的 β 值更可以看出，组织关怀程度每下降 1%，高校教师压力的指数便会增加 0.296%，反映出组织关怀对高校教师压力造成影响的重要程度。

（3）发展空间有限，社交能力欠缺。虽然高校教师的社会声望较高，但高校教师大多数情况下处于较为封闭的环境，很少有机会参与社会实践并真正地走进企业，导致高校教师虽然具备较强的理论水平，但往往与最新社会需求脱节，一定程度上影响了高校教师的发展与上升空间，其与社会交往的能力也相对较弱。一方面，高校教师的工作难度和任务数量在不断的提升，但相应高校及学院却没有给予相应的补贴与合理的关切，反而要求教师们高效、迅速地完成科研与教学任务；另一方面，社会其他行业随着经济发展，待遇提升较快，远远超过高校教师的待遇水平，生活压力和经济压力接踵而至。根据多元线性回归的 β 值更可以看出，个人发展压力每增加 1%，高教总体压力的指数便会增加 0.299%，位列 6 个因素中的第 2 位，高校教师面对个人发展空间受限、经济压力提升的情况下，会大大影响其整体素质的提升。

与此同时，由于高校教师身处大学校园相对比较封闭的环境，较少参与各类社交活动，大学教师的人际交往能力较弱是普遍现象；然而，教书育人与科学研究都需要具备较好的交流与沟通能力，这也在一定程度上阻碍了高校教师整体素质的提升。根据多元线性回归的 β 值更可以看出，人际交往压力每增加 1%，高校教师总体压力的指数便会增加 0.18%，高校管理机构应该注重提升高校教师的人际交往能力并打造良好的交流环境。

14.4.2　高校教师职业保障措施建议

依据高校教师主要压力来源于不合理的绩效考核、行政管理干预过度以及发展空间受限等问题。笔者从三个角度提出有针对性的建议，保障教师全身心地投入到日常教学之中，提高其对工作的满意程度。

（1）完善高校教师的科研与教学量化评价体系。现阶段为了适应高速发展的社会经济需求，高层管理机构与不同层次的高等院校都在推进绩效考核制度：一方面，受到全球科技发展竞争态势的压力，高等教育机构成为社会与自然规律，科学知识生产的前沿阵地，为此各个层次的高校都将科研考核放在首要位置，并且层层加码；另一方面，教书育人又是高等教育不能忽视的首要职责，相应的教学任务与质量又是各个层次的高校不断强调的问题；如何平衡绩效考核中，教学与科研的关系成为各个学校都不能回避的关键管理问题。为此建议，首先应该严格地把握教师的入职门槛，在教师聘用环节做到职业道德与科研能力综合考量，而在日常考核中不要进行"卸磨杀驴"的考核手段，应该考虑教师的累积科研贡献，进行长期激励。其次，综合考量教师的工作量，建立教学与科研并重的考核机制，教师的教学工作质量与数量的加权总量可以与相对应的科研工作量相当，保障教师教书育人的基本职责受到尊重。最后，各高校应落实"以人为本"的管理思路，高校教师评价体系不仅要吸收教师以及学生们的建议进行及时的调整，而且具体指标要与时俱进，不断地完善相应的考核标准，做到信息的公开。

与此同时，建议上级管理机构应该协调管理机制，推进科学、合理的教学评估工作，一方面，从监督角度做到科学、及时；另一方面，从实施层面做到降低频率，不做重复评估；并在评估指标的选取上做到科学、合理，做到数量与质量并重，不断地完善教学评估制度，以期做到教学评估是激励高校教师，使其把更多的热忱投入到工作之中，避免对教学与科研工作的过度干预，导致高校与教师双方面效率降低的局面。

（2）多元化晋升渠道，增强人文关怀。依据前文的调查研究，高校教师是高学历团体，教师个体普遍对自身的职业发展预期较高，为此职称晋升通道是其高度关注的焦点。为此对高校教师的科学管理，首要是制定良好的职称晋升机制。在此建议，应该构建多元化的晋升渠道机制，在科研与教学并重的考核机制下，晋升通道中也应该有科研晋升通道与高质量教学晋升通道，并且综合地考虑对社会经济服务的贡献，优化晋升考核指标，不能过度地注重科研考核指标的晋升模式，应该构建科研、教学与社会经济服务并重的晋升考核指标体系。逐步放开以科研学术为主的晋升通道，要构建更加公平、透明、高效的工作竞争体系，适当地增加学生的评价指标，全方位、多角度地提供培养高校教师积极性的配套措施，严禁出现论资排辈的现象，为有上进心、有活力、有能力的高校教师晋升提供增长空间，从而减轻职称测评的压力感。

与此同时，建议各个层次的高校构建并推行人本化管理制度，多维度地保证高校教师的身心健康。管理层应该关心青年教师的成长历程，从多方面给予适度的人文关怀，让其真正地将全部的热情投入到工作中去；同时，也应关注中年教师的家庭及工作竞争多重压力，不能只停留在口头层面，应该进一步地落实相关制度。另外，高校需要建立良好的沟通渠道，管理层应该去教师办公室多交流，询问近期压力来源、压力程度以及困难所在，整合教师相关建议，并及时地对问题进行有效的反馈。高校工会组织也应该参与其中，在保障其物质水平良好提升的基础上，关注其各方面的压力问题，保证其合理的权利能有效地落实，进而增强高校教师的组织归属感和自豪感。

（3）提升高校教师的薪资福利待遇并优化交流环境。高等教育机构是人力资本提升的重要基地，高校教师承担着"传道、授业、解惑"的重任，高校教师应该受到社会的普遍尊重，政府也应该投入必要的财力保障高校教师的薪资福利水平处于较好的状态，使得高校教师没有后顾之忧，能够"不为斗米折腰"，有充分的时间与空间，进行自身整体素质的提高，能够向有志青年传授真理与科学知识，提高全社会的人力资本的素质。一方面，加大高等教育的投入，逐步提高教育投入占 GDP 的比重，高校在获得充足的教育资金的基础上，进一步提高教师待遇水平，做到专款专用。另一方面，国家需要与时俱进地出台有利于改善高校教师生活条件的政策，例如，解决最为关心的住房保障问题、关系民生的养老保障问题以及关系教育公平的子女入学问题等，这样才可以从根源上解决其后顾之忧，使高校教师精力充沛地投入教育事业，成为科研事业的先锋队。

与此同时，构建良好的交流环境可以有效地缓解工作压力，在物质条件有基本保障的情况下，应该注重精神激励，疏通高校教师与社会各界之间的交流渠道，包括打造培训与交流平台，提供多种对外交流的机会，并构建行政管理机构与专任教师之间的沟通交流机制，使得教师的困难与心声能够被倾听，舒缓教师精神层面的压力，同时创造多种平台与机会，促进教师之间的沟通与合作机制。例如，可以构建教师帮扶团队，让老教师传授上课与科研的经验，同时，也可以让青年教师讲授自己的研究进展，更新老教师的研究视野。对老教师而言，丰富的教学经验明显优于年轻教师，在发扬"传、帮、带"精神的角度发挥正向引领作用；但老教师在新兴教育技术方面却远不如青年教师，促进教师们的知识结构紧跟时代潮流，用更加多元化的教学手段提高教学质量，这有利于帮助新、老教师的全方位发展，形成良性循环。

第15章 近年我国高等教育研究要点分析及建议①

2015年10月24日，自国务院印发《统筹推进世界一流大学和一流学科建设总体方案》以来，我国高等教育发展驶入"快车道"。在新时代，全国高等学校本科教育工作会议（2018年6月）、全国教育大会（2018年9月）、全国研究生教育大会（2020年7月）、全国职业教育大会（2021年4月）相继召开。高等教育领域的新事物不断涌现，如"双一流"建设、创新创业教育、教育现代化、新工科等。对近年来学界在高等教育方面所取得研究成果的追溯，有利于更加准确地把握高等教育发展的热点和趋势，进一步认识高等教育研究的科学发展。学术期刊是学术成果传播的主要载体，在一定程度上可以反映某一领域的研究现状。《中国高教研究》作为教育部主管、中国高等教育学会主办的全国中文核心期刊、中国人文社会科学引文数据库（CSSCI）来源期刊，在高等教育研究领域具有权威性和代表性。本章通过对《中国高教研究》2016～2020年刊文的文献计量分析，对近年来我国高等教育研究的热点进行梳理；展望未来方向。

15.1　近年我国高等教育研究概况

通过对《中国高教研究》2016～2020年的刊文数量、基金项目资助论文占比、论文作者、发文机构、来源地域等情况进行统计分析，揭示高等教育研究论文的基本特征，为进一步地深入分析奠定基础。

15.1.1　资料来源及研究工具

通过中国知网（CNKI）对《中国高教研究》近年来刊文进行检索，检索日

---

① 本章由李兴国：博士，燕山大学高等教育发展研究中心副研究员、副主任，中国高等教育学会院校研究分会理事，中国高等教育学会学习科学研究分会理事，著。

期为 2021 年 10 月 1 日，共搜集到文献 1341 篇，剔除书评、笔谈、广告、会议综述等非学术性文献，共得到有效文献 1083 篇。本章重点对论文作者、涉及基金项目、来源机构、地域分布、关键词等内容进行统计分析，以反映我国高等教育领域近年来的研究发展趋势。

本章使用中国医科大学崔雷教授研发的 Bicomb2.0 共词分析系统和 SPSS20.0 统计分析软件，应用中国知网的文献导出功能，将相关文献导出为 NoteFirst 形式，使用 Bicomb 软件对文献作者、来源机构、关键词等进行统计，提取关键词生成词篇矩阵和共现矩阵，然后将其导入 SPSS20.0 统计软件进行系统聚类分析，对文献数据进行深入挖掘。

15.1.2　我国高等教育研究基本情况

（1）2016～2020 年刊文数量统计。《中国高教研究》2016～2020 年共刊文 1083 篇，年均 216 篇。其中 2016 年和 2017 年的刊文数量较多，分别为 238 篇和 235 篇，所占比重均为 22% 左右；2018 年刊文数量骤减至 208 篇，所占比重为 19%；2019 年、2020 年刊文数量约为 200 篇，占比约为 18%（见图 15－1）。2016～2020 年，《中国高教研究》刊文数量总体上呈现下降趋势，表明该期刊逐年减少载文数量，更加注重载文的质量。

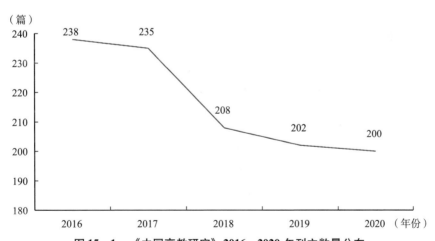

图 15－1　《中国高教研究》2016～2020 年刊文数量分布

资料来源：笔者调查统计。

（2）基金项目资助论文情况。我国教育科学规划课题、国家自然科学基金、国家社会科学基金、教育部人文社会科学研究项目等国家级权威性基金项目资助立项的课题，可以在一定程度上反映目前该领域研究的重点和热点问题。对《中国高教研究》2016～2020 年载文涉及上述四种重点基金项目的论文进行统计，结果见表 15－1。2016～2020 年《中国高教研究》刊文涉及的重点基金项目论文总体上呈现上升的趋势，重点基金论文数占比由 2016 年的 13.87% 上升至 2020 年的 39%，五年间比重提高了 25%，这在一定程度上表明《中国高教研究》刊文质量在逐年提升。

　　根据中国知网统计数据（见表 15－1），《中国高教研究》2016～2020 年发表的论文所涉及的基金项目类型中，数量位居前四位的依次是全国教育科学规划课题（116 项）、国家自然科学基金项目（71 项）、国家社会科学基金项目（59 项）、教育部人文社科研究项目（53 项），四种重点基金项目资助论文合计为 299 项，占全部论文的 27.6%。这表明国家级权威性基金项目论文在《中国高教研究》刊文中占据主导地位，同时，也反映出该期刊刊文具有较高的质量。

表 15－1　　　　《中国高教研究》2016～2020 年基金项目论文统计

年份	重点基金资助论文数（篇）	当年文献总数（篇）	重点基金论文占比（%）
2016	33	238	13.87
2017	54	235	22.98
2018	50	208	24.04
2019	84	202	41.58
2020	78	200	39.00
合计	299	1083	27.61

　　资料来源：根据中国知网数据统计得出。

　　（3）论文作者分布。应用 Bicomb 软件的共现分析功能对 1083 篇文献的作者进行数据统计，以"第一作者"为关键字进行统计，结果（见表 15－2、表 15－3）。1083 篇文献涉及 776 个第一作者。其中，发文 20 篇以上的有 1 人（22 篇），发文在 10～19 篇的作者有 1 人（12 篇）；发文数在 6～9 篇的作者有 9 人，占比为 1.16%；发文数在 3～5 篇的作者有 46 人，占比为 5.92%；发文 2 篇的作者 95 人，占比 12.23%；仅发表 1 篇论文的作者最多，为 624 人，占比为 80.31%。发文 4 篇以上的核心作者 30 人，占作者总数的 3.87%，核心作者发文合计为 180 篇，占论文总数的 16.6%。

表 15 - 2　　　　《中国高教研究》2016~2020 年第一作者发文数量分布

序号	发文数（篇）	人数（人）	占比（%）	序号	发文数（篇）	人数（人）	占比（%）
1	>20	1	0.13	7	5	5	0.64
2	10~19	1	0.13	8	4	14	1.80
3	9	1	0.13	9	3	27	3.47
4	8	3	0.39	10	2	95	12.23
5	7	2	0.26	11	1	624	80.31
6	6	3	0.39	合计			100

资料来源：根据中国知网数据统计得出。

表 15 - 3　　　　《中国高教研究》2016~2020 年核心作者统计　　　　单位：篇

作者	发文篇数	作者	发文篇数	作者	发文篇数
别敦荣	22	刘向兵	6	张大良	4
张炜	12	杜玉波	5	刘国瑞	4
王小梅	9	卢晓中	5	沈文钦	4
瞿振元	8	申素平	5	王传毅	4
周光礼	8	刘振天	5	刘继安	4
刘献君	8	张德祥	5	伍宸	4
徐小洲	7	史静寰	4	王建华	4
阎光才	7	邬大光	4	庄西真	4
王战军	6	陆国栋	4	武建鑫	4
周详	6	常桐善	4	蒋丽君	4

资料来源：根据中国知网数据统计得出。

（4）研究机构分布。应用 Bicomb 共词分析系统，对《中国高教研究》2016~2020 年载文的作者所属机构名称进行统计，发现 1083 篇文献共涉及 946 个机构，具体情况见表 15 - 4。对各机构出现的频次进行降序排列后发现：出现频次在 9 次以上的机构有 20 个，总频次为 523 次，占比为 27.75%；出现频次最高的三个机构依次为：中国高等教育学会、中国人民大学教育学院、厦门大学教育研究院。由表 15 - 4 可见，综合性大学的教育学院（教育研究院）构成了我国高等教育研究的"主力军"，以华东师范大学、北京师范大学和南京师范大学等为代表的师范类高等院校同样是我国高等教育研究的重要力量。

表 15 - 4 　　　　　　《中国高教研究》2016～2020 年发文机构 20 强名单 　　　　单位：次

序号	单位名称	频次	序号	单位名称	频次
1	中国高等教育学会	64	11	北京师范大学教育学部	20
2	中国人民大学教育学院	62	12	厦门大学高等教育质量建设协同创新中心	20
3	厦门大学教育研究院	51	13	南京大学教育研究院	17
4	北京大学教育学院	45	14	北京航空航天大学高等教育研究院	17
5	清华大学教育研究院	33	15	北京理工大学人文与社会科学学院	13
6	华东师范大学高等教育研究所	30	16	西北工业大学党委	11
7	厦门大学高等教育发展研究中心	26	17	上海交通大学高等教育研究院	11
8	浙江大学教育学院	25	18	《中国高教研究》编辑部	11
9	大连理工大学高等教育研究院	24	19	天津大学教育学院	10
10	华中科技大学教育科学研究院	24	20	南京师范大学教育科学学院	9

资料来源：根据中国知网数据统计得出。

（5）研究地域分布。对论文作者单位所在的地域进行统计，可以了解我国高等教育研究的主要地域分布状况。由于涉及的作者单位较多，本章仅对出现 2 次以上的单位进行地区归属统计，结果见表 15 - 5。除去 1 个"美国加州大学校长办公室"的单位外，其余共涉及单位 231 个，覆盖我国 18 个省（直辖市），以及香港、澳门 2 个特别行政区。可见，来自北京、浙江、上海的高等教育研究机构数位居我国前三位，上述 3 个地区出现频次合计 149 次，约占总数的 65%。其中北京出现 85 次，约占总数的 1/3 强。由表 15 - 5 可见，高等教育研究地域分布情况与我国各地区经济、社会发展水平基本呈正相关。

表 15 - 5 　　　　　　　　　　　论文涉及的地区分布情况

序号	省份	出现频次（次）	占比（%）	序号	省份	出现频次（次）	占比（%）
1	北京	85	36.80	5	福建	13	5.63
2	浙江	46	19.91	6	湖北	11	4.76
3	上海	18	7.79	7	陕西	10	4.33
4	江苏	14	6.06	8	山东	5	2.16

续表

序号	省份	出现频次 （次）	占比 （%）	序号	省份	出现频次 （次）	占比 （%）
9	湖南	4	1.73	15	甘肃	2	0.87
10	辽宁	4	1.73	16	四川	2	0.87
11	广东	3	1.30	17	天津	2	0.87
12	吉林	3	1.30	18	澳门	2	0.87
13	重庆	3	1.30	19	河北	1	0.43
14	安徽	2	0.87	20	香港	1	0.43

资料来源：根据中国知网数据统计得出。

15.2　近年我国高等教育研究要点分析

关键词是论文中起关键作用的、最能说明问题的、代表论文内容特征的或最有意义的词。通过对《中国高教研究》2016～2020 年发表的 1083 篇论文高频关键词的深入分析，在一定程度上可以反映近年来我国高等教育研究的热点问题和研究趋势。

15.2.1　高频关键词分析

应用 Bicomb 软件对《中国高教研究》2016～2020 年发表的 1083 篇文献进行关键词提取，为保证研究的精确性，本书对关键词进行了清洗。首先，剔除一些含义过于宽泛、无法明确具体所指的关键词，如"路径""对策""策略""改革""治理""统计分析""影响因素"等；其次，对一些词义相同但表述有异的关键词进行合并，如将"大学""高校"统一表述为"高校"，将"教师""大学教师""高校教师"统一表述为"高校教师"，将"一流大学""世界一流大学"统一表述为"世界一流大学"，将"一流学科""世界一流学科"统一表述为"世界一流学科"，将"高等职业教育""高职教育"统一表述为"高职教育"等。经过关键词清洗，最终得到有效关键词 2730 个。由于关键词较多，应用普赖斯公式：

$$M = 0.749 \times \sqrt{N_{max}} \tag{15-1}$$

式（15-1）中，M 为高频关键词的阈值，N_{max} 为最高产的作者发文篇数，得出高频关键词的阈值为 6.74，因此，本章对出现频次 7 以上的 38 个高频关键词进行提取分析（见表 15 - 6）。词频大于 7 的高频关键词共有 38 个，占关键词总数的 1.39%，高频关键词出现频次合计为 689 次，占关键词总词频的 16.48%，词均 18.13 次。关键词是文章研究主要内容的体现，对关键词进行统计可以反映出论文研究的重点和热点问题。① 由高频关键词可以看出，《中国高教研究》2016～2020 年刊文所关注的高等教育领域的热点问题（见表 15 - 7），位于前十位（含并列）的依次是：高等教育（81 次）、"双一流"建设（45 次）、高校（40 次）、世界一流大学（36 次）、世界一流学科（26 次）、创新创业教育（25 次）、高校教师（25 次）、高职院校（24 次）、人才培养（23 次）、高职教育（22 次）、大学治理（22 次）。

表 15 - 6　　《中国高教研究》2016～2020 年我国高等教育研究高频关键词统计

序号	关键词	频次（次）	占比（%）	序号	关键词	频次（次）	占比（%）
1	高等教育	81	1.9378	20	研究生教育	13	0.3110
2	"双一流"建设	45	1.0766	21	质量保障	13	0.3110
3	高校	40	0.9569	22	民办高校	12	0.2871
4	世界一流大学	36	0.8612	23	现代化	12	0.2871
5	世界一流学科	26	0.6220	24	学科建设	12	0.2871
6	创新创业教育	25	0.5981	25	教学改革	11	0.2632
7	高校教师	25	0.5981	26	校企合作	11	0.2632
8	高职院校	24	0.5742	27	高等教育学	10	0.2392
9	人才培养	23	0.5502	28	博士生	10	0.2392
10	高职教育	22	0.5263	29	高考改革	9	0.2153
11	大学治理	22	0.5263	30	美国	9	0.2153
12	职业教育	21	0.5024	31	研究型大学	9	0.2153
13	中国特色	19	0.4545	32	科研论文	9	0.2153
14	本科教育	18	0.4306	33	学术职业	8	0.1914
15	产教融合	17	0.4067	34	学科	8	0.1914
16	高等教育研究	16	0.3828	35	高等教育质量	8	0.1914
17	高等教育强国	15	0.3589	36	地方高校	7	0.1675
18	新时代	15	0.3589	37	科教融合	7	0.1675
19	大学生	14	0.3349	38	中外合作办学	7	0.1675

资料来源：根据中国知网数据统计得出。

① 郭文斌，方俊明. 关键词共词分析法：高等教育研究的新方法 [J]. 高教探索，2015 (9)：15 - 21.

表 15 –7　　　　《中国高教研究》2016～2020 年高频关键词（TOP10）

年份	高频关键词及出现频次（TOP10）
2016	世界一流大学、世界一流学科、高等教育强国、本科教育、高等教育研究、高职院校、教学改革、大学治理、学科建设、高校
2017	高等教育强国、职业教育、素质教育、高职教育、校企合作、中外合作办学、创业教育、高校、中国特色、"双一流"建设
2018	产教融合、高校、校企合作、创业教育、改革开放、"双一流"建设、中国特色、一流大学、内涵式发展、高等教育研究
2019	"双一流"建设、高职院校、人才培养、高校、内涵式发展、本科教育、新时代、大学生、世界一流学科、产教融合
2020	"双一流"建设、人才培养、博士生、研究生教育、高校教师、地方高校、高质量发展、教学改革、职业教育、中国特色

资料来源：根据中国知网数据统计得出，高频关键词统计剔除了上位关键词"高等教育"。

15.2.2　高频关键词相异矩阵

为了更加准确地对各高频关键词之间的内在联系进行分析，将提取的高频关键词词篇矩阵导入 SPSS20.0 中，以二分类 Ochiai 系数为度量标准，生成 38×38 阶高频关键词相似矩阵，然后通过数学处理得出高频关键词的相异矩阵。由于篇幅限制，本章仅列出词频数位居前十的高频关键词相异矩阵表（见表 15 –8）。

由表 15 –8 可知，《中国高教研究》2016～2020 年前十位高频关键词相异矩阵中，各关键词之间的关联性较好。以"高等教育"为例，各高频关键词距离"高等教育"由远及近依次为：高校教师（1.000）、高职教育（1.000）、高职院校（1.000）、"双一流"建设（0.981）、创新创业教育（0.978）、世界一流大学（0.975）、世界一流学科（0.970）、高校（0.912）、人才培养（0.884）。上述结果表明，学者在进行"高等教育"相关研究时，更多地将其与"双一流"建设、创新创业教育、世界一流大学、世界一流学科、高校、人才培养等联系在一起，而较少与高校教师、高职教育、高职院校等联系在一起。究其原因，自 2015 年 10 月 24 日国务院印发《统筹推进世界一流大学和一流学科建设总体方案》以来，"双一流"建设迅速成为政府及社会各方面关注的焦点，进而成为我国高等教育研究的热点领域，近年来，持续地产出了大量的高水平学术论文成果，以世界一流大学、世界一流学科的内涵及建设路径、高校人才培养模式等为主要研究内容。

表 15 - 8 高频关键词相异矩阵（部分）

项目	高等教育	"双一流"建设	高校	世界一流大学	世界一流学科	创业教育	高校教师	高职院校	人才培养	高职教育
高等教育	0.000	0.981	0.912	0.975	0.970	0.978	1.000	1.000	0.884	1.000
"双一流"建设	0.981	0.000	0.947	0.884	0.864	1.000	1.000	1.000	1.000	1.000
高校	0.912	0.947	0.000	1.000	1.000	0.907	1.000	1.000	0.967	1.000
世界一流大学	0.975	0.884	1.000	0.000	0.755	1.000	1.000	1.000	1.000	1.000
世界一流学科	0.970	0.864	1.000	0.755	0.000	1.000	1.000	1.000	1.000	1.000
创新创业教育	0.978	1.000	0.907	1.000	1.000	0.000	1.000	1.000	1.000	1.000
高校教师	1.000	1.000	1.000	1.000	1.000	1.000	0.000	1.000	1.000	1.000
高职院校	1.000	1.000	1.000	1.000	1.000	1.000	1.000	0.000	1.000	0.826
人才培养	0.884	1.000	0.967	1.000	1.000	1.000	1.000	1.000	0.000	1.000
高职教育	1.000	1.000	1.000	1.000	1.000	1.000	1.000	0.826	1.000	0.000

资料来源：笔者调查统计。

15.2.3 基于关键词的聚类分析

聚类分析是文献计量分析中的一种方法，以共词出现的频率为分析对象，把关联密切的主题聚集在一起形成类团。通过聚类，可以更加清晰地把握某研究领域内诸多热点的构成。本章将高频关键词词篇矩阵导入 SPSS20.0 软件，生成系统聚类分析树状图（见图 15 - 2）。

根据图 15 - 2，我国高等教育的热点已经可划分为七大领域。为了便于更加清晰地展示，本章将七个领域及领域内的小类列表呈现（见表 15 - 9）。

根据图 15 - 2 和表 15 - 9 的分类结果，综合高等教育研究各领域高频关键词的构成状况，可将其分别命名为："双一流"建设与高等教育理论实践研究（领域一）、产学研合作与高职教育研究（领域二）、大学治理现代化与民办高校研究（领域三）、新时代中国特色高等教育与地方高校双创教育研究（领域四）、本科生与研究生教育质量保障研究（领域五）、研究型大学高校教师研究（领域六）、博士生与大学生群体研究（领域七）。

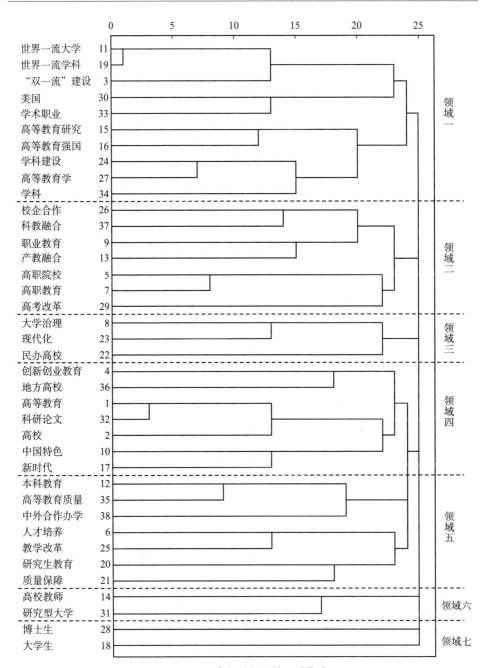

图15-2 高频关键词的系统聚类

资料来源：笔者调查统计。

表 15 – 9　　　　　　高等教育研究高频关键词的聚类分析结果

领域	高频关键词
领域一	小类1：世界一流大学、世界一流学科、"双一流"建设
	小类2：美国、学术职业
	小类3：高等教育研究、高等教育强国、学科建设、高等教育学、学科
领域二	小类1：校企合作、科教融合、职业教育、产教融合
	小类2：高职院校、高职教育、高考改革
领域三	小类1：大学治理、现代化
	小类2：民办高校
领域四	小类1：地方高校、创新创业教育
	小类2：新时代、中国特色、高等教育、科研论文、高校
领域五	小类1：本科教育、高等教育质量、中外合作办学
	小类2：人才培养、教学改革、研究生教育、质量保障
领域六	小类：高校教师、研究型大学
领域七	小类1：博士生
	小类2：大学生

资料来源：笔者整理。

15.3　基于关键词的研究要点时代背景与要求分析

通过上文分析可见，近年来，我国高等教育研究正在呈现向核心地域、核心机构、核心作者集中的趋势，高教研究内容较为丰富，并且已形成若干热点领域。然而，我国高教研究还存在一些薄弱环节，期待专家、学者们给予更多的关注。

15.3.1　持续关注"双一流"建设研究

"双一流"建设是中国高等教育领域继"211 工程""985 工程"之后的又一国家重大战略，该战略推出伊始就得到社会各界的广泛关注，并迅速成为高教领域专家、学者的研究热点。在中国知网以"双一流"建设为主题进行检索，2015年，仅有 10 余篇论文；2016 年，骤增至 370 篇；2017 年，再增至 1300 余篇；2018 ~ 2020 年，年均发文量达到 2600 篇左右。《中国高教研究》以"双一流"建设为主题的论文数呈现同样的增长趋势，2015 年，仅有 2 篇；2016 年，骤增至 28 篇；2017 年，为 19 篇；2018~2019 年，均保持在 30 篇左右；2020 年，发文减至 24 篇。由此可见，"双一流"建设已成为《中国高教研究》关注的热点研究领域之一。然而，总体而言发文量仍然偏少，以年均发文 30 篇计算，每期发文仅为 2.5 篇，尤其是 2020 年发文比 2019 年减少 10 篇，降幅近 30%。笔者认为，作为中国高等教育学会主办、注重反映我国高等教育改革发展中重大理论与现实问题的研究的领军期刊，《中国高教研究》对"双一流"建设领域研究成果的关注度还需持续加强。

15.3.2　加快推进新时代职业教育研究

2021 年 4 月 12~13 日，全国职业教育大会在北京召开，习近平、李克强等国家领导人先后对职业教育工作作出了重要指示，孙春兰同志要求"深入贯彻习近平同志关于职业教育的重要指示，落实李克强同志批示要求，坚持立德树人，优化类型定位，加快构建现代职业教育体系"。为贯彻落实我国职业教育大会精神，中共中央、国务院办公厅于 10 月 12 日印发了《关于推动现代职业教育高质量发展的意见》，提出："加快构建现代职业教育体系，建设技能型社会，弘扬工匠精神，培养更多高素质技术技能人才、能工巧匠、大国工匠，为全面建设社会主义现代化国家提供有力人才和技能支撑。"① 可见，在全面建设社会主义现代化国家新征程中，职业教育前途广阔，大有可为。职业教育领域研究前景良好，将成为社会关注的焦点和高等教育研究的热点。目前，职业教育、高职院校、高职教育等关键词核心度较低，高等教育领域的学者、专家应聚焦我国职业教育改革发展过程中遇到的新情况、新问题，通过深入地调查研究，提出职业教育发展的新途径、新模式，为加快推进我国职业教育高质量发展贡献理论智慧。

15.3.3　高度重视治理体系和治理能力研究

2019 年 2 月 23 日，中共中央、国务院印发了《中国教育现代化 2035》，明确了中国教育现代化的战略目标、战略任务和实施路径，并聚焦我国教育发展的突出问题和薄弱环节，重点部署了面向教育现代化的十大战略任务，其中之一即是"推进教育治理体系和治理能力现代化"。推进大学治理体系和治理能力现代化不仅是"国家治理体系和治理能力的现代化"的重要组成，也是扎根中国大地办好中国特色社会主义大学的根本保障，还是新时代中国大学推进内涵式发展、

---

① 习近平对职业教育工作作出重要指示［EB/OL］. https：//www. ccps. gov. cn/xtt/202104/t20210414_148354. shtml. 2021 - 4 - 14/2021 - 12 - 24.

提升国际竞争力的内在需求。① 目前，我国高等教育已经进入普及化发展新阶段，2020 年，我国共有普通高校 2738 所，高等教育毛入学率达 54.4%，高等教育在学人数总规模为 4183 万人，占世界的 1/5。② 如此庞大规模的高等教育体系，需要现代化的高等教育治理体系与之匹配。尤其是"双一流"建设背景下，推进大学治理体系与治理能力现代化已成为世界一流大学和一流学科建设的重要保障，急需更多的理论和实践成果支撑。以"大学治理"或"高校治理"为主题，对《中国高教研究》2016～2020 年刊文进行检索，共有 55 篇，占全部论文数的 5%，年均 11 篇，每期不到 1 篇。"大学治理"关键词处于高等教育研究的边缘位置，且现有研究成果体系还不成熟。立足高等教育普及化阶段的新起点，面对社会主义现代化强国建设的新需要，必须高度重视并加快推进大学治理体系和治理能力现代化的研究。

15.3.4　大力加强本科教育质量保障研究

本科教育、教学改革、高等教育质量、质量保障等关键词研究领域内部研究主题较为分散，理论体系成熟度有待提升。从关键词出现的频次看，上述 4 个关键词没有一个进入高频关键词前十位，词频最高的"本科教育"出现 18 次，位居第 14 位。当前，我国高等教育已经从以规模扩张为特征的外延式发展转变到以质量提升为核心的内涵式发展道路上来，高等教育内涵式发展的核心就是大力提高教育质量。人才培养是大学的首要职能，本科教育是大学人才培养的根本，在高等教育体系中具有基础性、战略性的地位。2018 年 6 月 21 日，教育部召开了"新时代全国高等学校本科教育工作会议"，强调"坚持'以本为本'，推进'四个回归'，加快建设高水平本科教育、全面提高人才培养能力"。因此，要聚焦新时代本科教育改革发展所面临的核心问题和关键领域，加强理论研究，产出更多有价值的研究成果，为深化本科教学改革、提升本科教育质量、加快建设高等教育强国作出更大的贡献。

15.4　发展我国高等教育事业的建议

目前，我国高等教育已进入内涵式高质量发展新阶段。新时期如何"培养担

①　管培俊，阎凤桥，曹晓婕. 中国一流大学治理体系现代化研究［J］. 中国高教研究，2021（9）.
②　别敦荣."双循环"视角下中国高等教育普及化发展的意义［J］. 中国高教研究，2021（5）.

当民族复兴大任的时代新人"、如何加快一流大学和一流学科建设、如何优化适应新发展格局需要的教育布局结构、如何构建适应新时代发展要求的教育评价体系等，均是当前我国高等教育领域亟待破解的重点和难点问题。

15.4.1　落实立德树人根本任务

百年大计教育为本。教育事关国家发展，事关民族未来。在全国教育大会上，习近平同志站在党和国家事业发展全局的战略高度，指明了教育工作的根本任务是"培养社会主义建设者和接班人"，深刻地阐明了高校培养什么样的人、怎样培养人，为新时代高等教育事业发展指明了前进的方向。为加快推进教育现代化、建设教育强国提供了根本目标。[①]

高等院校要始终坚持社会主义办学方向，坚守为党育人、为国育才的初心使命，把立德树人作为学校教育的中心环节，贯穿到学校建设和管理的各领域、各方面、各环节，形成全员育人、全过程育人、全方位育人格局，确保一切工作都服从和服务于学生的成长、成才。既要立足实际，遵循教育规律，加强持续化、常态化的德育教育，也要从更深远的角度长远谋划，持续开展理想信念教育，强化对学生社会主义核心价值观的塑造，致力于培养担当民族复兴大任的时代新人，培养德、智、体、美、劳全面发展的社会主义建设者和接班人。

15.4.2　完善高校"双一流"建设

教育强则国家强。高等教育发展水平是一个国家发展水平和发展潜力的重要标志。"双一流"建设是中国高等教育领域继"211 工程""985 工程"之后的又一国家战略，是党中央、国务院面向实现"两个一百年"宏伟目标作出的重大战略决策，对于提升我国教育发展水平、增强国家核心竞争力，实现我国从高等教育大国到高等教育强国的历史性跨越具有重要的意义。

"双一流"建设是引领性工程。国家层面确定了 137 所建设高校，465 个世界一流建设学科，并不意味着只有这 137 所高校、465 个学科要建一流，而是要以此示范带动我国高校、不同学科、不同方面争创一流，这是"引领性"的意义所在。简而言之，办不了一流大学的办一流学科，也可以办一流学院、办一流专业、建一流团队、做一流课题。要引导高校分类发展、错位发展、特色发展，在自身特色优势方面办出一流水平，从而带动我国高等教育质量整体提升。

---

① 《人民日报》评论员：全力培养社会主义建设者和接班人［EB/OL］. http：//theory. people. com. cn/n1/2018/0915/c40531 - 30295044. html. 2018 - 9 - 15/2021 - 12 - 24.

15.4.3　加大地方高校支持力度

2020 年，我国有 2738 所普通高等学校，其中 2620 所为地方高校，占比超过 95%。地方高校是我国高等教育体系的中坚力量，也是服务区域经济社会发展的"主力军"。但是，由于资金、地理位置、历史等因素，地方高校普遍面临整体实力不强、学科优势不明显、办学资源有限等问题。经费是高校办学的重要基础，经费不足是制约地方高校发展的因素之一。地方高校的年度预算经费普遍低于部属高校。据统计，2021 年，地方高校的校均年度预算经费为 8.28 亿元，不及部属高校的 1/7。地方高校的发展需要中央、地方各级政府加大政策、经费的支持力度。

地方高校应结合区域优势和自身特点筛选出具有优势的学科进行建设，提升学校核心竞争力。立足区域进行发展是地方高校的重要特色，地方高校既要密切关注区域特色和产业需求，结合自身特色构建与特色产业相适应的学科体系，从而加强学科实力，也要充分发挥"立足地方、面向地方、服务地方"的办学优势，统筹学科建设与区域产业的重大发展需求，建设以区域重大需求为导向的学科专业集群，形成品牌效应。

15.4.4　推进应用型本科院校转型发展

应用型本科是指以应用技术类型为办学定位的普通本科院校，是相对并区别于学术型本科的本科类型。引导部分本科高校向应用型转变是党中央、国务院的重大决策部署，是高等教育结构调整的重要着力点和战略突破口。在地方应用型本科院校的发展中，还存在一些不容忽视的挑战与困难，如高校转型发展系统性不够、高校服务区域产业发展能力不强、教师队伍建设存在短板等。要破解这些深层次的困难和问题，就需要走好地方应用型本科院校的特色发展之路，统筹地方性、应用型、开放性，坚定实施固基础、明特色、强应用、重协同的发展战略。

地方应用型本科院校走好特色发展之路，任重道远。这需要从适应和引领经济发展新常态、服务创新驱动发展的大局出发，转变发展理念，增强改革动力，强化评价引导，把办学思路真正转到服务地方经济社会发展上来，转到产教融合的校企合作上来，转到培养应用型技术技能型人才上来，转到增强学生就业创业能力上来，全面提高学校服务区域经济社会发展和创新驱动发展的能力。

15.4.5　建立、健全高校分类评价体系

根据高校发展定位，构建大学分类评价体系。以建设世界一流大学为目标的

高校，应重点评价其在引领知识创新、服务国家重大战略等方面取得的突破性进展；行业特色鲜明的高校，应重点考察其在培养高层次专门人才、支撑重点领域核心技术研发、推动科技成果转化和传承创新社会主义先进文化等方面产生的重大影响；区域特色鲜明的高校，要重点评价其结合地域优势、布局特色学科、服务区域发展需求等方面做出的贡献。

根据学科发展特色，构建学科分类评价体系。在对学科进行评价时，要兼顾学科特色，设置不同指标和权重。例如，对于人文学科，要强调其在发展中国特色社会主义文化、激发全民族文化创造活力等方面的贡献；对于社会科学，要鼓励其在中国的实践中形成中国方案，研究解决中国的重大问题；对于艺术学科，要突出"以美育人、以文化人"的特点，更要注重考察其实践性，强调科学研究与艺术实践并重。

15.4.6　推进高等职业教育高质量发展

近年来，国家非常重视发展职业教育，强调"把职业教育摆在教育改革创新与经济社会发展更加突出的位置"。随着我国进入新的发展阶段，产业升级和经济结构调整不断加快，各行各业对技术技能人才的需求越来越紧迫，职业教育的重要地位和作用越来越凸显。我国职业教育还存在着体系建设不够完善、制度标准不够健全、企业参与办学的动力不足、办学和人才培养质量水平参差不齐等问题。

推动高质量发展是我国职业教育改革的核心任务。一是坚持应用型办学方向，研究制定推动职业教育高质量发展的实施方案，大幅改善高职院校办学条件和水平，引导更多的高职院校面向市场需求创新技术技能型人才供给，提高服务经济社会高质量发展的能力；二是创新多元化办学体制、机制，实现高职院校由政府举办为主向政府统筹管理、行业企业积极举办、社会力量深度参与的多元办学格局转变，积极鼓励各类企业和社会力量依法举办职业教育；三是加快产教深度融合，创新校企协同的育人模式，不断地拓展产教融合的广度和深度，建立高职院校与行业企业协同育人的利益共同体和长效机制；四是拓宽经费筹措渠道，加大多方投入力度，强化高等职业教育的条件保障。

主要参考文献

1. 老子．道德经全集（卷一）（卷二）（卷三）（卷四）［M］．北京：万卷出版社，2009．

2. 刘俊田．四书全译［M］．贵州：贵州人民出版社，1988．

3. 邓小平理论讲座［M］．北京：北京大学出版社，1998．

4. 齐经民．职业经济学（第2版）［M］．北京：经济科学出版社，2004．

5. 齐经民，郑涛．效在多方　益在多处　公民职业经济学［M］．北京：经济科学出版社，2016．

6. 齐经民，刘新建．职业经济解析——国计民生基本问题研究［M］．北京：经济科学出版社，2018．

7. 涂元季，李明，顾吉环．钱学森书信（7）（8）［M］．北京：国防工业出版社，2007．

8. 顾吉环，李明，涂元季．钱学森文集（卷二）（卷四）（卷五）（卷六）［M］．北京：国防工业出版社，2012．

9. 钱学敏．钱学森对教育事业的设想——实行大成智慧教育培养全面发展的新人［J］．西安交通大学学报（社会科学版），2005（3）．

10. 许国志．系统科学［M］．上海：上海科学教育出版社，2000．

11. 胡寄窗．中国经济思想史简编［M］．北京：中国社会科学出版社，1981．

12. 赵靖．中国经济思想史述要［M］．北京：北京大学出版社，1998．

13. 齐经民，佟琦．培养造就高级专门人才的几个教学环节要点［J］．教育教学论坛，2011（12）．

14. 黄小钊，袁德栋．就业导向下的大学生职业素养培育［J］．教育与职业，2018（18）．

15. 张婷婷．新时代大学生职业素养发展战略研究［J］．中国高校科技，2018（7）．

16. 佟琦，齐经民. 大学新生化学实验能力的调查报告分析与建议［J］. 化学教育（中英文），2009，30（12）.

17. 孙佳，梁克靖，许少伦，徐青菁. 基于 OBE 理念的工程实践与科技创新教学研究与实践［J］. 实验室科学，2021，24（5）.

18. 赵艺兵，殷埝生，吴京秋，温秀兰，张颖. 产学研深度融合下应用型本科实践创新能力提升的探索与实践［J］. 中国现代教育装备，2021（371）.

19. 杨铭. 新时代红色文化创新性表达刍议［J］. 学校党建与思想教育，2021（8）.

20. 邓鹏. 红色文化融入高校马克思主义信仰教育研究［J］. 中国高等教育，2019（9）.

21. 文宏，李玉玲. 目标引导、资源驱动与环境培育：中国特色新型智库建设的内在逻辑——基于82份政策的文本内容分析［J］. 北京工业大学学报（社会科学版），2021，21（1）.

22. 王小飞，闫丽雯. 政府教育智库服务教育决策的路径依赖与突破［J］. 中国高教研究，2020（11）.

23. 齐经民，杨诗维. 效益考核与绩效考核的比较分析及其转换［J］. 开发研究，2016（5）.

24. 李春玲. 疫情冲击下的大学生就业：就业压力、心理压力与就业选择变化［J］. 教育研究，2020，41（7）.

25. 齐经民，李晓彤. 高校教育双重性及其双重教育研究［J］. 淮海工学院学报，2015（2）.

26. 齐经民. 创新人才的教授与自学 1～0 转换培养模式探讨［R］. 在教育部高教培训中心主办的我国公共事业教育改革学术研讨会做的专题发言，2005-4-20.

27. 齐经民，于莎莎，杨小乐. 基于学生的自学能力与社会需求的教育创新探讨［J］. 西北人口，2009（5）.

28. Cellini，S R. Turner，N. Gainfully Employed Assessing the Employment and Earnings of For－Profit College Students Using Administrative Data［J］. The Journal of Human Resources，2019（2）.

后　记

在燕山大学赵险峰书记的带领下，组织了相关专业人员共同努力，顺利地完成了《高校职普融通创新发展教育研究》的写作和出版。

本书主要由燕山大学职业经济研究中心与机械工程学院、经济管理学院、环境与化学工程学院、工程训练中心、学生工作处、社会科学处、高等教育发展研究中心、图书馆等部门的专业人员参与。大家就"高校职普融通创新发展教育研究"的要点，秉持实事求是的主旨，围绕高校培养高端人才的主题，从所处不同层面的相关工作实际出发，与时俱进地深入探索，大体都经过了初稿、结构调整稿、要点深入稿、综合提升稿等写作的过程，形成了具有理论性、系统性、探索性和实践性的预期研究成果。

最后，感谢经济科学出版社的编辑出版人员所给予的支持和帮助，特别是编审刘怡斐女士非常敬业，对书稿提出了许多中肯的修改意见，对本书的文字表达和规范进行了严谨、认真、细致的修改和审校，为本书的顺利出版做出了很大的贡献，在此深表谢意！

职业经济研究中心负责人

2022 年 5 月 1 日